中国信息通信业出海国别研究

基于"一带一路"倡议的市场选择

中国移动研究院（中移智库）编著

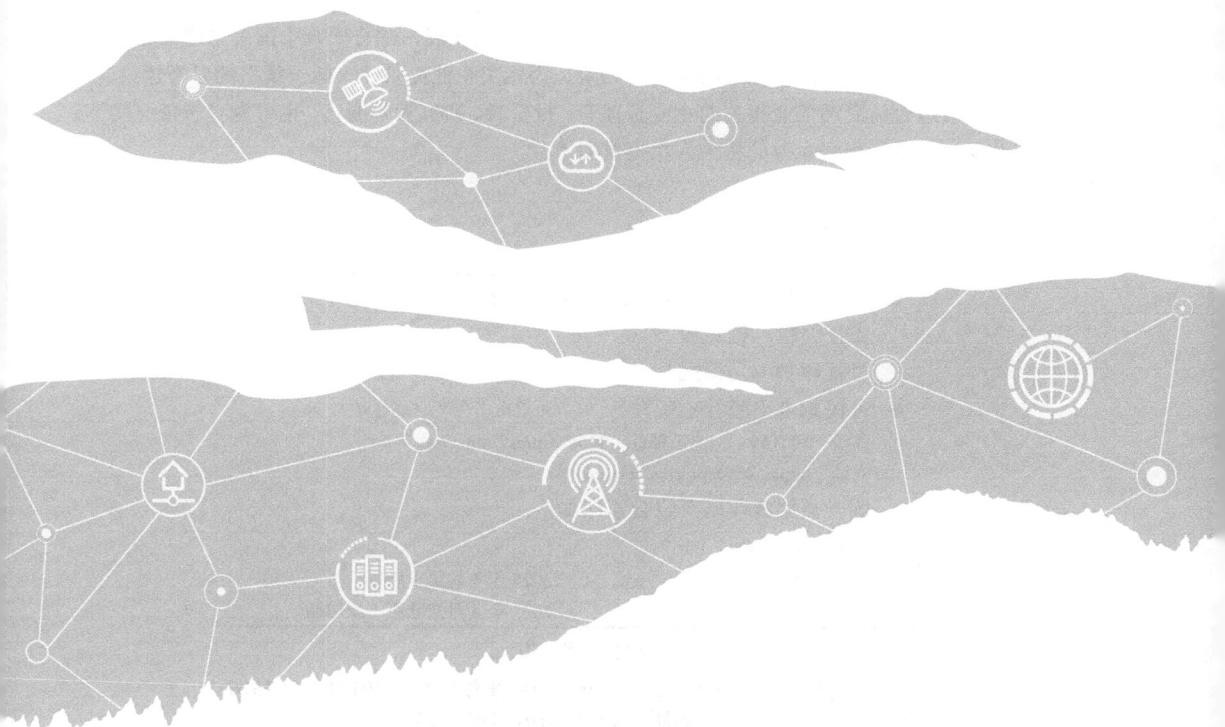

人民邮电出版社

北京

图书在版编目（CIP）数据

中国信息通信业出海国别研究 ：基于"一带一路"倡议的市场选择 / 中国移动研究院（中移智库）编著.
北京 ：人民邮电出版社，2025. -- ISBN 978-7-115
-66650-5

Ⅰ．F492.3

中国国家版本馆 CIP 数据核字第 2025QR8877 号

内 容 提 要

　　当前，"一带一路"共建已经进入高质量发展新阶段。本书以中国信息通信业"一带一路"市场选择问题为切入点，基于全球信息通信业发展现状和对未来趋势的研判，全面分析中国信息通信业国际化拓展面临的海外环境，评判市场机遇，为中国信息通信企业在"一带一路"共建国家国际化拓展提出切实可行的建议。本书共 10 章。第 1 章立足国家战略和全球发展机遇，回顾中国信息通信业发展现状，展望"一带一路"共建高质量发展的未来。第 2 章综合研判"一带一路"共建国家的宏观发展环境，系统分析相关国家信息通信业发展现状，构建相关国家通信市场机会指数模型，为计划参与"一带一路"共建的中国信息通信企业提供参考建议。第 3～10 章聚焦重点国家国别研究及机遇拓展，综合研判中国信息通信企业进入 8 个目标市场进行国际化拓展的机会与风险，为相关企业提供"一国一策"的参考建议。

　　本书既适合信息通信业相关的企业管理者、投资者、研究者等阅读，也可为"一带一路"相关政策制定者和出海企业的相关人员提供参考。

◆ 编　　著　中国移动研究院（中移智库）
　　责任编辑　顾慧毅
　　责任印制　马振武

◆ 人民邮电出版社出版发行　　北京市丰台区成寿寺路 11 号
　　邮编　100164　电子邮件　315@ptpress.com.cn
　　网址　https://www.ptpress.com.cn
　　固安县铭成印刷有限公司印刷

◆ 开本：700×1000　1/16
　　印张：15　　　　　　　　　　　　2025 年 4 月第 1 版
　　字数：220 千字　　　　　　　　　2025 年 4 月河北第 1 次印刷

定价：89.80 元

读者服务热线：(010)81055410　印装质量热线：(010)81055316
反盗版热线：(010)81055315

• 编委会成员 •

董晓颖　何艺佳　李　娜　李　玥

任　博　宋家慧　苏星予　汤　扬

王静雯　魏　姝　张荣艳　张　鑫

"一带一路"倡议在过去十余年取得巨大成就,从总体布局的"大写意"阶段,步入精谨细腻的"工笔画"阶段。其间,中国信息通信业对促进各国数字领域互利合作、推动各方数字经济发展发挥了积极作用。随着"一带一路"倡议的深入实施,中国信息通信业正在迎来前所未有的"出海"机遇,同时也面临着复杂的国际环境和多元的市场挑战。在这样的背景下,本书深入探究了部分"一带一路"共建国家的信息通信业市场环境,从宏观经济、社会发展、市场潜力等多个维度,为中国信息通信企业"走出去"提供了系统的研究成果和详细的策略建议。本书具备以下亮点。

1. 全面性:本书不仅涵盖"一带一路"共建国家的整体情况,还对重点国家进行针对性的国情与发展环境分析,无论是宏观环境、社会文化还是行业发展潜力,都被纳入考量。

2. 科学性:本书以"定量"的方式构建指标体系,全面评价"一带一路"共建国家目标市场的机遇,以大量的数据结合丰富的案例研究,为重点国家的机遇拓展和风险管理提供决策支撑。

3. 前瞻性:在全球化和数字化的大趋势下,本书不仅回顾了中国信息通信业的发展现状,还研判了中国信息通信业出海"一带一路"共建国家的主要优势,为企业的长远规划提供参考。

4. 战略性:本书对于如何响应"一带一路"倡议、制定精准适配的发展策略、为企业国际化铺路提供了深刻的见解,可以帮助企业在复杂的国际政治经济环境中找到发展方向。

本书的成功出版,不仅为中国信息通信企业提供了宝贵的"出海指南",也为学术界和政府部门提供了重要的参考资料,为中国信息通信业的国际化发展注入了新的活力。

屠新泉

对外经济贸易大学中国 WTO 研究院院长、教授

● 序 2 ●

共建"一带一路"十余年来成果丰硕，迈入高质量发展新阶段。这期间，我国数字技术持续创新，数字基础设施布局日臻完善，数字经济领域的国际竞争优势稳步提升。我国与共建国家深度开展"数字丝路"建设，为顺应经济全球化、信息化、网络化的时代需求，提供了切实有效的中国方案。展望未来，为进一步推动"一带一路"共建，我国一是可以发挥在电信基础设施和 5G 设备等方面的相对优势，加强与共建国家数字基础设施的互联互通；二是可以借助头部科技企业"走出去"的规模优势，不断输出我国信息通信业的发展经验，激活全球数字贸易强大动能；三是可以利用好"一带一路"这一国际科技创新合作的重要载体，加大数字科技人才和数字管理人才的培养与交流力度，与共建国家共享科技创新成果。

在高质量发展新阶段，中国信息通信企业与共建国家在数字基建、数字应用、跨境电商等相关数字领域合作的广度不断拓宽，中国信息通信企业"走出去"的步伐必将日益加快。本书可以为计划在"一带一路"共建国家开展国际化拓展的中国信息通信企业提供有益参考，对打算在相关国家开展其他行业业务的企业有所启发和借鉴。本书不仅对复杂的国际市场环境进行了全面解析，还对东南亚、中东、非洲等地区的重点国家做了细致入微的"数字画像"，抽丝剥茧地剖析各国经济、社会环境和信息通信业发展现状及趋势，通过多方面综合研断，识别国际化拓展的机会与风险，给出具体的策略建议，为我国企业出海提供了丰富的决策参考信息和多视角的思考。

董静

上海财经大学国际文化交流学院院长、教授

当前，世界之变、时代之变、历史之变正以前所未有的方式展开。从政治层面上看，百年未有之大变局在加速演进，国际安全局势持续动荡，全球地缘政治风险居高不下，我国以共建"一带一路"推动构建人类命运共同体，为全球发展注入"中国智慧"。从经济层面上看，新一轮科技革命和产业变革重构全球创新版图、重塑全球经济结构，"一带一路"推动共建国家经济繁荣与区域经济合作，促进全球共同发展。

面对大变局带来的深刻影响，中国信息通信业秉持人类命运共同体理念，担当历史使命和时代重任，把全球发展倡议变成务实行动，积极参与共建"一带一路"，为促进世界经济企稳复苏和实现共同发展注入"中国力量"。面对数字经济发展带来的产业颠覆性变革，中国信息通信业以"不进则退，慢进亦退"的紧迫感，前瞻布局 5G、云网、DICT[1] 等技术领域，赋能数字经济产业，锚定"一带一路"共建市场，积极推进国际化拓展，在数字经济领域开展深层次、宽领域、全方位的合作。

2013 年，习近平总书记先后提出共建"丝绸之路经济带"和"21 世纪海上丝绸之路"重大倡议，得到国际社会高度关注和有关国家积极响应。截至 2024 年 12 月，已有 155 个国家加入共建"一带一路"合作大家庭。共建"一带一路"已成为推动世界经济增长的重要力量，释放共建国家发展潜力的重要途径和构建开放型世界经济体系的重要基石。2017 年，"数字丝绸之路"倡议提出，数字经济领域合作向纵深发展，为共建"一带一路"注入了新的内涵。中国信息通信业深度融入"一带一路"共建数字经济产业链，推动优质的技术和服务进

---

[1] DICT 指在大数据时代 DT（Data Technology）与 IT（Information Technology）、CT（Communication Technology）的深度融合。

入海外市场。

回顾"一带一路"共建过程,中国信息通信业各环节主体栉风沐雨、砥砺前行,在海外信息基础设施互联互通、行业国际化拓展规模和实力以及全球数字治理参与度和贡献等方面均实现跨越式突破,有力促进了各方数字经济的发展,让更多国家和地区能够缩小数字鸿沟、共享数字红利。展望未来,随着"一带一路"共建走深走实,加大国际拓展力度、提升国际合作水平、扩大国际影响力逐渐成为中国信息通信业参与"一带一路"共建的重要方向。

我们着力编写了《中国信息通信业出海国别研究:基于"一带一路"倡议的市场选择》一书。本书共 10 章,围绕国家战略方针,基于对全球信息通信业发展现状和未来趋势的研判,选取部分"一带一路"共建国家作为研究对象,全面分析中国信息通信业国际化拓展面临的海外环境,评判市场机遇,希望能够为计划在"一带一路"共建国家开展国际化拓展的中国信息通信企业提供有益的参考和借鉴。

第 1 章 立足国家战略和全球发展机遇,回顾中国信息通信业发展现状,展望"一带一路"共建高质量发展的未来。

第 2 章 综合研判"一带一路"共建国家在经济、社会、科技等领域的宏观发展环境,系统分析相关国家在移动通信、固定通信和数字经济等领域的产业发展现状。在此基础上,构建"一带一路"共建国家信息通信市场机会指数模型,从"交流密切度""发展环境""拓展潜力"3 个关键子指数入手,以"定量"方式全面评价"一带一路"共建国家信息通信市场机遇。研究结果将"一带一路"共建重点国家信息通信市场划分为 4 类——战略驱动型、长线聚焦型、机会驱动型和暂缓深入型,并结合"机会指数"趋势分析,为计划参与"一带一路"共建的中国信息通信企业提供参考建议。

第 3 ~ 10 章 基于"一带一路"共建国家信息通信市场所属的象限分类,在"战略驱动型"和"长线聚焦型"中选取 8 个与我国交流密切、发展环境良好、拓展潜力巨大的"一带一路"共建重点国家(越南、马来西亚、新加坡、印度尼西亚、阿联酋、沙特阿拉伯、坦桑尼亚、尼日利亚),按与我国的地理距离,由近至远进行讲述。对重点国家进行针对性的国情与发展环境研判，扫描重点国家信息通信市场及数字经济领域的发展现状，结合该国信息通信市场"机会指数"得分情况及所处象限，综合判断中国信息通信企业进入该目标市场开展国际化拓展的机会与风险，并为相关企业提供"一国一策"的参考建议。

本书主要内容撰写于 2024 年，书中涉及的 2024 年及之后的各项数据均为各机构在 2024 年及之前发布的预测数据，故本书对此类数据均标注"E"，同时，除特殊标注，本书中货币换算美元均采用现价美元方式，特此说明。本书附录给出了我们团队采用的研究方法、数据来源和指标释义，请读者批评指正。

中国移动研究院（中移智库）

2025 年 2 月

·目录·

第 7 章　阿联酋国别研究及机遇拓展

第 1 章

信息通信业出海与共建"一带一路"

当今世界变局加速演进，人类社会面临前所未有的挑战，世界又一次站在历史的十字路口。习近平总书记提出一系列新理念新倡议，有力引领百年变局发展方向。构建人类命运共同体是习近平外交思想的核心理念，是对"建设一个什么样的世界、如何建设这个世界"这一时代之问给出的中国方案。共建"一带一路"以构建人类命运共同体为最高目标，并为实现这一目标搭建了实践平台、提供了实现路径。自习近平总书记在 2013 年秋天提出共建"一带一路"的合作倡议以来，构建人类命运共同体的实践稳步推进。《共建"一带一路"：构建人类命运共同体的重大实践》白皮书提到："共建'一带一路'围绕互联互通，……，不断拓展合作领域，成为当今世界范围最广、规模最大的国际合作平台。"展望未来，在不确定、不稳定的世界环境中，我国作为负责任的发展中大国，继续把共建"一带一路"作为对外开放和对外合作的管总规划，推动实现更高质量的共商、共建、共享，为构建人类命运共同体注入强大动力，这也必将推动我国国际影响力、感召力、塑造力的不断提升。

从全球视角来看，共建"一带一路"是百年变局下我国发展的必然选择，为造福世界做出了重要贡献。数字经济作为改变全球竞争格局的"关键力量"和"最大增量"，为高质量共建"一带一路"提供了重要机遇。中国信息通信业亦当积极推动"一带一路"数字建设，做好我国数字经济国际化拓展主力军，为"一带一路"数字经济发展增添动力。随着"一带一路"倡议走深走实，中国信息通信业高质量共建"一带一路"发展前景可期。

1.1 共建"一带一路"的战略意义

推进"一带一路"共建，既是我国扩大和深化对外开放的需要，也是促进全球发展合作的需要，更是关乎中华民族伟大复兴和全球发展繁荣的长久大计。

当今世界，逆全球化势头兴起，地缘经济割裂加剧，国际循环增长动能弱化，全球产业链供应链面临重大冲击。一方面，以美国为代表的西方发达国家贸易与投资保护主义回潮，原有的基于世界贸易组织原则的国家经贸合作不断遭遇挑战。近年来，西方发达国家相继制定贸易保护主义政策，不仅通过政府补贴和减税来引导制造业回流，同时对外实施惩罚性关税并设置技术壁垒来保护本土企业。博鳌亚洲论坛《新兴经济体发展 2019 年度报告》指出，根据全球贸易预警数据库统计资料，2009—2018 年美国实施的贸易保护主义措施高达 1,693 项，居全球首位，平均每年出台 169.3 项贸易保护主义措施。我国出口市场与美国目标市场高度趋同，加剧了中美间的贸易和经济摩擦。另一方面，由地缘政治紧张因素引发的全球经济碎片化正在加剧，经济全球化向经济区域化方向演进，传统的区域间贸易和投资逐步向区域内转移。国家之间的双边贸易流动逐步趋向"友岸化"，外国直接投资更集中于地缘政治上结盟的国家集团内，许多国家从国家安全角度推出各项政策，如供应链重构、友岸外包、出口管制或投资审查等。国际经贸格局的变革导致我国利用传统优势继续参与全球化的拓展空间越来越小。

在逆全球化和地缘经济割裂的背景下，"一带一路"倡议对于疏通国际循环、加快构建国内国际双循环相互促进的新发展格局有着重要意义。一方面，通过"一带一路"倡议，我国把合作拓展到了东南亚、中东、拉丁美洲、非洲等新兴市场，重新调整了我国以往过度依赖西方的国际贸易结构，降低产业链供应链风险。2023 年，我国与东盟贸易继续保持增长，规模达 6.41 万亿元，东盟连续 4 年保持我国第一大贸易伙伴地位，我国也连续多年是东盟第一大贸易伙伴。另一方面，"一带一路"共建的高质量发展不断加深我国与共建国家的国际经贸合作，帮助我国充分挖掘国内外市场合作机会与需求潜力，拉动国内市场供给增长，形成内外经济循环的"飞轮效应"。

百年变局下全球性挑战日益突出，但全球性的有效应对严重缺乏。单边主义、保护主义思潮抬头，全球治理体系和多边机制受到冲击，全球治理出现"治理赤字"；国际竞争摩擦上升，地缘博弈色彩加重，冷战思维和工具被重新拾起，国际社会信任的根基遭受侵蚀，国际合作出现"信任赤字"；地区局势持续动荡，恐怖主义蔓延，人类社会发展出现"和平赤字"；全球发展失衡，尤其是贫富差距及南北发展失衡，导致一些国家与地区陷入动荡，国际社会出现"发展赤字"。治理赤字、信任赤字、和平赤字和发展赤字，不仅是全球治理陷入困境的深层原因，更是摆在全人类面前的严峻挑战。

面对全球治理困境，"一带一路"倡议顺应了全球治理体系变革的内在要求，成为应对全球治理挑战的新思路、新选择。"一带一路"共建以共商、共建、共享为合作原则，在尊重发展中国家利益的同时，重视对接现有国际准则，提供全球合作新方案。在南北合作中，以共商为重要原则，发展中国家与发达国家共同讨论确定合作方案，保障双方利益；在南南合作中，鼓励发展中国家相互合作，寻求发展公约数，在合作中寻求共赢。

面对诸多不确定、不稳定因素，全球经济复苏疲软乏力，发展中经济体中期前景黯淡。世界银行在 2024 年 1 月预计，全球经济增长将连续第三年放缓，从 2023 年的 2.6% 降至 2024 年的 2.4%，较 21 世纪 10 年代的平均水平低近 4.3 个百分点。世界银行报告指出，2020—2024 年将成为全球经济 30 年来增速最慢的五年[1]。其中，发达经济体增速将从 2023 年的 1.5% 放缓至 2024 年的 1.2%，而新兴市场和发展中经济体 2024 年预计仅增长 3.9%，比上一个十年的平均水平低一个多百分点。报告还预计，到 2024 年底，大约 25% 的发展中国家和 40% 的低收入国家人口将比新冠疫情暴发之前更加贫困。

"一带一路"倡议顺应了各国特别是广大发展中国家对经济发展的强烈需求，是构建以合作共赢为核心的理想方案。我国深化同周边国家的睦邻友好关系，巩固同发展中国家的团结合作。截至 2024 年 12 月，已有 155 个国家加入共建"一带一路"合作大家庭。不断扩大的"朋友圈"标注了我国与世界互动的新高度。一方面，"一带一路"共建以"硬联通"为基础，以我国自身的发展经验为蓝本，从基础设施建设入手，推动全球经济发展。世界银行研究结果表明，若共建"一带一路"框架下的交通基础设施项目全部落实，到 2030 年，每年将有望为全球带来 1.6 万亿美元的收益，占世界经济总量的 1.3%。2015—

---

[1] 数据来源：世界银行，《全球经济展望》。

2030 年，760 万人将因此摆脱绝对贫困，3,200 万人将摆脱中度贫困。另一方面，"一带一路"充分挖掘贸易潜力，构建公平公正的全球贸易体系，在加速推进共建国家融入经济全球化贸易分工的同时带动各国经济增长。在共建"一带一路"国际合作框架内，我国与参与国家和地区秉持共商、共建、共享原则，加强协调、联动发展，深化务实合作。2013—2023 年，我国与"一带一路"共建国家进出口总额累计超过 21 万亿美元，对共建国家直接投资累计超过 2,700 亿美元。

1.2　发展数字经济的突出作用

当前，新一轮科技革命和产业变革加速推进，信息技术正以新理念、新业态、新模式深入渗透经济、社会、民生各个领域，数字经济发展速度之快、辐射范围之广、影响程度之深前所未有。数字经济正在成为重组全球要素资源、重塑全球经济结构、改变全球竞争格局的"关键力量"和"最大增量"。

一方面，各国竞相将数字经济视为抢抓新一轮科技革命和产业变革的新机遇，制定数字经济发展战略，抢占数字经济未来发展制高点，以期在国际竞争中占据主动地位。

数字经济快速崛起，与实体产业深度融合，在各国国民经济中的地位不断提升，成为推动经济发展的重要引擎。中国信息通信研究院（以下简称"中国信通院"）数据显示，2023 年，美国、中国、德国、日本、韩国 5 个国家数字经济总量超过 33 万亿美元，同比增长超 8%；数字经济占国内生产总值（GDP）比重为 60%，较 2019 年提升约 8 个百分点。数字经济规模已超越实体经济，在各国国民经济中发挥着愈加重要的作用。

各国高度重视发展数字经济，将其上升为国家战略，完善顶层设计以把握战略主动权。美国先后发布《数字战略（2020—2024）》《美国全球数字经济大战略》《美国国际网络空间和数字政策战略》等，试图在全球范围内构建以自身为主导的数字生态系统。欧洲各国将"一个适合数字时代的欧洲"列为优先发展事项，试图加强数字主权。日本依托半导体产业和通信基础设施建设优势，积极推动"数字新政"，希冀以此振兴日本经济，提升在国际社会的话语权。面对严峻的外部形势，我国高度重视数字经济发展，出台《数字中国建设整体布局规划》，提出《"十四五"数字经济发展规划》等，力争在国际竞争中把握主动权。

数字治理话语权之争已成为后疫情时代各国谋局未来的重要抓手，关乎全球政治经济秩序的未来走向。欧美等发达国家以其先发优势主导全球数字领域话语权。法国、英国等国先后针对科技巨头征收数字税。全球首部个人数据保护法《通用数据保护条例》极大地影响了欧洲乃至全球的数据立法进程。与此同时，美国积极抢占数字贸易规则制定的主导权，推动美式数字规则，其长臂管辖的范畴已由传统产业逐步向科技产业、数据主权、网络安全领域扩展。出于维护国家主权和发展的双重目的，我国亦不断完善数字立法，寻求增强数字治理领域规则制定话语权。

另一方面，在全球新旧动能转换关键期及全球经济曲折复苏的大环境下，数字经济作为全球经济发展的新动能、新引擎，领跑作用不断显现，日益成为世界范围内最显著的经济增长极。

数字技术进入加速创新爆发期，已成为经济社会迅速发展的关键驱动力。在 5G 领域，截至 2024 年 3 月，全球已有 112 个国家和地区的 301 家网络运营商提供 5G 商用服务，5G 网络已覆盖全球 44.8% 的人口[1]。2023 年，移动行业对全球 GDP 的贡献价值达到 5.7 万亿美元，占全球 GDP 的 5.4%，预计 2030 年将增至 6.4 万亿美元[2]。人工智能领域，大模型关键性技术迎来快速发展，2023 年全球人工智能市场收入达 5,132 亿美元，同比增长 20.7%[3]。全球管理咨询公司麦肯锡 2023 年发布报告，预测未来 AI 大模型每年将带动全球经济增长 2.6 万亿～ 4.4 万亿美元。云计算领域，技术突破持续涌现。全球咨询分析机构 Gartner 发布数据显示，2023 年全球云计算市场规模为 5,864 亿美元，增速

---

[1]　数据来源：中国信通院，《全球数字经济白皮书（2024 年）》。

[2]　数据来源：全球移动通信系统协会（GSMA），*The Mobile Economy 2024*。

[3]　数据来源：中国信通院，《全球数字经济白皮书（2023 年）》。

19.4%。随着云计算与生成式 AI、大模型、算力的深度融合,市场将以 18.6% 的复合年均增长率增长,预计 2027 年全球云计算市场规模将突破万亿美元。

数字经济成为疫情后提振全球经济的"最大增量",也将为共建"一带一路"提供重要机遇。中国信通院的数据显示,在新冠疫情暴发的 2020 年,被测算的 47 个国家中有 35 个国家 GDP 为负增长,47 个国家 GDP 同比名义增速为 −2.8%,在此背景下,数字经济同比增长 3.0%,显著高于同期 GDP 增速 5.8 个百分点。在全球范围内,数字经济快于整体经济增速将是基本趋势,且这种现象将维持较长时间。以"一带一路"共建国家为例,2022 年,沙特阿拉伯的数字经济增速位列全球前三,增速在 20% 以上;土耳其、新加坡、印度尼西亚、越南、马来西亚等国的数字经济增速也超过 10%。"数字丝绸之路"提出后,我国与共建国家在数字经济领域的合作向纵深发展,为"一带一路"共建注入新的内涵和机遇。

1.3　中国信息通信业出海的重要价值

在共建"一带一路"的过程中,中国信息通信业积极推动"一带一路"数字建设,为全球互联互通贡献力量,为世界数字经济发展增添动力。在多重因素驱动下,拓展国际市场成为中国信息通信业的必要选择,而"一带一路"倡议的提出,为中国信息通信业携本土能力优势,在全球范围内共建、共享数字经济红利指明了方向。

拓展国际市场是助力中国信息通信业高质量可持续发展的必要选择。5G 拉动的信息通信业周期性投资已经从波峰走向波谷,相关行业企业的营收增长将不可避免地受到影响。国内与国际市场空间的差异、盈利水平的不同,使国际化拓展成为相关通信企业打破周期性、取得新增长点的重要选项。以电信运营商为例,通信技术的代际升级决定了运营商资产支出的周期属性,也决定了通信产业链的周期性,而出海拓展取得全球份额的提升则是打破周期性的必要策略之一。

国内信息通信市场竞争日趋激烈，国际化拓展成为中国信息通信业打造第二增长曲线的必要选择。 近几年，支撑信息通信业快速发展的人口红利早已见顶，依靠用户规模扩张的传统发展方式难以为继。基础电信方面，行业增速由中高速增长转入中低速增长，消费端用户早已渗透殆尽，同时面临巨大的网络投资压力。互联网方面，互联网特别是移动互联网发展早已从增量市场竞争转向存量市场竞争，通过并购、价格战、亏损补贴等传统竞争方式扩张的商业模式无法持续。大型互联网企业更倾向拓展业务边界、进行横向扩张。每个互联网细分赛道通常会涌入数个大、中型企业，这进一步加剧了对存量市场的争夺。相比之下，不少"一带一路"共建国家信息通信业仍处在我国5～10年前的发展水平，窗口期和红利期仍在，其快速发展的信息通信市场可成为中国企业发挥既有经验优势、寻求出海拓展，进而打造第二增长曲线的重要途径。

国内信息通信企业整体仍须接轨国际，向更高水平迈进，国际化拓展成为中国信息通信企业创建"世界一流"的必要选择。 习近平总书记在党的二十大报告中强调，"加快建设世界一流企业"。2022年2月28日，中央全面深化改革委员会第二十四次会议审议通过了《关于加快建设世界一流企业的指导意见》，提出要"加快建设一批产品卓越、品牌卓著、创新领先、治理现代的世界一流企业"。系列决策部署为建设世界一流企业指明了方向、提供了根本遵循，也提出了新的更高要求。国际化拓展是接轨国际、学习优秀经验、促进自身成长的最直接有效手段，也有利于提升国内优秀企业国际话语权和影响力。尤其是信息通信业的国有企业，更应强化使命担当，持续提升国际化拓展能力与经营水平，积极服务国家重大战略，高质量共建"一带一路"，服务好国内国际双循环新发展格局建设，坚定当好海外拓展的"主力军"，做好国际化发展和技术出海的"顶梁柱"。

拓展国际市场是依托优势能力共建、共享数字经济红利的必由之路。 中国信息通信企业充分具备国际化拓展的客观能力，综合优势领先。当前，中国信息通信业已经形成了涵盖通信设备、建设运营、技术服务、终端设计制造、内容与服务应用等多环节在内的全产业链综合优势。各企业应该充分利用自身能力和优势,积极向"一带一路"共建国家高价值市场拓展,输出高质量发展经验。

通信设备方面,经过 30 多年的发展,我国相关领域坚持技术引进和自主研发相结合,创新能力明显提升,形成了较为完整的产业体系,涌现出华为、中兴通讯等一批具有全球竞争力的通信设备企业。建设运营方面,我国三大传统电信运营商(中国移动、中国电信、中国联通)已经成长并成熟起来,收入和利润稳定增长,多个市场全向发力,业务增长卓有成效,研发创新能力显著提升。整体来看,这三家电信运营商均已经处于世界知名电信运营企业梯队前列。技术服务方面,当前电信运营商下属的通信技术服务商市场份额仍占绝对优势,这也是运营商通信优势的重要组成部分;非电信运营商下属通信技术服务商的业务规模也在增长,行业集中度有所下降。终端设计制造方面,国内终端厂商充分把握产业贸易分工协作机遇,凭借产品设计和生产制造等综合能力,在智能手机、可穿戴设备、个人计算机、摄像头与传感器等各类终端领域,形成极强的生产制造和价格竞争优势。尤其在智能手机领域,中国企业已加速成为全球终端厂商中的重要力量,小米、华为、OPPO、vivo 等一批企业跻身全球前列。内容与服务应用方面,以字节跳动、阿里巴巴、腾讯、百度、京东等为代表的互联网企业,是内容与服务提供商中的龙头,已在全球市场具备产品设计、商业创新、用户资源、品牌影响力等领先优势。

中国信息通信企业具有充足的国际化拓展实践经验,发展成就卓著。共建"一带一路"以来,中国信息通信业各环节主体积极有为,在输出发展经验的道路上发挥了重要作用。随着"一带一路"倡议走深走实,加大国际拓展力度、提升国际合作水平逐渐成为中国信息通信业深度参与"一带一路"共建的重要方向。

中国信息通信业业态齐全,在互联网、电信、软件和信息技术、应用与服务等领域均有了"走出去"投资布局,在互联网平台、电子商务和数字内容领域的表现尤为突出,头部科技企业"走出去"的体量和规模占据绝对优势。在2023 年底福布斯发布的"2023 全球数字贸易行业企业 TOP 100"榜单中,华为、百度、阿里巴巴、小米、字节跳动等知名中国企业榜上有名。入选的中国企业合计达到 62 家，2022 年度为 45 家，这表明我国的数字贸易发展正在稳步攀升。

中国信息通信企业推动智慧共建，在建设境外科技创新平台、合作推动城市及园区数字化等方面积累了丰富的经验。智慧城市、智慧园区项目已成为中国信息通信业"走出去"的重要平台和载体，一大批标杆示范项目不断涌现。中国信息通信企业在东南亚、中亚、南亚、中东、非洲等地区，以物联网、大数据、人工智能、数字孪生等核心技术为依托建设数字产业园，打造利益共享的数字产业链。

我国电信运营商推动"一带一路"数字基础设施建设和网络互联互通，助力海外基础设施建设完善、努力缩小数字鸿沟。中国移动持续拓展以"信息高速路""信息驿站"和"信息集散岛"为核心的全球基础设施布局[1]，至 2023 年初，在"一带一路"共建国家周边已建成逾 140 个因特网接入点（POP），覆盖 50 多个国家及地区，海外互联网数据中心（IDC）部署机架逾 9,600 架。中国联通与"一带一路"共建国家的合作伙伴共同建设亚非欧 1 号海缆和东南亚—中东—西欧 5 号海缆，为"一带一路"共建数字产业化和产业数字化提供坚实支撑。中国电信积极布局全球网络资源，截至 2023 年，国际及港澳台骨干传输中继超过 113 Tbit，其中"一带一路"方向超过 50 Tbit[2]。

回顾"一带一路"共建历程，面对百年变局带来的新形势、新变化，拥抱数字经济蓬勃发展释放的新空间、新机遇，中国信息通信企业踔厉奋发、担当有为，积极服务国家战略，海外发展取得丰硕成果。中国信息通信企业与"一带一路"共建国家共促数字经济合作，"中国方案"的影响力不断提升；共建数字基础设施，持续增强全球网络互联互通水平；共享数字发展红利，优质产品和数字化技术"出海"赋能共建国家千行百业。

展望未来，共建"一带一路"高质量发展前景广阔。随着"一带一路"建设走深走实，我国先后提出了《"一带一路"数字经济国际合作北京倡议》《深

---

[1] "信息高速路"指海、陆缆资源，"信息驿站"指 POP 资源，"信息集散岛"指数据中心资源。
[2] 数据来源：《中国电信 2023 年社会责任报告》。

化互联互通合作北京倡议》《坚定不移推进共建“一带一路”高质量发展走深走实的愿望与行为——共建“一带一路”未来十年发展展望》等，为“一带一路”共建未来的发展明确了方向和道路。未来，进一步对接国家战略、加大国际拓展的深度与广度、提升国际合作的基础与能力、扩大品牌与产品的国际影响力正逐步成为中国信息通信业“一带一路”共建的重要方向。

　　“一带一路”共建已蓬勃进入“第二个十年”，《数字中国建设整体布局规划》印发实施，本书以中国信息通信业“一带一路”市场选择问题为切入点展开系列研究，基于对全球信息通信业发展现状和未来趋势的研判，全面分析中国信息通信业国际化拓展面临的海外环境，评判市场机遇，为中国信息通信企业在“一带一路”共建国家开展国际化拓展提出切实可行的建议。

第 2 章

"一带一路"共建国家的市场分析

2.1 “一带一路”共建国家发展概况

“一带一路”倡议自提出以来，在发展建设方面已取得诸多成就。**一是**全球互联互通水平显著提升。在各方共同努力下，“六廊六路多国多港”的互联互通主体架构基本形成，一大批互利共赢项目成功落地。**二是**国际经贸合作质量和水平显著提高。共建国家和地区贸易自由化与便利化水平持续提升，产业链供应链合作更加密切。截至 2023 年，我国已与 29 个国家和地区签署了 22 个自贸协定，自贸伙伴覆盖亚洲、大洋洲、拉丁美洲、欧洲和非洲。**三是**为世界及区域经济发展注入强大动力。世界银行报告显示，共建“一带一路”使参与方贸易额增加 4.1%，吸引外资投资额增加 5%，使低收入国家 GDP 增加 3.4%。

从宏观层面看，政治环境方面，当前大国博弈持续、俄乌冲突影响深远，全球地缘政治局势紧张，“一带一路”倡议为国际合作打开了新局面。经济环境方面，我国与“一带一路”共建国家的贸易和投资规模稳步扩大，有力带动了全球经济复苏。社会环境方面，我国与“一带一路”共建国家充分发挥人口和产业互补优势、积极促进文化经贸往来。科技创新发展方面，我国与“一带一路”共建国家的科技创新合作持续推进，“一带一路”日益成为科技合作创新之路。

东南亚地区在大国博弈中具有关键地位，是我国周边外交的优先方向和高质量共建“一带一路”的重点地区；中亚地区局势总体可控并保持基本稳定，“一带一路”倡议为中亚国家经济开放和合作提供更多发展选择；中东和非洲地区政治环境复杂多变，我国与这些地区内国家的高层政治互信和合作机制持续深化，促进地区稳定和平发展；拉丁美洲、中东地区受中美博弈与国际秩序调整影响。“一带一路”共建在凝聚国际合作共识方面发挥了积极作用。

2.1.1 经济环境

经济发展水平方面，“一带一路”共建国家以发展中经济体为主，经济增速高于世界平均水平。从经济总量上来看，“一带一路”共建国家主要以亚洲、非洲、拉丁美洲地区的发展中国家为主，也包括新西兰、韩国、新加坡和欧洲部分发达国家。地区内各国发展水平差距较大，大部分国家经济发展水平仍滞后于世界平均水平。

经济增长方面，在全球经济艰难复苏的背景下，"一带一路" 共建国家展现出较强的经济韧性。国际货币基金组织（IMF）在 2024 年 10 月预测[1]，2024 年、2025 年全球经济增速均为 3.2%，与 2023 年 3.3% 的增速基本持平；新兴市场和发展中经济体在 2024 年和 2025 年都将以 4.2% 的速度增长，高于全球水平，如图 2.1 所示。从不同区域来看，东南亚、中东和中亚、撒哈拉以南非洲地区经济复苏表现优于全球平均水平。数据显示，2024 年和 2025 年，东盟五国[2]的经济增长率分别为 4.5%、4.6%，中东和中亚地区的经济增长率分别为 2.4%、4.0%；撒哈拉以南非洲地区的经济增长率分别为 3.7%、4.1%。

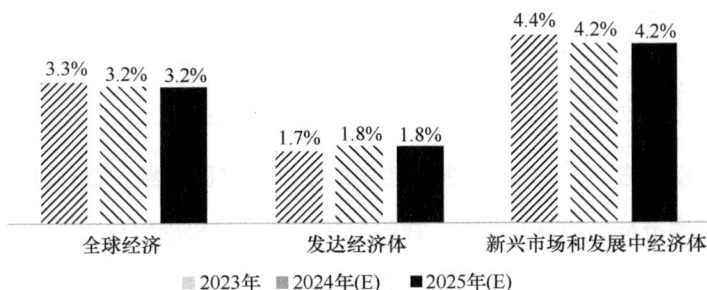

图 2.1　IMF 全球经济增速预测[3]

经济前景方面，通胀高企、债务危机、地缘经济割裂等因素为区域内国家经济带来不稳定性风险。一是通货膨胀冲击新兴经济体。全球通胀飙升，2022 年年中达到峰值后缓慢回落。2022—2024 年不同经济体通货膨胀率情况如表 2.1 所示。2023 年，发达经济体和新兴市场经济体的整体通胀率分别为 4.6% 和 8.1%[4]。通胀对各国经济发展造成了不同程度的影响，包括生产生活

---

[1]　数据来源：IMF，《2024 年 10 月世界经济展望》。

[2]　印度尼西亚、马来西亚、菲律宾、新加坡、泰国。

[3]　E 表示数据为预测，全书对预测数据均采用此类标注。

[4]　同 [1]。

成本增加、收入差距拉大、投资减少、汇率压力增大等。二是债务问题已成为发展中国家的沉重负担，特别是在撒哈拉以南非洲、南亚以及拉丁美洲地区。美联储激进加息令美元大幅升值，导致美元债务较多的国家偿债压力骤增。根据《世界债务报告》的数据，全球面临高债务水平的国家数量从 2011 年的 22 个急剧增加到 2022 年的 59 个，债务规模达到创纪录的 92 万亿美元。三是地缘经济割裂阻碍全球贸易，对新兴经济体复苏产生不利影响。地缘政治紧张局势加剧，贸易保护措施限制了劳动力、货物和资本的跨境流动，加剧了对外依赖程度较高国家经济的不稳定性。

表 2.1　2022—2024 年不同经济体通货膨胀率情况及预测（单位：%）[1]

经济体	2022 年	2023 年	2024 年（E）
全球平均	8.62	6.66	5.76
东盟五国	4.79	3.50	2.31
欧洲新兴市场和发展中经济体	25.20	17.08	16.87
拉丁美洲和加勒比地区	14.22	14.78	16.75
中东和中亚	13.36	15.58	14.63
撒哈拉以南非洲	15.18	17.58	18.08

贸易投资方面，"一带一路"共建持续拓展了国际经贸合作新空间，成为区域内经济发展的重要动力。我国与共建国家贸易规模稳步扩大，我国商务部披露的数据显示，从 2013 年到 2022 年，我国与"一带一路"共建国家的货物贸易额从 1.04 万亿美元扩大到 2.07 万亿美元，年均增长 8%；我国对共建国家进出口总额占我国外贸整体的比重，从 2013 年的 25% 显著提升到 2022 年的 32.9%。累计在共建国家直接投资额、承包工程新签合同额和完成营业额分别达到 2,700 亿美元、1.2 万亿美元和 8,000 亿美元，"一带一路"共建国家市场占我国对外承包工程的比重过半。相较 2021 年，我国企业 2022 年在"一带一路"共建国家非金融类直接投资额达 209.7 亿美元，增长 3.3%，占同期总额的 17.9%，与上年同期持平，主要投向新加坡、印度尼西亚、马来西亚、泰国、越南、巴基斯坦、阿联酋、柬埔寨、塞尔维亚和孟加拉国等国

---

[1]　数据来源：IMF，《2024 年 10 月世界经济展望》。

家。对外承包工程方面，相较 2021 年，我国企业 2022 年在 "一带一路" 共建国家新签承包工程项目合同 5,514 份，新签合同额 8,718.4 亿元（约合 1,296.2 亿美元），下降 3.3%，占同期我国对外承包工程新签合同额的 51.2%；完成营业额 5,713.1 亿元（约合 849.4 亿美元），下降 5.3%，占同期总额的 54.8%。整体情况如图 2.2 所示。

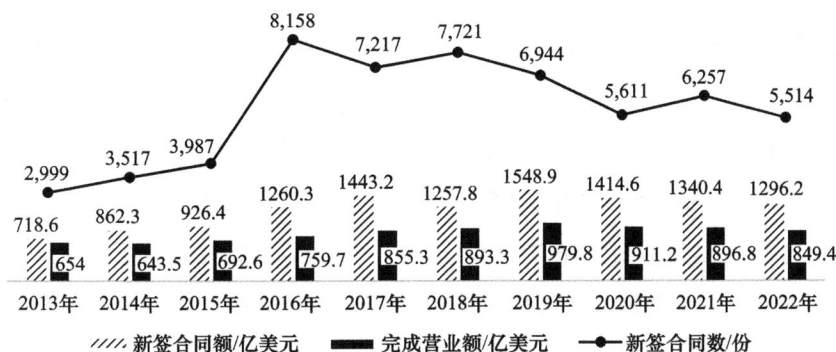

图 2.2　2013—2022 年我国企业在 "一带一路" 共建国家承包工程情况

2.1.2　社会环境

大多数 "一带一路" 共建国家仍处于人口红利期，具备较大的劳动力优势和消费潜力。"一带一路" 共建发展中国家通常人口资源充裕，劳动力结构年轻，但工业化水平不高，产业结构需要升级。我国劳动密集型产业技术成熟且成本优势逐渐下降，与共建发展中国家存在产业互补关系。联合国全球人口增长预测数据显示，撒哈拉以南非洲、中亚和南亚、拉丁美洲和加勒比地区、北非和西亚地区将在未来 30 年保持人口正增长。其中，非洲地区人口增长率最高，预计到 2050 年，非洲人口将占全球人口的 1/4，撒哈拉以南非洲地区的人口将翻倍。"一带一路" 共建国家不断增长且年轻化的人口提供了劳动力资源及广阔的消费市场。

"一带一路" 联通世界、融汇东西，促进不同文化深层交流。我国与亚太地区特别是东亚、南亚、东南亚地区其他国家在历史文化上渊源已久、血脉相亲。自汉唐以来，我国就建立了大中华文化圈，东亚文化圈。以古代中国为中心，向日本、朝鲜及其他东亚、东南亚地区辐射。中亚地区地处亚洲和欧洲的中间过渡地带，东西方文化在这里交汇，各国受到东西方不同文明影响，文化底蕴丰厚，政治、文化、宗教和社会习俗等具有较大差异。欧洲具有相对独立且鲜明的社会文化特征，与大中华文化圈相距较远，但其内部社会文化上具有诸多共性。拉丁美洲具有典型的多样性文化，人口的族群构成极为复杂，有分属不同部族的印第安人，有来自欧洲、非洲、亚洲等地区不同肤色的人，也有犹太人以及混血人种等，同时，各国使用的官方语言各异，包括西班牙语、葡萄牙语、英语、法语和荷兰语等。随着"一带一路"共建的深入推进，我国与各国的文化经贸交流更为密切。"文化先行"已成为我国深化与共建国家交流合作的方式之一。"一带一路"倡议提出以来，中华文化走向世界，中华文明影响力不断提升，我国已与诸多"一带一路"共建国家签订文化和旅游协定或谅解备忘录，启动实施"文化丝路"计划，成立丝绸之路五大联盟，发展成员单位达 540 家。

2.1.3　科技创新

从全球科技发展格局来看，我国科技实力和创新实力日益增强，"一带一路"共建存在广泛科技创新合作需求。全球经济治理体系正在深刻变革调整，数字经济逐渐成为世界经济新的增长动力，以创新推动经济社会可持续发展已成为全球共识。"一带一路"作为国际科技创新合作的重要载体，将有效促进我国与其他共建国家发展战略对接、产能合作等，集聚科技创新资源，培养科技创新人才，共享科技创新成果。世界知识产权组织（WIPO）发布的《2024 年全球创新指数》报告显示，中国创新能力综合排名从 2012 年第 34 位提升到 2024 年第 11 位，是近年来创新力发展最快的经济体之一。中国科技正在从量的积累迈向质的飞跃。"一带一路"共建国家中，新加坡（第 4 位）、韩国（第 6 位）、爱沙尼亚（第 16 位）、奥地利（第 17 位）、卢森堡（第 20 位）排名前 20 位，其他共建国家在排名方面相对落后，在国际创新交流合作方面，国家间具有广泛合作空间。

"一带一路"科技创新合作持续推进,注重发挥各国优势和资源禀赋,可共享科技进步红利。自 2017 年共建"一带一路"科技创新行动计划启动以来,我国与"一带一路"共建国家在科技人文交流、联合实验室共建、科技园区合作、技术转移等方面展开合作,共同将"一带一路"倡议建设成为创新之路。截至2022 年,我国启动的"一带一路"国际科技组织合作平台建设项目累计吸引200 多个国际组织和千余个国家组织参与,涉及全球 150 多个国家和地区,共实施 152 个项目,支持建立或筹建 30 家区域科技组织、36 家国际科技组织联合研究中心、5 家国别科技问题研究中心,培养 11.9 万多名科技人才。我国主导发起的"一带一路"国际科学组织联盟成员单位达到 67 家。此外,我国分别面向东盟、南亚、阿拉伯国家、中亚、中东欧国家、非洲、上合组织、拉美建设了 8 个跨国技术转移平台,并在联合国南南合作框架下建立了"技术转移南南合作中心"。

2.2 "一带一路"共建国家信息通信业发展分析

"一带一路"共建国家的信息通信业快速发展,数字化转型步伐加快,催生了大量市场发展机遇。近年来,"一带一路"共建国家推进移动基础设施建设成效显著,用户向高速网络升级趋势明显。网络覆盖方面,非洲部分发展中国家是 4G 网络建设的潜力市场,并且存在大量 5G 空白市场。网络使用方面,区域内"一带一路"共建国家移动网络和移动互联网渗透率仍有较大增长空间,非洲地区处于 4G 发展红利期,其他大部分国家在未来几年内均属于新兴 5G 市场。部分"一带一路"共建国家固定宽带普及率较低,光纤建设落后。从区域上来看,非洲、拉丁美洲为潜力市场;从技术上来看,光纤和固定无线接入(FWA)是未来收入增长的主要来源。数字经济为全球经济复苏提供重要支撑,"一带一路"共建国家数字经济发展方兴未艾,数字基础设施互联互通取得积极进展,数字产业化和产业数字化需求旺盛,数字化转型激发了行业增长潜力。

2.2.1 基础通信行业——移动通信

"一带一路"共建国家中，部分移动网络渗透率不足，未来仍有较大用户增量空间。 国际市场调研机构 Omdia 的数据显示，截至 2023 年，全球移动独立用户渗透率达到 72.8%，非洲、中亚和南亚地区未达到平均水平，移动独立用户渗透率分别为 54.4%、66.8%。Omdia 预测，2023—2028 年，非洲、中亚和南亚地区移动独立用户规模将分别增长 1.7 亿户、2.1 亿户。在移动宽带发展方面，预计 2023—2030 年，非洲、中亚和南亚地区的移动宽带连接数将分别增长 5.1 亿户、5.2 亿户，复合年均增长率分别达到 7.7%、6.7%，且仍有较大增长空间。

非洲地区 4G 网络发展红利尚未消退。 截至 2023 年，非洲地区的移动通信市场仍以 2G、3G 网络为主，4G、5G 网络发展较为滞后，未来几年网络将持续升级。如图 2.3 所示，截至 2023 年，非洲地区 2G、3G 网络连接数占比分别为 18.2%、51.2%。到 2029 年，预计分别逐渐减少至 3.4%、13.5%。在 4G、5G 网络发展方面，2023 年，非洲地区的 4G 网络连接数占移动订阅数的比重为 30.3%，并将保持稳定增长，到 2028 年达到峰值；5G 网络发展较为缓慢，落后于全球其他地区。

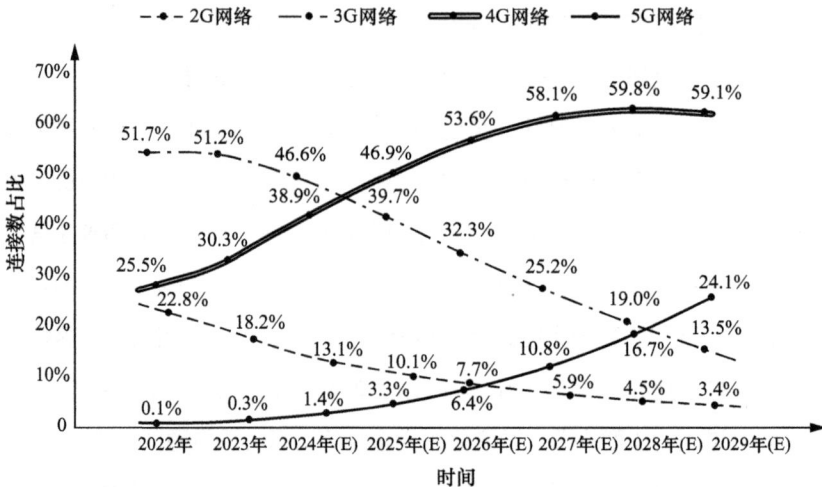

图 2.3 2022—2029 年非洲地区移动网络连接数占比分布

除非洲地区外，其他地区 4G 红利已经见顶，用户向 5G 网络升级趋势明显。在 5G 网络普及方面，如图 2.4 所示，北美、大洋洲、东亚、东南亚、西欧地区发展步伐较快，2023 年的 5G 网络渗透率已经达到 30% 以上。未来几年这些地区将实现 5G 网络快速普及，预计到 2028 年，5G 网络渗透率将超过 150%。中东、中亚、南亚、拉丁美洲和加勒比地区、东欧地区处于第二梯队，2023 年的 5G 网络渗透率达到了 5% 以上，这些地区的 5G 网络建设将持续推进，预计到 2028 年，5G 网络渗透率将达到 40% 以上。非洲地区 5G 网络的普及刚刚起步，受限于网络基础设施建设所需的资本开支，以及用户难以负担的智能手机成本，整体移动通信业发展较为滞后。

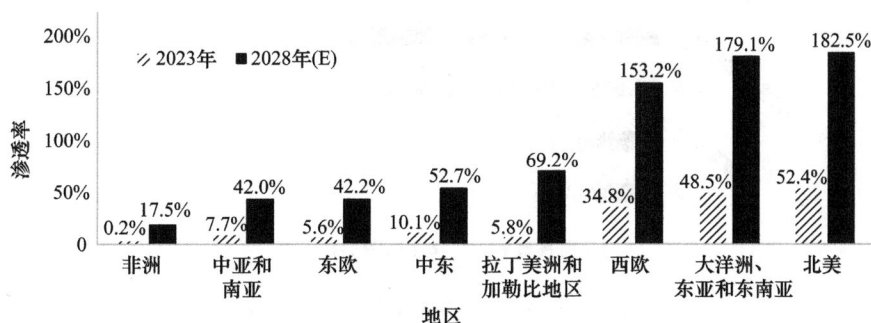

图 2.4　2023 年全球不同地区 5G 网络渗透率及预测

2.2.2　基础通信行业——固定通信

"一带一路"共建国家大部分固定宽带普及率不高，光纤建设更为落后。从全球范围来看，如图 2.5 所示，截至 2023 年，北美、西欧、大洋洲、东亚和东南亚地区的固定宽带渗透率较高，而"一带一路"共建国家所处的东欧、拉丁美洲和加勒比地区，以及中东地区的固定宽带渗透率在 45% ～ 70%，非洲、中亚和南亚地区的固定宽带渗透率不足 20%。光纤渗透率方面，大洋洲、东亚和东南亚地区相对领先，达到 87.3%，其中新加坡、韩国和中国的光纤渗透率均在 90% 以上，起到了较大的拉动作用。其他地区的光纤渗透率均在 50% 以下，"一带一路"共建国家所处的中亚和南亚、非洲地区的光纤渗透率分别为 10.2%、1.7%。分析原因，一是经济发展落后，家用网络需求较低；二是岛屿、山区等地理原因导致建设难度较大；三是国家道路、电力等基础设施建设不完善，在未通路、未通电的农村等落后地区部署网络基础设施困难。

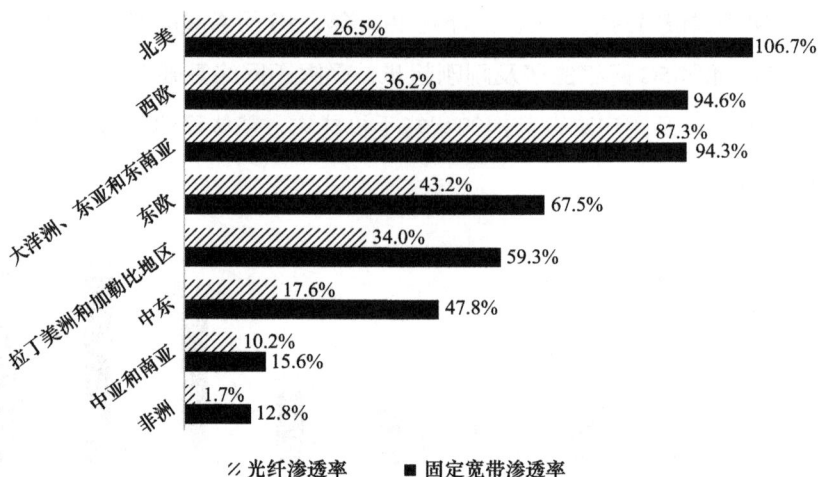

图 2.5　2023 年全球固定宽带和光纤渗透率

非洲、拉丁美洲和加勒比地区、东南亚等地区固定宽带订阅数和服务收入保持快速增长，固定通信市场有较大增量空间。如图 2.6 所示，从固定宽带订阅数来看，非洲地区即将迎来高速增长，以尼日利亚为代表的非洲国家的固定宽带订阅数和服务收入将快速增长。从固定宽带服务收入复合年均增长率来看，到 2028 年，拉丁美洲和加勒比地区的固定宽带服务收入将达到 425 亿美元，高于其他区域，其中巴西、墨西哥的固定宽带服务收入规模较高，且增速较快，是快速发展的潜力市场。

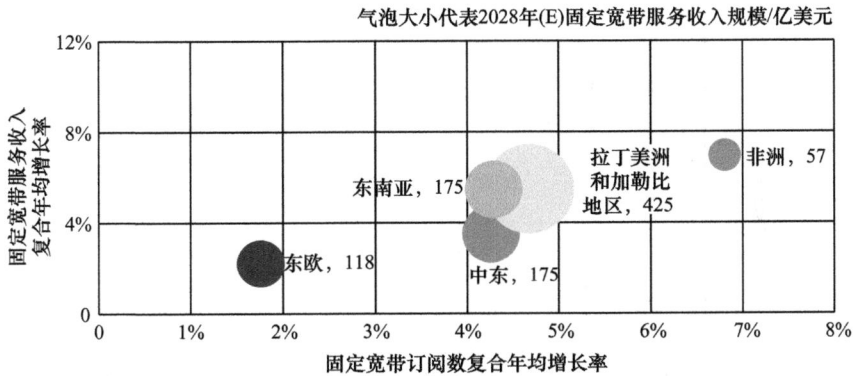

气泡大小代表2028年(E)固定宽带服务收入规模/亿美元

图 2.6 2023—2028 年固定宽带服务收入增长预测 [1]

光纤将成为未来固定宽带服务收入增长的主要来源，FWA 作为光纤部署的替代方案，将迎来快速发展。全球各国运营商正加快光纤网络基础设施的建设步伐，并将逐步以光纤取代传统宽带。Omdia 预测，全球固定宽带服务收入将从 2023 年的 3,278 亿美元增至 2028 年的 3,931 亿美元，复合年均增长率为 3.7%。其中，光纤收入复合年均增长率将达到 8.28%，占比将从 50.7% 提升至 63.0%。在 "一带一路" 共建国家所处地区中，非洲、拉丁美洲和加勒比地区的光纤收入规模增长较快，2023—2028 年的复合年均增长率将分别达到 17.2%、8.1%。由于 FWA 部署成本更低、速度更快，被用于替代光纤宽带，以满足难以到达和经济上不可行地区的固定连接需求。全球 FWA 服务收入将从 2023 年的 161 亿美元增至 2028 年的 350 亿美元，复合年均增长率为 16.9%。在非洲地区，FWA 已经成为运营商快速为偏远地区提供宽带服务的重要方式，FWA 渗透率高于光纤渗透率且在未来继续保持增长，其在固定宽带中的重要性分外凸显，如图 2.7 所示。

---

[1] 数据来源：Omdia，中亚和南亚地区数据受印度影响较大，无法体现区域内 "一带一路" 共建国家实际情况，故剔除该地区的数据。

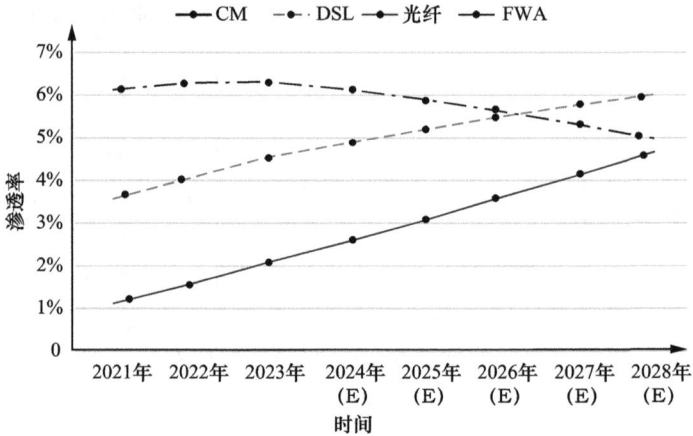

图 2.7　2021—2028 年非洲地区固定宽带渗透率 [1]

2.2.3　数字经济

"一带一路"共建国家整体处于数字经济发展初期，数字经济规模占比低、增速快。中国信通院研究显示，经济发展水平越高、收入水平越高的国家，数字经济在国民经济中的占比越高。"一带一路"共建国家基本分布在中等偏上和偏下收入国家组别。以 2021 年数据为例，高收入国家数字经济占 GDP 比重为 52.0%，中等偏上收入国家数字经济占比为 34.4%，中等偏下收入国家数字经济占比为 18.5%，如图 2.8（左）所示。在增速方面，受益于数字经济基数较小、人口红利释放等因素，中等偏上和偏下收入国家数字经济同比增速均超过 20%，中等偏上收入国家数字经济同比增速高达 23.2%，高于同期中等偏下收入国家数字经济增速 0.6 个百分点，高于同期高收入国家数字经济增速 9.9 个百分点。并且，数字经济增速高于同期 GDP 增速，有效支撑经济复苏，如图 2.8（右）所示。

数字基础设施互联互通取得积极进展，内部海缆连通性不断增强，海缆升级和建设需求强劲。美国电信市场研究公司 TeleGeography 的数据统计，全球国际带宽使用从 2015 年的 293 Tbit/s 增长到 2022 年的 3,811 Tbit/s，复合年均增

---

[1]　CM: Cable Modem，电缆调制解调器；DSL：Digital Subscriber Line，数字用户线。

长率达 44%，增长最高的依次是亚洲—大洋洲（57%）、非洲内部（56%）、亚洲内部（53%）、非洲—中东（51%）、亚洲—欧洲（50%）、非洲—欧洲（50%），均为"一带一路"共建地区。我国积极推进数字基础设施互联互通，"一带一路"倡议下，已累计建设 34 条跨境陆缆和多条国际海缆。

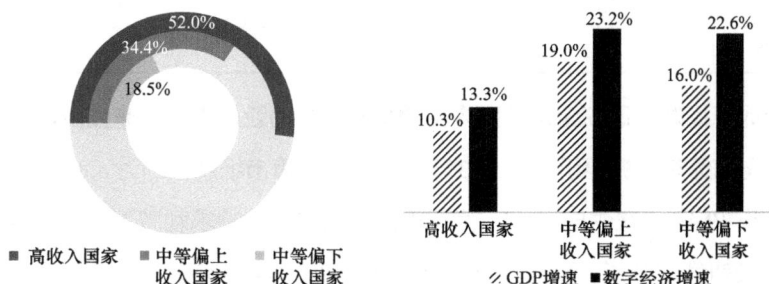

图 2.8 2021 年全球不同收入水平国家数字经济占比（左）及增速（右）[1]

2018—2022 年，全球共交付 106 条海缆。在"一带一路"共建地区中，亚洲内部新增 29 条、在建 / 拟建 17 条海缆，主要包括中国、日本、印度与东南亚国家间海缆，东南亚国家间海缆，以及印度尼西亚、菲律宾等国的国内海缆；非洲内部新增 6 条、在建 / 拟建 6 条海缆，进一步加强了东非、西非、东南部非洲等次区域内部的连通性；拉丁美洲新增 8 条、在建 / 拟建 5 条海缆；亚洲—欧洲新增 1 条、在建 / 拟建 4 条海缆。中国信通院预测，到 2030 年，全球国际带宽使用将达到 26,081 Tbit/s，复合年均增长率为 26%。其中，亚洲内部、亚洲—美国、亚洲—加拿大、亚洲—大洋洲、亚洲—欧洲等方向的国际带宽是流量增长的热点方向。

以数据中心、云计算设施等为代表的算力基础设施为数字经济发展提供动能，具备较强增长潜力。算力基础设施对经济增长发挥了重要作用。国际数据公司 IDC 报告显示，算力指数平均每提高 1 个点，数字经济和 GDP 将分别增长 3.5‰和 1.8‰。东南亚、中东、非洲等地区的数据中心发展进入快车道，数据中心市场将以 10% 左右的复合年均增长率增长，如表 2.2 所示。

---

[1] 数据来源：中国信通院。

表 2.2 "一带一路"共建国家所处地区的数据中心市场规模及预测 [1]

地区	数据中心市场规模 / 亿美元		复合年均增长率（2023—2029 年）
	2023 年	2029 年（E）	
东南亚	102.3	177.3	9.59%
拉丁美洲	63.6	100.6	7.95%
中东	55.7	96.1	9.52%
非洲	33.3	64.6	11.65%

云计算战略价值在全球范围内持续提升，东南亚、中东、非洲市场潜力巨大。中国信通院数据显示 [2]，2023 年，全球云计算市场规模约为 5,864 亿美元，同比增长 19.4%，在生成式 AI、大模型的算力与应用需求刺激下，云计算市场将保持长期稳定增长，预计全球云计算市场 2027 年将突破万亿美元。东南亚和中东地区的国家发布数字路线图、法案，将投资和发展云计算作为国家长期战略。得益于利好政策，亚洲云计算市场实现快速发展，2023 年规模占比达到 18.95%，与欧洲的差距不断缩小，非洲则实现了 3 倍增长，占比达到 1.69%，如图 2.9 所示。各国积极发布相关国家战略，推动云计算在各行业的应用布局，深度挖掘云计算产业价值。

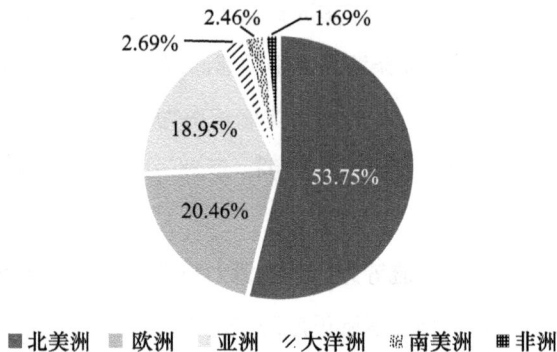

图 2.9 2023 年全球云计算市场规模占比

---

[1] 数据来源：Arizton。

[2] 数据来源：中国信通院，《云计算白皮书（2024 年）》。

2.3 "一带一路"共建国家信息通信市场发展机遇研判

2.3.1 整体拓展环境及机会分析（基于"机会指数"）

本研究运用"交流密切度""发展环境""拓展潜力"3 个关键子指数，综合评判了"一带一路"共建国家信息通信市场的机会指数[1]，如表 2.3 所示。从子指数得分情况来看，拓展潜力的离散程度最高，国家之间差距最大，反映了"一带一路"共建国家信息通信市场发展程度参差不齐、两极分化显著。发展环境离散程度相对最低，国家间差距最小，反映了"一带一路"共建国家政治发展环境、经贸投资环境等整体表现相对均衡。

表 2.3 "一带一路"共建国家信息通信市场机会指数及子指数得分

指数名称	信息熵	权重	最高得分	最低得分	中位数
机会指数（总指数）	—	—	68.72	17.56	32.53
交流密切度（子指数）	0.945	38.13%	95.63	8.76	30.51
发展环境（子指数）	0.972	18.98%	99.69	12.81	54.56
拓展潜力（子指数）	0.939	42.89%	66.20	15.36	28.16

1. 目标国家市场的"拓展潜力"是影响信息通信企业"走出去"最关键的因素，"交流密切度"次之，"发展环境"影响相对较小。

本研究通过熵值法确定了各子指数的权重，子指数的不确定性越强，对最终机会指数的影响就越大，被赋予的权重就越高。拓展潜力、交流密切度和发展环境被赋予的权重分别是 42.89%、38.13% 和 18.98%，如图 2.10 所示。拓展潜力对机会指数的影响最为显著，是对信息通信企业"走出去"决策参考意义较大的因素。拓展潜力离散程度高、指标权重大，反映了"一带一路"共建国家信息通信市场发展水平的差异。例如，欧洲国家的固网宽带普及率普遍较高，

---

[1] "机会指数"详细的研究对象与研究方法，见本书附录 A。

而中亚、非洲部分国家人口基数大、信息技术发展落后。在逆全球化浪潮的背景下，交流密切度对企业"走出去"的影响越发重要。与我国经贸往来密切、文化相似度高、地理位置相近的国家，企业"走出去"遇到的障碍更小，国际化拓展更易取得成功。

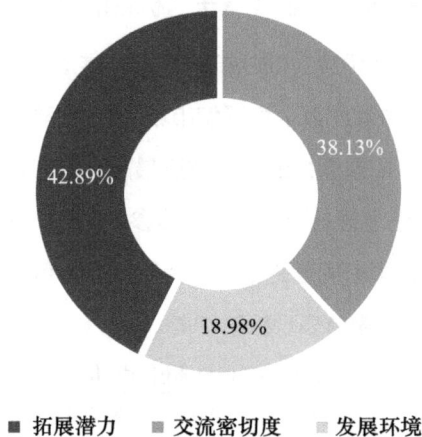

38.13%

42.89%

18.98%

■ 拓展潜力　■ 交流密切度　▨ 发展环境

图 2.10　3 项子指数对机会指数的权重贡献

2. 除新加坡、意大利[1]外，排名靠前的其他国家的信息通信市场均为"战略驱动型"市场，出海企业可顺应服务国家战略、因势而动。

综合 3 个子指数交叉分析，本研究描绘了"一带一路"共建国家信息通信市场机会指数象限图。依据所处象限的不同，本次研究的 55 个国家的信息通信市场被划分为战略驱动型（19 个）、长线聚焦型（8 个）、机会驱动型（20 个）和暂缓深入型（8 个）4 类。

● **战略驱动型：** 除新加坡、意大利外，机会指数排名靠前的其他国家，即俄罗斯、印度尼西亚、坦桑尼亚、巴基斯坦、越南、马来西亚、尼日利亚和沙特阿拉伯等，对应的均为"战略驱动型"市场。该类国家市场的交流密切度子指数表现较好，而发展环境子指数表现欠佳，中

---

[1]　意大利于 2023 年 12 月正式退出"一带一路"倡议，本研究主体数据采集于 2023 年 12 月前，故意大利仍被包含在内。

国信息通信企业可因势而动，密切关注国家政策导向和发展战略，进入当地基建、数字产业等市场。

- **长线聚焦型：**"长线聚焦型"市场对应的国家，其市场的交流密切度子指数与发展环境子指数表现较为均衡，适合进行长期布局，这些国家多为发达国家或经济发展水平较高的发展中国家，如新加坡、意大利、阿联酋、南非共和国等。中国信息通信企业需以合规避险为底线，及时把握国家政策导向，灵活进行资源布局、加强属地能力配置、寻求多元合作。

- **机会驱动型：**"机会驱动型"市场对应的国家，其市场的交流密切度子指数表现欠佳，但发展环境子指数表现较好，多为欧洲国家和拉美国家。中国信息通信企业可以紧抓"一带一路"和中拉合作的契机，在波兰、葡萄牙、罗马尼亚、巴拿马、乌拉圭等重点市场，对重点行业、重点客户进行全面摸排，以优势产品切入、把握核心需求，将相关国家作为新的业务机会增长点。

- **暂缓深入型：**"暂缓深入型"市场对应的国家，其市场的交流密切度子指数与发展环境子指数表现均欠佳。中国信息通信企业可暂缓深入，或以轻资产模式拓展属地市场，待时机更加成熟、自身资源更加充沛时再做进一步考虑。

2.3.2 交流密切度分析

"一带一路"共建国家信息通信市场的交流密切度子指数呈现明显的地缘化特征。交流密切度子指数二级指标具体得分情况如表 2.4 所示。交流密切度子指数得分较高的国家主要集中在东南亚、南亚、中亚、中东北非等地区。相关国家与我国经贸往来密切、文化差异较小、地理位置相对临近，中国企业"走出去"面临的阻力较小。越南、俄罗斯、马来西亚、印度尼西亚 4 国在交流密切度子指数中的表现位于第一梯队，与后续国家拉开分数差距，出现"断层"，是在交流密切度领域没有明显短板的国家。

表 2.4　"一带一路"共建国家信息通信市场交流密切度子指数二级指标得分

二级指标	信息熵	权重	最高得分	最低得分	中位数
人文因素	0.869	20.75%	100	1.00	50.50
地理因素	0.968	17.01%	100	1.00	66.27
经贸往来	0.974	62.24%	75.78	1.18	9.70

我国与"一带一路"共建国家的双边贸易规模整体与该国经济发展水平呈正相关，同越南、马来西亚等邻近国家的双边经贸往来尤为活跃。我国与"一带一路"共建国家保持着密切的经贸往来，整体来看，双边货物贸易规模和目标国家的经济发展水平呈正相关，如图 2.11 所示，经济发展是贸易增长的基础，贸易增长是经济发展的重要引擎。在本研究中，与我国双边贸易规模表现排名靠前的国家中，有 4 个是东南亚国家，分别是越南、马来西亚、泰国、印度尼西亚，与我国毗邻的主要大国俄罗斯也在其中。在排名靠前的国家中，意大利、波兰和土耳其与我国的双边货物贸易规模与该经济发展水平的排位偏差较大，这主要是受当地人口规模、市场需求、经济互补性、双边交流密切度等因素的影响。

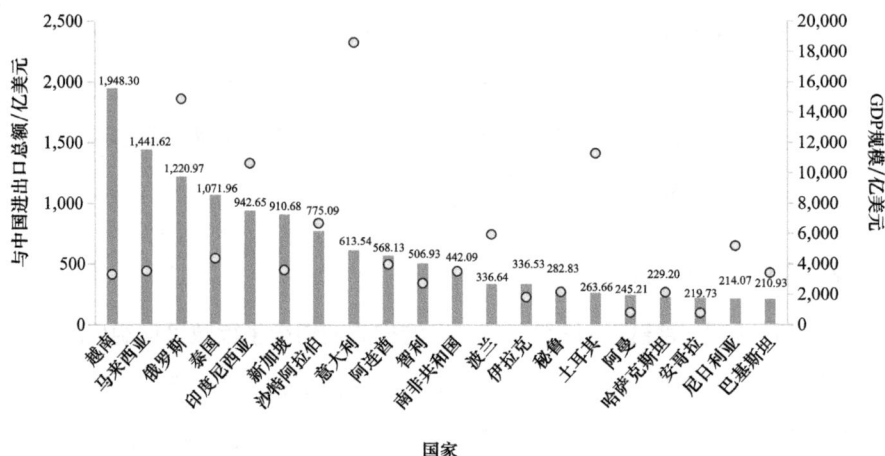

图 2.11　我国与"一带一路"共建国家双边货物贸易规模（前 20 名）[1]

---

[1] 数据来源：进出口总额数据来源于中国国家统计局，为 2019—2021 年 3 年均值；GDP 数据来源于世界银行，为 2021 年数据。

我国与"一带一路"共建国家的文化差异与地理距离呈正相关，中国信息通信企业在海外市场拓展中需重点关注跨文化管理问题。Hofstede 文化维度理论表明，文化距离越小（即得分越低），代表与我国文化相似度越高，根据对文化距离和地理距离的相关性分析发现，如图 2.12 所示，与我国地理相近的国家，往往文化相似度也更高。研究国家中，地理位置相邻的东南亚、南亚、中亚等地区国家与我国文化距离得分较低，相应华人分布比例也较高，说明与中华文化有着较为深厚的渊源。从信息通信业国际化拓展的轨迹来看，文化、语言、地理相近的国家或地区进入难度更小、业务推广普及速度更快。不少运营商按照文化、语言和地缘关系制定国际化拓展路径，如英语系的 Vodafone 遍及全球英文区，西班牙语系的 Telefonica 在欧洲和拉丁美洲市场发力，法语系的 Orange 聚焦欧洲和非洲市场。在"一带一路"共建国家中，与中华文化同源同根的国家是中国信息通信企业"走出去"重要的机会市场。同时，在"走出去"的过程中，跨文化经营管理问题也需要持续关注。

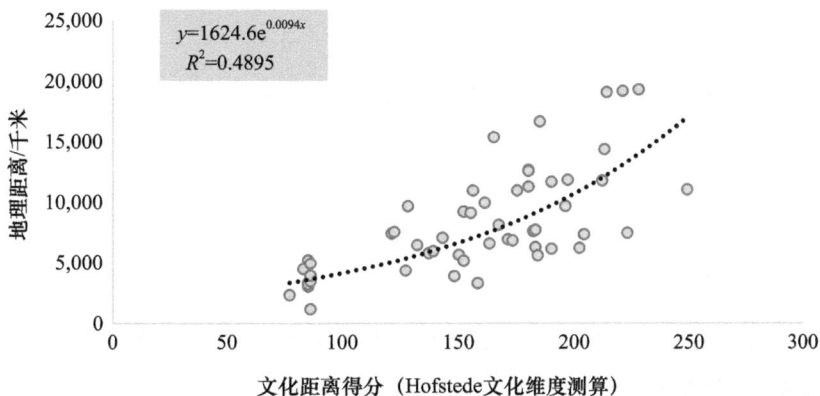

图 2.12 文化距离与地理距离相关性分析 [1]

中东北非、撒哈拉以南非洲、中亚地区是"一带一路"倡议下中国企业"走出去"开展投资项目的重要目标区域。"一带一路"倡议提出以来，我国在以上

---

[1] x 为文化距离得分，y 为地理距离，R^2 为回归平方和与总离差平方和的比值，用于评估模型的拟合程度，越趋于 1，拟合程度越高。

3 个区域的累计投资项目金额占比分别达到 26.7%、23.6% 和 14.6%[1]，如图 2.13 所示。以丝路基金为例，截至 2022 年，丝路基金投资项目遍及 60 多个国家和地区，承诺投资金额超 200 亿美元。丝路基金广泛投资于东南亚、南亚、中亚、中东北非、欧洲等"一带一路"共建重点地区，项目涵盖基础设施、能源资源、产能合作、金融合作、可持续投资等。

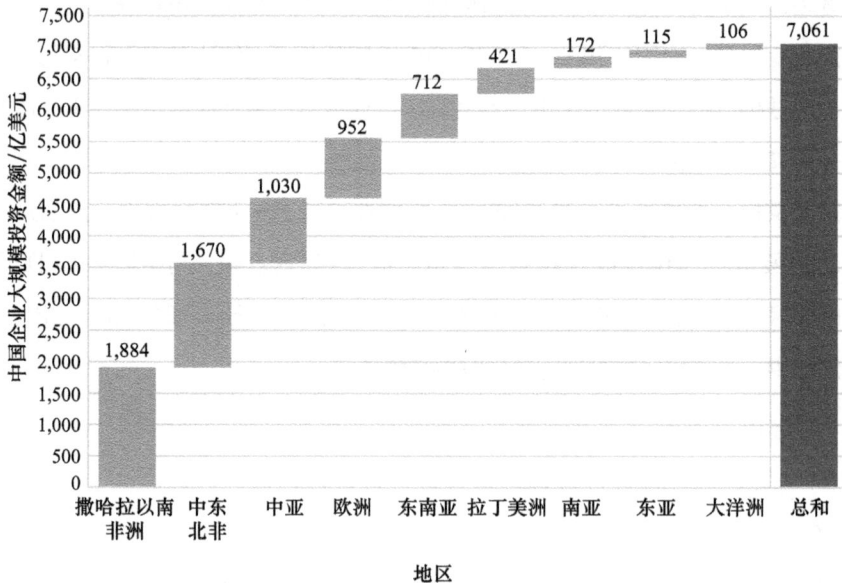

图 2.13　我国在"一带一路"共建地区开展投资与建设项目累计金额 [2]

2.3.3　发展环境分析

"一带一路"共建国家总体经济发展水平偏低，少数发达国家与多数发展中国家治理监管水平差距显著。"一带一路"共建国家信息通信市场发展环境子指数二级指标得分情况如表 2.5 所示。相关 55 个国家中，有 19 个高收入经济体，其余 36 个均为中低收入经济体 [3]。从发展环境子指数来看，新加坡、新

---

[1]　仅统计本研究涉及的 55 个国家，数据截至 2023 年。

[2]　数据来源：The American Enterprise Institute and The Heritage Foundation，统计时间目为 2013 年"一带一路"倡议提出后至 2020 年底。

[3]　根据世界银行经济体收入分组标准划分。

西兰和奥地利位于第一梯队,与后续国家拉开差距,出现"断层"。葡萄牙、波兰、意大利、智利及乌拉圭等高收入经济体处于第二梯队,具备相对健全的法律和监管制度、开放的市场经济体系、高质量的基础设施。土库曼斯坦、安哥拉、伊朗等中低收入经济体排名最为靠后,基础设施发展落后,存在政府廉政状况不佳、税收支付体系不完善等问题,整体营商环境有待改善。

表 2.5　"一带一路" 共建国家信息通信市场发展环境子指数二级指标得分

二级指标	信息熵	权重	最高得分	最低得分	中位数
治理环境	0.958	29.25%	99.70	7.22	40.07
经贸环境	0.973	18.83%	100	10.09	62.08
监管环境	0.961	26.75%	99.99	1.01	99.99
基础设施	0.964	25.17%	99.99	10.37	56.72

治理环境与经贸环境呈显著相关,得分较高的集中于中东欧、西欧、拉丁美洲等发达经济体。 对治理环境和经贸环境的相关性分析发现,二者呈显著相关,如图 2.14 所示[1]。随着经济全球化的发展,各经济体的经济发展与国际贸易水平密不可分,因此中东欧、西欧、拉丁美洲等发达经济体的经贸环境得分普遍较高,其中新加坡位居榜首,第 2、第 3 位分别为新西兰和智利;中东、非洲等欠发达地区的国

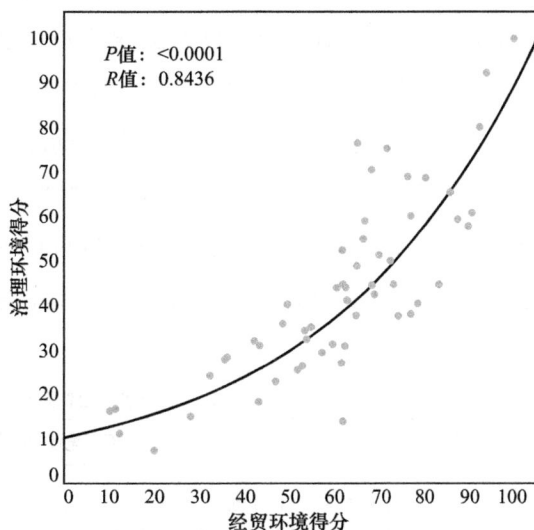

图 2.14　治理环境和经贸环境相关性分析

家经贸环境与发达经济体存在较大差距,伊朗、土库曼斯坦、伊拉克、刚

---

[1] P 值:用于检验假设显著性的指标,P 值越小,说明观察结果和零假设的差异越大。R 值:衡量变量相关性的指标,当 R 值接近 1 时,表示两个变量之间存在强相关性。

果（金）排名垫底，远低于经贸环境平均值。

政府服务、市场监管等治理环境是影响投资及商业活动表现的重要因素。具体来看，西亚地区整体治理环境优于东南亚、中亚地区，其中除新加坡以较高的治理环境得分遥遥领先于其他国家外，卡塔尔、阿联酋、沙特阿拉伯等西亚国家表现相对优异；欧洲地区治理环境整体表现较为均衡，除俄罗斯和乌克兰由于地缘冲突等因素，近年来治理环境受到较大影响外，大部分欧洲国家得分高于治理环境均值且差异不大。

"一带一路"共建国家重视数字经济核心能力发展，对信息通信基础设施的投入力度和外商监管限制不断增强。随着信息通信基础设施在数字化转型中的支撑作用日益增强以及大国博弈的不断升级，"一带一路"共建国家近年来提升了对 5G 等信息通信基础设施的发展投资力度和信息通信技术（ICT）行业准入限制。一方面，所研究的 55 个国家中，51 个（占比约 93%）提出了与信息通信基础设施建设有关的战略发展目标和基建投资计划，多国近年来出台系列政策，从基础设施、数字服务、数字人才等方面大力促进信息通信业发展，如表 2.6 所示。另一方面，国际环境动荡、局部冲突升级等外部环境冲击导致部分国家信息通信领域市场准入限制的显性和隐性壁垒增多。所研究的 55 个国家中，有 14 个（占比 25%）国家限制外商参与或投资 ICT 行业，其中厄瓜多尔、加纳、乌克兰等 3 个国家在近两年增加了对 ICT 领域外商准入限制政策。

表 2.6　部分国家 ICT 领域促进政策

国家	ICT 领域促进政策
阿联酋	1.《国家宽带计划》：2014 年 4 月宣布该计划作为其"2021 愿景"计划的一部分，旨在通过监管环境和创新、基础设施和技能、信息通信技术的使用以及经济和社会影响的网络准备情况，将该国的网络准备度排名提升至全球前十。 2.《阿联酋数字政府战略 2025》：2023 年更新，旨在利用经济合作与发展组织数字政府政策框架，并根据阿联酋的发展计划进行了调整，以适应后疫情时代的发展计划。

国家	ICT 领域促进政策
南非共和国	《国家基础设施计划 2050》：2022 年发布，旨在到 2025 年为所有家庭提供高速宽带连接，并提议向所有低收入家庭免费提供基本数据
泰国	《千兆泰国》：2022 年 10 月，泰国国家广播和电信委员会，宣布计划在 2023 年推出 Giga Thailand 基础设施项目，其中包括 Giga City 计划，以通过光纤和 5G 推广数字基础设施
印度尼西亚	《2020—2024 年加快国家数字化转型战略规划》：2021 年发布，旨在通过在印度尼西亚全境完成 ICT 基础设施建设，支持其后 5 年加速数字化转型

东南亚和非洲地区国家能源和交通基础设施供给水平不足，相当程度制约了国民经济发展与对外经贸合作。交通和能源基础设施是各国发展国民经济、吸引外国投资的重要前提和基础，近年来，东南亚、非洲等地区的多数国家都在大力推动能源和交通相关基础设施项目建设，但整体供给水平仍不足。

从居民通电率来看，2021 年以来"一带一路"共建国家持续开展可再生能源项目，如：巴西的北里奥格兰德风电场、印度尼西亚的北加里曼丹门塔朗水电站等项目投资金额超 10 亿美元，有效解决了巴西、印度尼西亚等国能源短缺的实际问题。但包括安哥拉、刚果（金）、加纳、肯尼亚在内的 14 个国家居民通电率仍远低于全球平均通电率（91.4%）。从发展环境子指数的三级指标交通绩效指数得分来看，如图 2.15 所示，欧洲和中亚、东亚、拉丁美洲地区交通基础设施能力高于全球平均水平（全球平均交通绩效指数得分为

2.92），但改善需求动力不足；南亚地区交通基础设施建设明显加快，2022 年交通绩效指数得分较 2018 年增长 4.2%；非洲地区联通各国的路网建设稳步推进，撒哈拉以南非洲、中东和北非地区 2022 年交通绩效

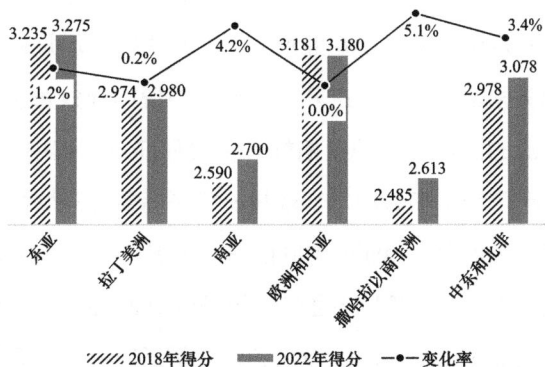

图 2.15 "一带一路"共建国家交通绩效指数得分及变化情况

指数得分较 2018 年分别增长了 5.1%、3.4%。

2.3.4 拓展潜力分析

"一带一路"共建国家拓展潜力子指数区域特征显著，高潜力国家主要聚焦在非洲和东南亚等地区。"一带一路"共建国家信息通信市场拓展潜力子指数二级指标得分情况如表 2.7 所示。西非、东非、南非、南亚、东南亚国家平均拓展潜力子指数排名最为靠前，东亚和中东欧国家排名落后。整个非洲地区凭借人口红利优势、经济高速发展、信息通信市场相对落后且需求旺盛等特点呈现出较大的发展潜力，尤其以西非的尼日利亚、几内亚，东非的坦桑尼亚，南非的安哥拉表现最为突出，处在拓展潜力子指数排名前五。整个亚洲地区凭借人口红利、产业结构优势等成为全球数字经济发展最快的市场，东南亚的印度尼西亚和南亚的巴基斯坦拓展潜力表现领先。

表 2.7 "一带一路"共建国家信息通信市场拓展潜力子指数二级指标得分

二级指标	信息熵	权重	最高得分	最低得分	中位数
市场规模	0.93	34.41%	65.22	1.83	16.28
市场成熟度	0.898	50.73%	99.19	3.57	16.66
市场潜力	0.978	10.96%	82.42	2.65	36.36
市场竞争	0.992	3.90%	99.79	1.01	80.55

亚洲国家凭借人口和经济发展优势，市场规模指标得分普遍较高，各地区表现差异化明显。如图 2.16 所示，得益于数字经济发展、人口基数大、数字技术引领及数字企业推动，亚洲国家市场规模指标领跑"一带一路"共建相关国家。从全球主要区域市场规模指标分布情况来看，中东欧、西亚、东南亚的国家市场规模指标排名位列前三。其中东南亚国家以东盟十国为主，近年来经济和人口增长较快，电子商务等互联网服务快速发展，信息通信市场规模可观；西亚的阿联酋、卡塔尔等石油资源国人均 GDP 优势突出但经济结构单一，计算机与通信类服务进口额较高。从国家市场规模指标分值来看，排名靠前国家中除了意大利和俄罗斯以外，其余均为亚洲国家，即东南亚的印度尼西亚、新加坡，西亚的土耳其、沙特阿拉伯、伊朗，南亚的巴基斯坦。

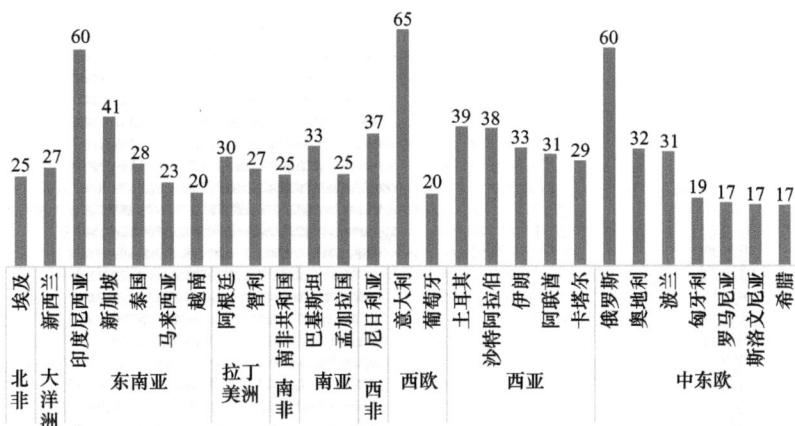

图 2.16　市场规模指标得分高于中位数的国家分布情况

　　"一带一路"共建国家移动基础设施覆盖率普遍较高，宽带基础设施水平差异较大，对外互联互通仍处于较低水平。"一带一路"共建国家的通信基础设施水平存在很大差异，尤其是宽带和海缆基础较为薄弱。图 2.17 展示了市场成熟度指标得分低于中位数的国家通信基础设施水平。移动网络覆盖水平上，"一带一路"共建国家中，除阿曼、乌拉圭等少数几个国家，大部分国家 4G 网络覆盖率均已达到 98% 以上，部分国家如印度尼西亚、马来西亚等已宣布 5G 网络部署计划，未来几年对 5G 基础设施的投资需求巨大。宽带基础设施水平呈现出极大差异，埃及、蒙古国、阿曼、卡塔尔等固网覆盖率不到 20%，而希腊、葡萄牙等固网覆盖率达到 40% 以上。55 个国家中有 10 个国家没有国际海缆通达，31 个国家的国际海缆数量为 1 ～ 9 条，限制了宽带普及和带宽提升。

　　中非、中亚等地区的国家作为数字经济蓝海展现出强大的发展活力和市场潜力。从市场潜力指标得分来看，如图 2.18 所示，刚果（金）（中非）、柬埔寨（东南亚）、加纳（西非）、乌兹别克斯坦（中亚）排名前四，整体经济和信息通信市场发展水平较低但呈现较快增长趋势。相比之下，中东欧、拉丁美洲等地区的国家市场由于相对成熟，在"市场潜力"这一维度上显得表现不足。需要注意的是，"市场潜力"较大的国家普遍经济发展落后、投资环境恶劣，中国信息通信企业进行国际化拓展时需要综合评判、深入考察，与国家援建、丝路基金等利好政策结合，降低企业投资回报的不确定性。

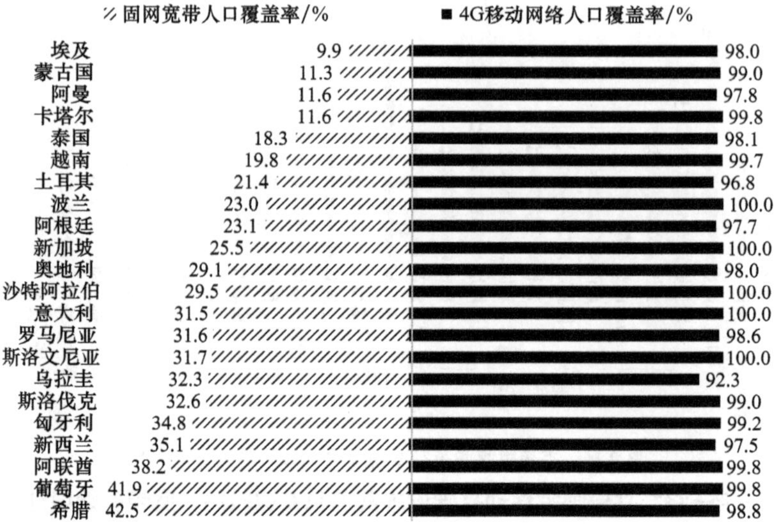
固网宽带人口覆盖率/%
4G移动网络人口覆盖率/%
埃及 9.9 98.0
蒙古国 11.3 99.0
阿曼 11.6 97.8
卡塔尔 11.6 99.8
泰国 18.3 98.1
越南 19.8 99.7
土耳其 21.4 96.8
波兰 23.0 100.0
阿根廷 23.1 97.7
新加坡 25.5 100.0
奥地利 29.1 98.0
沙特阿拉伯 29.5 100.0
意大利 31.5 100.0
罗马尼亚 31.6 98.6
斯洛文尼亚 31.7 100.0
乌拉圭 32.3 92.3
斯洛伐克 32.6 99.0
匈牙利 34.8 99.2
新西兰 35.1 97.5
阿联酋 38.2 99.8
葡萄牙 41.9 99.8
希腊 42.5 98.8

图 2.17 市场成熟度指标得分低于中位数的国家通信基础设施水平

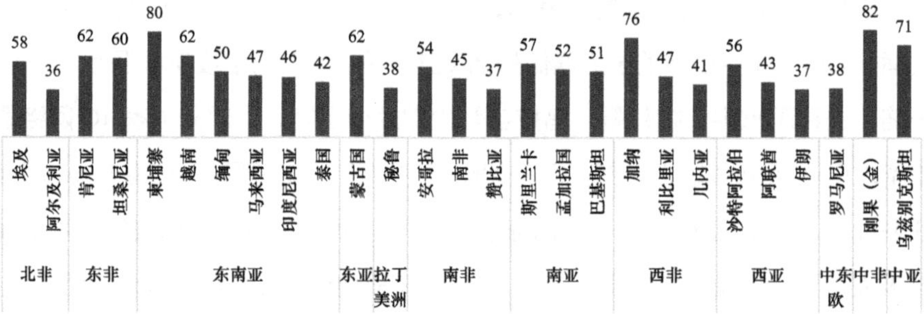
58 36 62 60 80 62 50 47 46 42 62 38 54 45 37 57 52 51 76 47 41 56 43 37 38 82 71
埃及
阿尔及利亚
肯尼亚
坦桑尼亚
柬埔寨
越南
缅甸
马来西亚
印度尼西亚
泰国
蒙古国
秘鲁
安哥拉
南非
赞比亚
斯里兰卡
孟加拉国
巴基斯坦
加纳
利比里亚
几内亚
沙特阿拉伯
阿联酋
伊朗
罗马尼亚
刚果（金）
乌兹别克斯坦
北非
东非
东南亚
东亚
拉丁美洲
南非
南亚
西非
西亚
中东欧
中非
中亚

图 2.18 市场潜力指标得分高于中位数的国家分布情况

“一带一路”共建国家移动通信市场高度集中，龙头企业市占率超过 40%，但 5G 渗透率较低，仍存在市场机会。赫芬达尔 - 赫希曼指数（HHI）是衡量市场集中度的常用指标，根据美国司法部的划分，HHI 小于 0.15 的市场是竞争市场，HHI 在 0.15（含）到 0.25（不含）之间的市场是中度集中的市场，HHI 大于或等于 0.25 的市场是高度集中的市场。

图 2.19 展示了市场竞争指标得分低于中位数的国家的 HHI 的得分情况和龙头企业移动通信市场占有率，可以看出各国移动通信市场均属于“高度集中市场”，龙头企业市场占有率超过 40%，这主要是由于电信行业的自然垄断特

性，各国电信市场基本形成了由几家巨头垄断的稳定市场格局。其中，肯尼亚、几内亚、加纳等非洲国家 HHI 均超过 0.5，绝对垄断的市场格局难以直接进入，但其移动通信覆盖主要以 4G 网络覆盖为主，随着 5G 网络建设的铺开，中国企业有望凭借技术和模式优势以合作等方式进入；缅甸、新加坡、印度尼西亚、孟加拉国、土耳其等国家 HHI 低于 0.35，相对进入壁垒更低，可挖掘细分市场、采取差异化的竞合策略来切入当地市场。

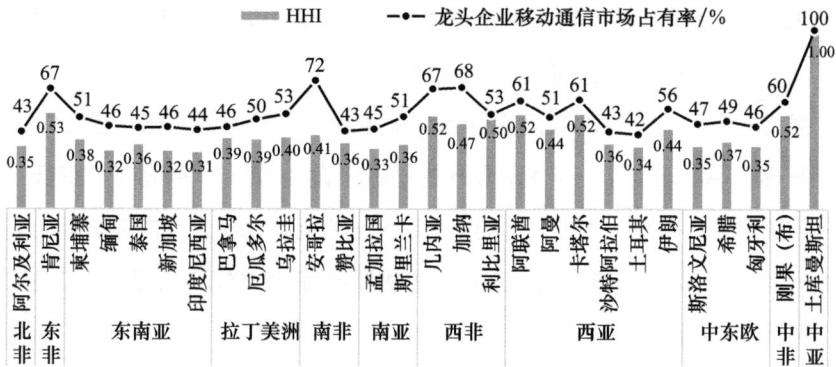

图 2.19　市场竞争指标得分低于中位数的国家分布情况

2.4　中国信息通信企业出海建议

前文概括总结了"一带一路"共建国家建设发展现状，深入分析了"一带一路"共建国家信息通信业发展情况，并基于"一带一路"共建国家信息通信市场机会指数，对目标市场发展机遇进行了科学研判。

对于"一带一路"共建国家来说，其信息通信业在客观上仍有建设发展和持续提升的内在需求，且数字经济发展方兴未艾、前景广阔，也在进一步促进其数字基础设施和互联互通的发展建设，各国与此相关的顶层设计也在持续强化、加快落实。

对于中国信息通信业来说，基本形成了涵盖通信设备制造、建设运营、技术服务、内容与服务应用等多环节的信息通信业全产业链综合优势，并在长期"走出去"的海外拓展实践中积累了丰富的实战经验和能力，初步形成了一批具有较强竞争力和影响力的优秀企业，同时支持引导信息通信企业"走出去"的各项国家政策也在着力完善、不断推进。

因此，从实际来看，中国信息通信业有优势、有能力、有意愿向"一带一路"共建国家的高价值市场积极拓展，输出高质量发展经验。中国信息通信企业要以新发展理念推动共建"一带一路"高质量发展，立足长远、顺势而为、积极参与。从客观实际出发，本研究提出以下建议。

建议1：注重顶层设计引导，强化境内外政府关系协同，完善企业内部国际、国内"两个市场"协同工作机制

强化国际业务发展的顶层设计有利于更好地引领中国信息通信企业耕耘"一带一路"潜力市场。一方面，积极主动做好境内外政府关系协同，降低"走出去"的难度，破除"走进去"的壁垒。另一方面，完善企业内部国际、国内"两个市场"的协同工作机制，助推国内优质产品和技术完成国际化改造和适配，实现协同出海。

着力做好政府关系融通，依托官方搭桥、官方背书，提升"走出去"的能力和底气，减轻"走进去"的压力和阻力。立足国内，和中央及各级政府同频共振，充分对接国家利好政策，找寻有利于企业"走出去"的机遇。借助国家国际发展合作署、亚洲基础设施投资银行、丝路基金等的牵引扶持，积极承接对外建设项目，对接政策性资金。放眼海外，主动和属地市场的基层政府、行业主管部门、有政策扶持的产业园区等建立联系，积极参与和承接智慧园区、智慧城市等政府类项目，为企业争取更多税收减免、资金补贴等外商优惠政策。

完善企业国际业务拓展的顶层工作机制设计，充分调动国内、国际协同拓展的积极性，强化"两个市场"对接，切实推动信息互通、问题解决和项目落地。中国信息通信企业在布局"一带一路"国际业务的过程中仍需强化国际条线与国内条线的内部协同，加速国内条线优质产品的国际化能力转化，探索合理、高效的国际与国内市场合作模式，解决两个市场在利益分配等机制上可能存在的冲突，形成"1+1＞2"的合力。

建议 2：加强国际宏观形势研判，准确分析掌握区域市场特点，因时因地制宜、精准分区施策

"一带一路"倡议以"六廊六路多国多港"为主体框架，范围辐射全球近80% 的国家和地区。中国信息通信企业参与"一带一路"共建需紧贴国家发展战略，深入开展区域市场研判，准确定位不同国家和地区所处的不同环境、不同阶段，制定精准适配的发展策略。现阶段，中国信息通信企业可重点聚焦亚太、中东、非洲等地区，特别关注市场类型为"战略驱动型"的国家。

亚太地区是全球最具发展活力的地区之一，我国影响力覆盖广泛，数字经济与前沿科技加速发展，各国国民对我国好感度较高。中国信息通信企业可紧跟国家战略方向，围绕发展实际，持续完善在东盟、中亚等国际组织和地区的基础资源布局。在印度尼西亚、新加坡、越南、泰国、马来西亚等环境友好、市场空间广阔、市场类型为"战略驱动型"的国家做重点突破，实现国内客户与当地客户两手抓；在哈萨克斯坦、吉尔吉斯斯坦等数字经济处于初始阶段的中亚内陆国家，持续提升陆缆通道能力，适机突破，积极稳妥推动属地业务增长；在菲律宾、柬埔寨等潜力国家以境外经贸合作区为重要平台，以智慧制造、智慧城市等为切入点，形成标杆示范效应。

中东与非洲地区经济快速增长、人口年龄结构相对年轻、信息基础设施建设滞后于数字经济发展，信息通信市场具有长远广阔的增量空间。中国信息通信企业可积极在当地构建生态合作圈，持续与合作伙伴探索创新合作模式，推动中东与非洲地区优化布局海缆、登陆站、数据中心资源，提升互联网服务能力，实现数智化战略业务高价值经营。中国信息通息企业可聚焦中方援建项目和基础设施项目，以政府市场为核心切入点和突破口，瞄准沙特阿拉伯、阿联酋、埃及等高价值国家，肯尼亚、尼日利亚等具备人口红利的高潜力国家，跟随中国企业进入当地基建、数字产业等市场，形成独特优势。

建议 3：把握各国信息通信业发展趋势，寻求规模大、增长快的业务领域进行重点开拓

在传统业务领域，信息通信企业要结合自身资源禀赋、选好细分市场切入点，把握传统业务领域的增长机会。不少"一带一路"共建国家仍有移动通信技术更迭、固定通信覆盖与升级的发展诉求。如图 2.20 所示，加纳、刚果（金）、肯尼亚、坦桑尼亚等，移动和固网市场增长率均处于快速增长阶段，具有较大增长潜力；柬埔寨、缅甸、越南等，固网用户需求凸显、增长较快；尼日利亚、摩洛哥等，移动连接增长较快，值得关注。全球信息通信业向 5G 发展演进将催生海量通信服务需求（网络设计、终端设备、网络建设、网络运营、应用服务等），需要抓住重点国家 5G 建设的窗口期、价值增长的发展期，输出我国在 5G 领域的网络能力、技术优势和业务经验。

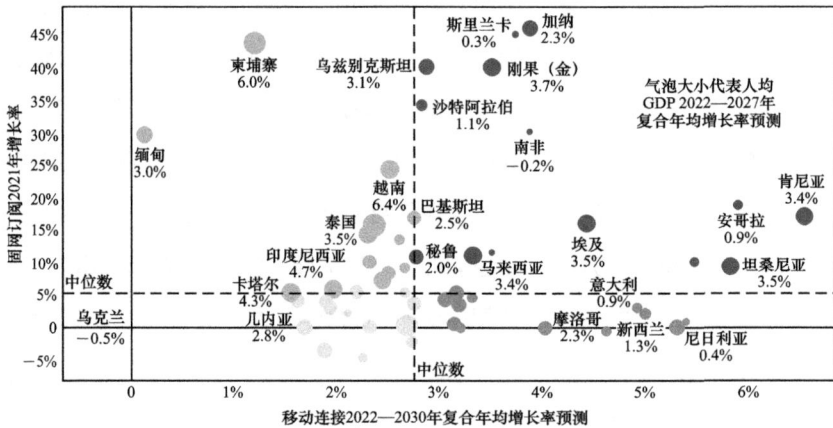

图 2.20　"一带一路"共建国家移动和固网市场增长潜力

在新兴业务领域，信息通信企业要积极参与到数字经济发展体系中，参与到数字产业、数字政府和数字生活的升级改造中。"一带一路"共建国家普遍处在数字经济建设的浪潮中，中国信息通信企业可抓住机遇，采取针对性策略。To B 领域，可聚焦大数据、云计算、物联网等新兴领域，助力数字基础设施建设，有效支撑产业数字化、释放数字红利；集成现有优势，以国内亟须转型升级的重点行业为突破口，积极输出"智慧 +"系列信息化解决方案。To C 领域，可推进内容与服务提供商以共建内容应用平台、电子商务交易平台、物流信息服务平台、在线支付服务平台等多种形式，将国内成熟的业务应用和商业模式扩展到"一带一路"市场,分享中国经验、传播中国声音。

建议 4：打造国内行业生态合作圈，构建海外当地资源朋友圈，创新合作机制、探索共赢模式

一方面,着力打造互惠互利的行业生态合作圈,与国内产业链上下游企业优势互补、抱团出海。一是要进一步深化行业协同机制、放大产业链协同效应,以"抱团出海、雁队跟进"的形式"走出去",将国内的良性生态带到海外。二是我国科技类企业出海已初步形成规模效应,头部集聚效应显现,要进一步发挥头部企业、产业链链长、国有企业的带动作用,增强牵引力和凝聚力。三是电信运营商要承担作为国有企业的使命与担当,协助政府凝聚产业链各环节,引导相关企业形成相互促进、相得益彰的合作共赢格局。四是利用好我国通信设备制造企业已经在海外市场站稳脚跟这个先手棋,放大其海外渠道网络、客户资源、研发体系、人才团队等方面优势,助力产业链上下游企业进行信息采集、市场培育、海外人才培养和客户沟通。五是推动内容与服务提供商、终端厂商等全方位进入"一带一路"机遇市场,加快实践"终端与应用捆绑""网络与终端捆绑""网络与应用捆绑"等融合业务模式。

另一方面,加大培育当地资源能力和合作伙伴,探索创新多种方式共赢发展。一是综合评判、选取合适且优质的当地市场合作伙伴,灵活运用股权投资、轻资产业务合作、项目共建、资源置换等方式,探索长期、安全的合作机制和商业模式。二是深化与当地头部 DICT 企业的多层次合作,结合优势资源、拓宽服务范围,加快成功合作模式的复制和推广,力争在当地形成一定市场地位和行业影响力。三是利用好行业协会、政府商会、企业联合会等资源,多渠道接触优质行业客户及合作伙伴,构建区域化的行业合作圈、当地朋友圈。

建议 5：深化合规经营保障、强化国别风险防范，为国际化拓展保驾护航。

一是要紧密关注外部局势对中国信息通信企业国际业务发展的波及效应。"一带一路"共建国家众多,"百年未有之大变局"背景下,多国地缘政治环境持续动荡,使国际化拓展的不确定因素显著增加。因此,在追求国际化经营发展的同时,要时刻筑牢"发展底线",锻造"持剑经商"能力,充分做好合规预警和风险防控，完善高风险市场识别、防控和退出机制。

二是要有意识地加强对不同国家信息通信业政策法规变化的影响研判和应对机制。近几年，信息通信领域不断与"国家信息安全"挂钩，数字经济领域成为大国博弈的前沿战场。因此，要持续关注涉猎国家的外商投资法规、信息通信相关行业政策的变化和执法趋势动态等，对于行业政策环境趋严的国家，综合评估对业务发展的影响，提前做好防范预案；对于行业政策环境放开的国家，理性评判未来趋势，防止盲目投入资源造成投资失败。

三是要不断完善当地市场"财、税、法"人才队伍建设，提高支撑保障能力。财务、税务、法务是推进业务合规、有效防范重大风险的重要基础。因此，要完善相关人才队伍搭建，有效利用数智化手段，提高当地"财、税、法"专业化支撑能力，多措并举筑牢合规底线，防范化解境外经营风险。

第 3 章

越南国别研究及机遇拓展

国家基本信息[1]			
加入共建"一带一路"时间：2017 年 5 月			
经济环境			
GDP 规模 / 亿美元	3,773.64	全球 GDP 规模排名	38
人均 GDP/ 美元	3,817.20	人均私人消费 / 美元	2,084.48（2022 年）
社会环境			
人口规模 /100 万人	98.86	人口年龄中位数	32.43
基尼系数	36.1%（2022 年）	居民通电率	100%
科技环境			
电信业务总量 / 亿美元	111.11	数字经济占 GDP 比重	低于 30%（2022 年）
4G 网络渗透率	96.27%	固定宽带渗透率	80.7%

---

[1] 本书此类表格中 GDP 规模、全球 GDP 规模排名、人均 GDP、人均私人消费、人口规模、基尼系数、居民通电率参考世界银行数据，均采用 2015 年不变价美元数值；人口年龄中位数参考联合国数据；电信业务总量、4G 网络渗透率、固定宽带渗透率参考 Omdia 数据；数字经济占 GDP 比重参考中国信通院《全球数字经济白皮书（2023 年）》。数据未特殊标记的均为 2023 年数值，特此说明。

3.1 国家概况

3.1.1 经济环境

1. 越南经济迅速发展，始终保持正增长，经济结构有效改善，未来经济将持续保持增长势头

越南作为东南亚新兴国家之一，在经济发展方面迅速崛起。21 世纪以来，除受疫情影响的 2020 年和 2021 年外，越南 GDP 年增长率始终保持在 5% 以上，如图 3.1 所示。根据越南统计局 2023 年 12 月 29 日发布的数据，该国 2023 年经济增速达 5.05%，其中，四季度经济同比增长约 6.72%，高于前三季度增速。全年农林渔业增速达 3.83%，对经济总增加值的贡献率为 8.84%；工业和建筑业增长 3.74%，贡献率为 28.87%；服务业增长 6.82%，贡献率为 62.29%。制造业和服务业是越南投资的重点，在国民经济中所占比例持续上升，农业虽保持绝对产值稳定增长，但所占比例不断下降，越南经济结构得到了改善。2024 年一季度越南 GDP 同比增长 5.66%，高于 2020—2023 年同期增长率。其中，农林渔业增长 2.98%，对整体增长的贡献率为 6.09%；工业和建筑业增长 6.28%，贡献率 41.68%；服务业增长 6.12%，贡献率 52.23%。世界银行预测，越南 2024 年经济增长率为 5.5%，到 2025 年逐渐增至 6%。

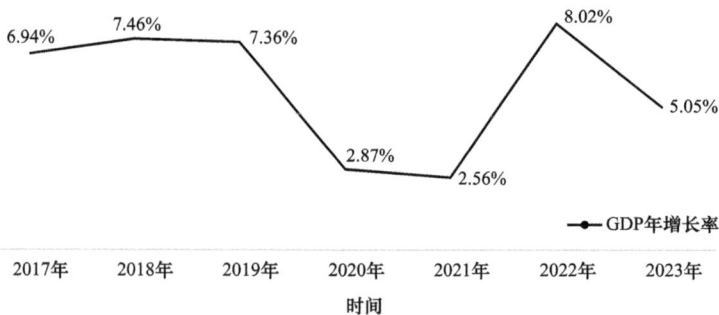

图 3.1　2017—2023 年越南经济增长趋势 [1]

---

[1]　数据来源：世界银行，越南统计局。

2. 推行出口导向和进口替代的战略，但出口贸易疲软，进口替代仍需依靠外资经济成分

越南推行出口导向与进口替代相结合的战略促进经济发展。一方面，越南充分开发本国市场，积极进口能够促进本国工业发展的原料和机械设备，控制国外工业品的进口，推动本国工业发展；另一方面，越南以加工贸易为主，以出口为导向，以低端制造业为基础，与中国、美国、韩国、日本等国家形成了紧密的产业链协作关系，最终实现对美国大规模出口和贸易顺差。

2023 年以来，受国际经济形势不佳、发达国家设置技术壁垒等因素影响，越南对外贸易连续下滑。越南统计局称 2023 年出口额较 2022 年下降 4.4%，约 3,555 亿美元，其中，本国经济部门出口额 955.5 亿美元，占比 26.9%，同比下降 0.3%；外资企业出口（含原油）额 2,599.5 亿美元，占比 73.1%，同比下降 5.8%，越南出口的对外依存度仍然较大。进口替代方面越南表现不佳，从通用设备的进出口显性比较优势看，机械制造领域相对滞后，自身不具备中游装备制造进口替代的能力，现阶段的进口替代主要依靠外资经济成分。总体来看，越南的贸易模式存在一些问题，比如对外部市场需求过度依赖，对低端制造业过度依赖，对原材料和中间产品进口过度依赖，以及产业结构和技术水平滞后等。

3. 营商环境表现良好，出台多项政策吸引外资，电信基建快速发展，数字经济为优先投资领域

越南作为一个具备独特地缘优势的国家，为外国企业提供了广阔的市场和合作机遇。据越南计划与投资部外国投资局统计数据，截至 2023 年 12 月 20 日，越南吸引外国直接投资额超 366 亿美元，同比增长 32.1%。其中，新签注册项目 3,188 个，同比增长 56.6%；新签项目投资额近 202 亿美元，同比增长 62.2%。英国经济学人智库（EIV）2023 年发布的《全球营商环境排名公告》显示，越南是 2022—2023 年营商环境改善度最高的国家，排名跃升了 12 位。近年来，为提高对外国投资者的吸引力，越南政府制定了税收减免、行政程序简化、土地优惠、金融支持和知识产权保护等多项有利政策。

越南各部委切实推进数字化转型，力争到 2025 年让数字经济在各行业领域的比重达 20% 以上。越南已成为企业数字化优选市场。越南数字经济在 2022 年、2023 年均保持快速增长速度，预计这一趋势将持续到 2025 年。2023 年，越南数字经济 GDP 贡献率达 16.5%，60% 的在越企业表示计划投资技术和数字化业务，重点是数字支付、电子商务和人工智能[1]。越南电信基础设施相对完善，4G 基础设施的加速发展大大降低了其移动互联网成本。预计到 2026 年，越南将拥有 6,730 万智能手机用户，互联网用户占比达到 96.9%。智能手机用户普及率大幅提升，庞大的互联网用户群有效支撑了数字经济的蓬勃发展。

3.1.2　社会发展

1. 总人口稳定增长，人口红利将持续凸显

2023 年，越南总人口约为 9,886 万人，人口增长率为 0.7%。从年龄构成来看，0 ～ 14 岁人口比重为 22%，15 ～ 64 岁人口比重为 68%，65 岁及以上人口占总人口比重为 10%，已步入老龄化社会。从性别上看，女性人口占比 50.6%，略多于男性。越南 2023 年城镇化率为 39.5%，城市化水平较低。劳动力方面，就业人口为 5,615 万人，比 2022 年增长了 46 万人，劳动人口逐年增长，占总人口比重为 57%。随着越南经济复苏，就业形势逐渐好转，2022 年、2023 年失业率均控制在 2% 左右。越南基尼系数多年来维持在 0.4 以下，收入分配相对合理。

2. 社会治安总体状况良好，社会持续稳定发展

越南是一个多民族国家，共有 54 个民族，主要民族为京族，其人口占比约为 86%，其次为岱依族，人口超过 50 万。各民族间友好相处，未发生明显的冲突。佛教在越南占主导地位，信徒人数近 1,000 万，其次是天主教，信徒人数约 550 万。越南官方通过建立"和平教区"、发放教徒津贴等措施，有效降低了宗教冲突发生的可能性，宗教族群矛盾进一步减轻。越南军队、警察等部门对社会秩序具有较强的管制能力，大规模的暴力抗议活动较为少见。近年来，越

---

[1]　数据来源：汇丰银行。

南政府加大了对社交媒体的审查力度。从主要城市安全状况上看，根据全球城市数据平台公布的数据，首都河内市安全得分最高，其次是胡志明市。

3.1.3　科技发展

1. 科技发展起步晚，研发投入少，发展定位清晰明确，积极推进国际科技合作战略

20 世纪 90 年代之前，越南政府并不重视科技发展，科技发展文件和政策无法得到认真落实。而且长期以来，越南研发总支出占其 GDP 比重低于 1%。在没有适当的机制和政策来推动非财政预算资金以促进科技发展的情况下，越南科技创新性不足，缺乏将科技应用于生产和商业的动力。

随着科技竞争力不足的问题日益凸显，越南政府提出了一系列发展政策和指引，清晰明确发展定位。一是以企业为国家创新体系的中心，按市场方向和国际惯例完善创新体系；二是注重发展高水平应用型科技，使科技成为第一生产力，将信息与通信技术、生物技术等领域列为优先发展领域；三是加强科研机构、高校与企业的联系，重点提高企业接收、主动探求和逐步参与新技术创造的能力；四是建立国家科技数据库，着力发展科技市场；五是科技人才使用和重用政策改革。同时，越南制定了国际科技合作战略，积极开展和参与国际科技合作，充分发挥地域优势，积极发展与周边国家和地区的互利合作关系，秉持"引进和输出"理念，积极从其他科技较发达国家、地区政府和非政府组织获取援助，提高越南科技和人才水平，真正将科技发展作为头等国策对待。

2. 重点关注信息通信、人工智能等高新技术领域，推动现代化产业建设

2022 年 5 月，越南政府颁布《至 2030 年创新与科技发展战略》，发挥科技创新在优势产业中的重要作用，关注高新技术领域的突破。在信息和通信技术领域，以推进云计算、物联网、人工智能、区块链、虚拟现实技术为重点，以建设和形成大型数据库为核心推动数字化转型，发展数字经济、数字政府、数字社会，将创新技术与基础设施最大化应用于生产、服务、商业、社会管理、生活中的智能产品、设备和公用程序上。研究推进信息安全和网络安全技术发展，保障国家主权安全、人民利益，有效防范网络空间攻击。在移动网络、5G 终端和下一代 5G 网络等方面实现设计与制造技术自主化。越南大力发展信息技术和电信产业、电子工业，以应对第四次工业革命需求，为其他行业打造数字技术平台。

为加快推动人工智能研发和应用，越南政府正在审议《到 2030 年国家人工智能研发和应用战略》[1]。该战略旨在将越南建设成为 AI 研发和应用的区域中心，以此推动国家的创新和可持续发展。越南政府充分认识到 AI 的巨大发展潜力，做出了多项决定，以促进国家参与第四次工业革命，发展人工智能、数字经济和数字社会。根据英国智库牛津洞察发布的《2023 年政府 AI 准备指数》报告，越南的 AI 准备程度在东南亚地区排名第 5 位，在 193 个国家和地区中位列第 59 位，综合平均分达到 54.48，超过了全球平均水平。

3.2 信息通信业发展现状及趋势

整体来看，越南移动通信市场服务收入、渗透率、连接规模等重要指标稳步增长，移动通信市场表现出一定潜力。通信网络以 4G 为主，5G 网络将在政府推动下快速铺开。固定宽带网络性能质量有待提升，服务收入存在较大增长空间。政府将数字化转型、数字经济发展、打造数字技术企业作为国家重点战略，国家整体正处于实现信息通信重大转变的重要时期。

3.2.1 基础通信行业——移动通信

1. 越南移动通信市场具有一定潜力，价格敏感是规模增长的主要挑战

机构预测，越南移动通信市场的服务收入、渗透率、连接规模等重要指标将稳步增长，市场表现出一定潜力。Omdia 数据显示，如表 3.1 所示，2023 年，越南移动通信服务收入达到 65.12 亿美元，预计之后 5 年将以 1.8% 的复合年

---

[1] 资料来源：中华人民共和国驻越南社会主义共和国大使馆经济商务处，《越南之声》2024 年 4 月 30 日报道。

均增长率增长。截至 2023 年，独立用户数为 0.74 亿人，独立用户渗透率达到 74.7%，移动连接规模为 1.26 亿户，之后 5 年整体呈现增长的态势。消费者对价格高度敏感，为扩大市场规模带来挑战。如表 3.1 所示，截至 2023 年，越南移动通信每用户平均收入（ARPU）达到 4.28 美元，预计之后几年为 4.6 ～ 4.7 美元，与世界平均水平仍存在一定差距，这将阻碍运营商对移动通信产品与服务的投资升级以及市场规模的扩大。

表 3.1　越南移动通信市场指标及对比情况 [1]

项目	2021 年	2022 年	2023 年	2024 年（E）	2025 年（E）	2026 年（E）	2027 年（E）	2028 年（E）
服务收入 /100 万美元	5,918	6,130	6,512	6,737	6,872	6,975	7,054	7,122
独立用户渗透率	73.0%	73.9%	74.7%	75.6%	76.6%	77.6%	78.7%	79.9%
独立用户数 /1000 人	71,183	72,512	73,870	75,263	76,696	78,170	79,687	81,247
移动连接规模 /1000 户	122,661	127,000	126,378	124,151	123,927	125,077	126,484	127,982
ARPU/ 美元	4.01	4.09	4.28	4.48	4.62	4.67	4.68	4.66
全球 ARPU/ 美元	6.28	6.18	6.08	5.97	5.88	5.82	5.79	5.78

2. 通信网络以4G为主，政府积极主导，未来5G网络将快速铺开

越南积极推进移动基础建设，网络覆盖水平高。2023 年，越南 4G 网络覆盖率已超过 99%。越南政府积极推进 5G 技术发展，计划在 2030 年前实现 5G 网络的全国覆盖，并已着手在相关政策、法规和基础设施方面进行改革。全球移动通信系统协会 GSMA 预测，2025 年，5G 网络将覆盖越南一半以上的人口。通信网络以 4G 为主，5G 网络连接稳步增加。如表 3.2 所示，2023 年，越南 4G 网络连接数占比为 81.7%，Omdia 预计之后几年 4G 网络连接数占比仍将小幅增长，

[1]　数据来源：Omdia。其中服务收入包括语音收入、非语音收入、物联网收入、IT 及托管服务收入，不包括销售手机、便携式设备和其他零售硬件的设备收入，也不包括 MVNO 服务商向用户收取的零售 MVNO 收入。移动连接规模包含非物联网和物联网，是指通过手机、便携式设备或支持蜂窝的物联网设备使用的移动蜂窝订阅用户总数。

2026 年出现回落。5G 网络连接数占比将以约 72% 的复合年均增长率高速增长。

表 3.2　越南移动通信连接规模按技术分布情况 [1]

项目	2021 年	2022 年	2023 年	2024 年（E）	2025 年（E）	2026 年（E）	2027 年（E）	2028 年（E）
2G 网络连接规模 /1000 户	41,000	28,500	8,932	3,396	—	—	—	—
3G 网络连接规模 /1000 户	30,143	27,380	14,198	6,775	3,487	1,820	848	449
4G 网络连接规模 /1000 户	51,518	71,120	103,248	109,114	108,804	103,624	95,890	83,996
5G 网络连接规模 /1000 户	—	—	—	4,866	11,636	19,633	29,745	43,537
2G 网络连接数占比	33.4%	22.4%	7.1%	2.7%	0.0%	0.0%	0.0%	0.0%
3G 网络连接数占比	24.6%	21.6%	11.2%	5.5%	2.8%	1.5%	0.7%	0.4%
4G 网络连接数占比	42.0%	56.0%	81.7%	87.9%	87.8%	82.8%	75.8%	65.6%
5G 网络连接数占比	0.0%	0.0%	0.0%	3.9%	9.4%	15.7%	23.5%	34.0%

3. 市场竞争格局相对稳定，融合业务尚不成熟，5G 网络推广是运营商的共同发力点

　　三大运营商主导，竞争格局较为稳定。越南电信三巨头分别是 Viettel、MobiFone、VinaPhone。其中 Viettel 与 VinaPhone 同时运营移动和固网业务，MobiFone 仅运营移动业务。如图 3.2 所示，Viettel 为越南信息通信市场的领

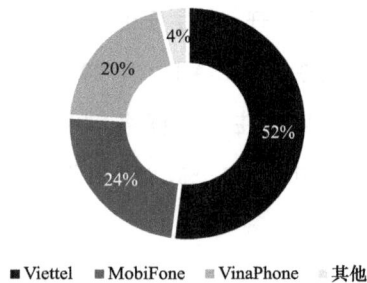

图 3.2　2023 年四季度越南移动通信市场份额情况 [2]

[1]　数据来源：Omdia。

[2]　同 [1]。

导者，2023 年四季度移动通信市场份额占比 52%；MobiFone 移动通信市场份额占比 24%，排第 2 位；VinaPhone 为移动通信市场排第 3 位（市场份额占比 20%）的运营商。

Viettel：领先优势明显，投资网络基础设施，长远布局。 Viettel 由越南国防部管辖运营，通过强大的品牌效应保持领先，始终是移动领域的领导者，2021 年又成为固定宽带领域的领导者。随着客户需求不断增多，Viettel 移动和固网服务收入稳定增长，增值服务促进其移动 ARPU 高于全国平均水平。Viettel 持续投资 4G 和 5G 网络基础设施建设，2022 年 4 月，5G 网络在老蔡省萨帕中心地区开通；2022 年 10 月，5G 网络扩展至洪延省，至此 5G 网络覆盖越南 26 个省、市；2024 年 10 月，Viettel 成为越南首家公布对用户提供 5G 商用服务的移动运营商。Viettel 的 5G 商用服务覆盖全国，用户可注册首个 5G 套餐。固网方面，Viettel 新建并投入运营的光纤网络长度近 6,000 千米，总长度超 35 万千米。国际传输方面，2022 年 4 月，越南投资建设的 ADC 海缆在平定省归仁市登陆，这是越南年带宽容量最大的海缆。

VinaPhone：率先提供融合捆绑业务，促进收入及 5G 服务增长。 VinaPhone 隶属越南邮政通信集团 VNPT，其服务收入与订阅量一直呈稳步增长态势。越南的融合服务仍处于早期阶段，Viettel 和 VinaPhone 是仅有的两家在移动通信、固定宽带、电视 3 个领域均提供服务的运营商，其中 Viettel 仅提供固定宽带与电视的融合套餐，VinaPhone 是唯一一家提供三重业务融合套餐的运营商。在 5G 服务试运营阶段，VinaPhone 为拥有 5G 网络兼容设备的用户提供付费订阅，包括数据、语音、短信的 5G 服务，以及通过 MyTV 平台捆绑订阅数据。2024 年 10 月，VinaPhone 在已覆盖 5G 网络的地区为用户提供 5G 免费体验。VinaPhone 表示，按计划到 2024 年底，VNPT 将完成在整个越南，特别是各城区和巨大经济中心 3,000 个 5G 基站的安装工作。

MobiFone：运营业务单一、竞争力较弱，5G 网络为其发展重点。 MobiFone 是越南唯一的移动运营商，运营业务仅限于移动宽带和移动语音，布局单一。越南移动通信领域竞争激烈，差异化营销效果有限，多年以价格战为主。Viettel 与 VinaPhone 通过其他增值服务确保 ARPU 的上升，而 MobiFone 采取低价策略，ARPU 持续低于越南平均水平。MobiFone 一直在整个越南扩大其 5G 网络。2022 年 9 月，MobiFone 的 5G 网络覆盖范围扩大至芽庄市，用户可用 5G 平均速率约为 1 Gbit/s。2024 年 7 月，越南通信传媒部在河内举行 3800 ～ 3900 MHz 频段无线电频率使用权拍卖活动，MobiFone 赢得了此次竞拍。

3.2.2 基础通信行业——固定通信

1. 受需求拉动，固定宽带服务收入持续增长，ARPU 存在较大上升空间

Omdia 数据显示，如表 3.3 所示，截至 2023 年，越南固定宽带订阅数达到 2,292.3 万户，2024 年预计将升至 2,450.9 万户，同比增长 6.9%。2023—2028 年，固定宽带订阅数将以 4.9% 的复合年均增长率增长。订阅数的持续增长保证了服务收入的稳定增长，Omdia 预测，2023—2028 年，服务收入将以 3.6% 的复合年均增长率增长。2028 年之前，ARPU 始终徘徊在 9 美元附近，大约是全球平均水平的一半，是相邻国家和地区相似市场中的最低水平，后续随着宽带性能的提升，ARPU 将迎来较大增长。

表 3.3　越南固定宽带市场指标及对比情况 [1]

项目	2021 年	2022 年	2023 年	2024 年（E）	2025 年（E）	2026 年（E）	2027 年（E）	2028 年（E）
总订阅数/1000 户	19,308	21,199	22,923	24,509	25,932	27,182	28,259	29,172
服务收入/100 万美元	2,160	2,343	2,499	2,634	2,749	2,845	2,921	2,980
ARPU/ 美元	10.00	9.64	9.44	9.25	9.08	8.93	8.78	8.65
全球 ARPU/ 美元	19.00	18.99	18.92	18.79	18.74	18.72	18.74	18.77

---

[1]　数据来源：Omdia。

2. 固定宽带普及率低于全球平均水平，差距将逐渐缩小

Omdia 数据显示，如图 3.3 所示，截至 2023 年，越南固定宽带普及率为 80.7%，略低于全球 100% 的平均水平。Omdia 预计，2023—2028 年，越南固定宽带普及率将以 3.8% 的复合年均增长率增长，且增长率始终高于全球平均水平，差距将逐渐缩小。近几年，越南固定宽带普及率增长较快，后续增长将逐渐平缓，2028 年，越南固定宽带普及率将达 97.3%。

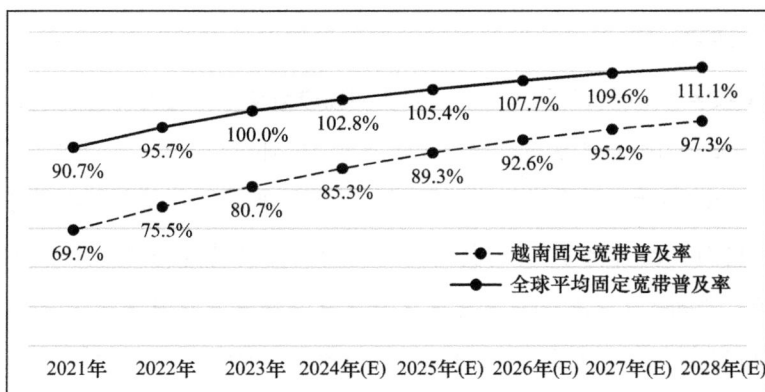

图 3.3 越南固定宽带普及率与全球平均水平对比

3. 光纤为越南固定宽带用户首选，海底电缆质量有待提升，影响国际互联互通

Omdia 数据显示，如表 3.4 所示，2023 年，越南固定宽带用户数超过 2,292 万户，其中光纤用户占据 96.8%，同比增长 8.8%。随着用户不断向光纤升级，电缆调制解调器（CM）和数字用户线（DSL）的订阅量不断下降，2023 年订阅量分别为 70.1 万户和 2.9 万户。Omdia 预测，未来 CM 和 DSL 的订阅量将继续萎缩，被光纤替代。FWA 提供了宽带解决方案新思路，但受光纤普及度高、人口密度高等因素影响，Omdia 预测未来几年，越南不会产生 FWA 订阅用户。越南海底电缆因未知原因频出故障，且维修时间久，严重损害了网络质量，与邻国相比，宽带速度较为落后，引入千兆宽带可能还需要几年时间。

表 3.4　越南固定宽带市场各项业务订阅情况

项目	2021 年	2022 年	2023 年	2024 年（E）	2025 年（E）	2026 年（E）	2027 年（E）	2028 年（E）
CM 订阅数 /1000 户	794	761	701	631	554	474	399	331
DSL 订阅数 /1000 户	49	39	29	24	21	18	16	14
光纤订阅数 /1000 户	18,465	20,399	22,193	23,854	25,358	26,689	27,844	28,828

3.2.3　数字经济

1. 越南数字经济增长领跑东南亚，处于向先进数字社会迈进的重要转型阶段

越南政府和企业积极推动数字化转型，以提升生产效率、创新能力和竞争优势。在政府的大力支持下，越南数字经济增长领跑东南亚。中国信通院数据显示，越南 2021 年数字经济规模为 473 亿美元，占当年 GDP 比重为 14.2%。2023 年，越南数字经济 GDP 贡献率达 16.5%[1]。越南信息和通信部部长称，如果有良好的经济刺激方案，到 2025 年这一数字可能达到 25%。越南数字经济在 2022 年、2023 年保持快速增长，预计这一趋势将持续到 2025 年。数据显示，2023—2025 年，越南数字经济增速将以 20% 领跑东南亚。其中，电子商务和在线传媒到 2025 年交易额有望分别达到 240 亿美元和 70 亿美元，复合年均增长率分别达 22% 和 15%[2]。

2. 政府积极推进数字化转型，发展基础设施与数字平台为越南数字化转型优先事项之一

2023 年 7 月，越南总理在国家数字化转型委员会第六次会议上，提出推进数字化转型的四大优先事项，发展基础设施与数字平台为其中一项，发展前景将持续向好。2024 年 1 月，越南胡志明市成立数字化转型中心，为国家机构、社会组织提供数字化转型支持，并负责数字技术平台和产品的研发、测试、应用和技术转让等业务；越南通信传媒部新发布 4 个国家数字平台——电子税务、

---

[1]　数据来源：汇丰银行。

[2]　数据来源：谷歌、淡马锡和贝恩公司，《2023 年东南亚数字经济报告》。

数字社会保险、数字海港和数字口岸。由此,服务数字政府、数字经济和数字社会建设的越南国家数字平台增至 38 个。

3. 全球ICT企业把握数字经济发展机遇,加速越南投资布局及市场开拓

一方面,越南数字基础设施在大规模的数据储存需求推动下取得巨大进展,吸引全球企业投资。2023 年 4 月,华为扩大在越南数据中心市场的业务;2024 年 5 月,阿里巴巴计划在越南建立数据中心,以满足当地市场需求;2024 年 9 月,谷歌考虑在越南中部的胡志明市建设一座超大规模的数据中心,希望实现比传统数据中心更大的储存容量和更强的计算能力。另一方面,越南社交媒体和其他互联网平台的"蓬勃发展"带来了进军越南市场的契机。阿里巴巴持续扩大在越南的商业版图,从 C 端向 B 端拓展,1688 在越南上线 B2B 平台"SaboMall";TikTok 高度重视越南市场,公开透露 2024 年 TikTok 越南站将不断扩大规模,预计在一年内完成 200 万亿越南盾(约合 81 亿美元)的销售目标。

3.2.4 信息通信及数字经济发展政策

1. 明确国家战略重点,率先推动数字化转型和数字经济发展,实现新时期信息通信重大转变

越南将发展数字经济视为第四次工业革命背景下的"突破性"步骤,出台了若干国家顶层战略,包括 2020 年批准了《至 2025 年国家数字化转型计划及 2030 年发展方向》,2022 年批准了《至 2025 年国家数字经济和数字社会发展战略及 2030 年展望》等。文件中明确将发展数字经济和数字社会视为国家发展战略高度优先事项。

越南将数字技术与通信作为新时期信息通信业的重要组成部分,力求在 2025 年前完成七大转变。一是将邮政从新闻简报转换为数字经济实体流程的基础架构。建立邮政基础设施,以确保数据流之外的数字经济的物理流。二是将电信基础设施转变为数字经济的基础设施。每个家庭联网 5G,每人一部智能手机和一条光纤互联网线,建设云基础设施、数字身份平台、技术提供平台等。

三是将越南转变为网络安全强国。掌握网络安全产品生态系统，确保网络主权。四是从电子政务向数字政务转变。所有政府活动都在数字环境中进行，为人民提供更多便利服务，实现人民与政府之间更多互动。五是从外包向产品开发转变。"越南制造"计划的重点是研究和制造 5G、物联网设备以及用于国家数字化转型的平台。六是发展数字技术企业。数量从 5 万增至 10 万，包括拥有核心技术的企业、产品开发公司和创新型初创公司。七是从信息技术应用向数字化转型。领导并推动国家数字化转型，数字化转型是整个国家、全体人民的革命，数字转型必须与数字主权保护齐头并进。

2. 形成自上而下的数字化转型战略政策体系，有效推动产业发展

2020 年，越南发布《至 2025 年国家数字化转型计划及 2030 年发展方向》，提出发展数字政府、数字经济、数字社会，推进形成具有全球竞争力的数字技术企业战略目标。文件发布两年多后，越南国家数字化转型取得了显著成果，国家机构、企业和全民对数字化转型的认识不断提高。以国家战略为导向，越南大多数部委和地方政府制定了相应的数字化转型计划和方案，形成了自上而下的数字化转型战略政策体系，具体政策如表 3.5 所示。

表 3.5　越南信息通信及数字经济领域重要政策

政策名称	发布时间	政策目的与主要内容
《至 2025 年国家数字化转型计划及 2030 年发展方向》	2020 年 6 月	这一计划的目标是在发展数字政府、数字经济、数字社会的同时，形成具有全球竞争力的数字技术企业。计划提出，至 2025 年，数字经济的贡献占越南 GDP 的 20%，在各行业和领域中至少占 10%。信息化发展指数和全球网络安全指数排名世界前 50 位，全球创新指数排名前 35 位
《至 2030 年创新与科技发展战略》	2022 年 5 月	越南政府主要致力推动的产业发展包括具备世界领先水平的信息技术和电信产业、电子工业，以应对第四次工业革命需求，并为其他行业打造数字技术平台。越南政府未来十年将重点关注高新技术领域的突破，如在信息和通信技术领域以推进云计算、物联网、人工智能、区块链、虚拟现实技术为重点，以建设和形成大型数据库为核心，推动数字化转型

续表

政策名称	发布时间	政策目的与主要内容
《到 2025 年和远期展望至 2030 年财政部数字化转型计划》	2022 年 8 月	该计划目标到 2025 年基于大数据和开放金融数据基本设立现代、公开和透明的数字金融平台；到 2030 年形成丰富、现代和涵盖各领域的数字金融生态系统，确保信息效果性和安全性
《有关推进数字化转型，力争 2025 年建成河内智慧城市的决议》	2022 年 12 月	促进数字化转型，朝着智慧现代方向建设河内智慧城市，为经济迅速、有效和可持续增长提供便利，力争跻身全国数字化转型指数领先省市名单。其中，全部行政手续具备公共服务条件，80% 的成年人拥有智能手机，50% 的成年人拥有数字签名，70% 的劳动适龄人口接受过数字技能培训，90% 的人口拥有电子健康档案
《2021—2030 年国家总体规划和 2050 年愿景》	2023 年 1 月	2021—2030 年越南的发展观点是以科技创新、数字化转型、绿色转型和循环经济发展为主，实现包容性、快速和可持续发展
《2020—2030 年阶段在胡志明市开展人工智能（AI）研发与应用计划》	2023 年 4 月	胡志明市将开展建设数字基础设施，目标是在全市发展优质宽带基础设施，辅助电信企业发展 5G 移动网络基础设施；加强数字化转型工作，让全市各厅、部门的所有应用程序与系统都采用新一代互联网协议（IPv6）地址；发展物联网基础设施
《至 2050 年国家信息通讯基础设施建设规划》	2024 年 1 月	总体目标是至 2050 年将越南建设成为现实世界与数字世界协调发展的现代化国家，具体目标包括：到 2025 年，跻身将互联网转化为 IPv6 架构的 20 个国家之一。额外建设和部署 2～4 个国际通信电缆系统，以 1 Gbit/s 速率通达国家全部高科技园、信息技术集群和研发创新中心。到 2025 年，建设并部署数个国家数据中心，提供国家数据库服务；建设至少 3 个国家多用途数据中心集群及多个地区多用途数据中心集群；所有政府机构均融入数字政府云计算生态系统，70% 的越南企业使用由本土企业提供的云计算服务
《数字技术产业法》	2024 年 10 月审议	取代 2006 年《信息技术法》中关于信息技术发展的内容，对数字技术产业活动，数字技术产业的国家管理，与数字技术产业活动相关的机构、单位、组织和个人的权利、义务和责任等作出规定

此外，为鼓励更多市场主体和个人参与数字经济，越南出台了多项优惠政

策。例如，为本国从事数字经济和相关软件研发的初创企业优先提供办公场地和减免税收租金。

3.3 信息通信市场机会表现

3.3.1 总体表现

越南市场属于"战略驱动型"市场，如图 3.4 所示。交流密切度表现优异，但发展环境表现欠佳，中国信息通信企业可跟随国家发展战略大势，依据政策导向，找准时机进入目标市场。

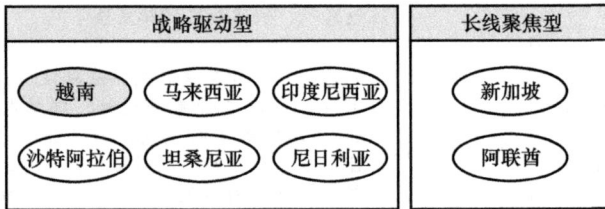

图 3.4 越南信息通信市场机会类型

越南地理位置优越、综合国力增强，是东南亚市场拓展的重要节点。 越南位于中南半岛东部，地势狭长，处于东南亚诸国的地理中心，具有区域合作的天然优势。近年来，越南经济发展迅猛，2023 年 GDP 同比上涨 5.05%，逐渐成为东南亚区的新兴经济大国。作为我国的重要邻邦，越南是我国在东南亚地区首要沟通合作的目标。越南连续多年成为我国在东南亚地区最大的贸易合作伙伴，被视为我国"一带一路"投资关注的优先对象，是信息通信业加强" 带一路"南线布局、拓展东南亚市场的重要节点。

3.3.2 具体分析

特征一：中越双方友好交往与互利合作持续加强

经贸方面，中越两国互为重要贸易伙伴，两国产业链供应链深度融合，双边贸易保持较快节奏的增长。越南通讯社报道，我国连续多年是越南第一大贸易伙伴。**文化方面**，近年来，中越两国人员往来和文化交流总体上稳步增加。诸如中越青年友好会见、人民论坛、媒体交流、专家学者交流、边境联谊等形式的活动持续不断。

特征二：越南治理环境、经贸环境逐渐向好，ICT行业强调本土成分，或打击外商投资积极性

治理环境方面，越南政府近年来推出多项改革措施，通过制定廉政战略、完善廉政法律、加入《联合国反腐败公约》等一系列举措加大了廉政工作的力度。越南营商环境得到明显改善，但官僚主义和缺乏透明度的问题仍然存在，增加了企业身份审查与核实通过的不确定性。**经贸环境方面**，为提高对外国投资者的吸引力，越南政府制定了多项外资税收优惠政策。越南对利润汇回没有特别的限制规定，外国投资者可根据越南外汇管理规定，在越南金融机构开设越南盾或外汇账户。**监管环境方面**，越南政府主导 ICT 行业倾向强烈，运营商巨头均有军队和政府背景，该领域外商参与将受到一定限制。国际电信联盟（ITU）的数据显示，外商在频谱、基础设施、通信服务领域的持股比例不能超过 50%。**基础设施方面**，越南政府持续加大对基础设施的投入，积极推进交通基础设施重大项目建设。大力发展太阳能、风能和生物质能等可再生能源，并将水力发电作为支持电网平衡的一个有效工具。

特征三：越南基础设施完善，外商发挥空间不大，市场潜力主要来自人口规模与经济体量的快速增长

市场规模方面，2023 年，越南总人口约为 9,886 万人，按全年平均汇率换算，越南的经济规模上升至 4,333 亿美元。人口规模排名中位，经济体量对应的信息通信市场空间有限。**市场潜力方面**，越南人口规模即将破亿，GDP 保持稳定增长。随着人口规模与经济体量的不断增长，越南的信息通信市场潜力将被进一步释放。**市场成熟度方面**，越南电信基础设施总体比较完善，市场成熟度较高，外商发挥空间不大。4G 网络基本实现全覆盖，政府正积极推进 5G 网

络建设。**市场竞争方面**，越南电信市场主要由 Viettel、MobiFone、VinaPhone 三家运营商主导，它们均有军队和政府背景，但电信市场集中程度相对较低，竞争压力相对较少。

3.4　信息通信市场机遇拓展总结

3.4.1　国际化拓展机会与风险

总结以上越南宏观环境和信息通信市场机会与风险，如表 3.6 所示，通过多方面综合判断，整体上认为越南国家信息通信市场机会大于风险，是值得重点考虑的拓展目标。

表 3.6　越南信息通信市场机会与风险情况判断

机会	风险
● 政局整体稳定，政策延续性好。 ● 经济迅速发展，始终保持正增长。 ● 中国和越南长期友好交往，互利合作不断加强，双边贸易保持较快增长。 ● 人口稳定增长达1亿，人口基数大。 ● 社会环境稳定，员工人身安全有保障。 ● 营商环境近几年明显提升，频繁出台优惠政策，数字经济为优先投资领域。 ● 劳动力规模大、成本低。 ● 中越科技合作交流频繁开展。 ● 电信基础设施建设较为完善。 ● 数字经济存在发展诉求，合作意愿强烈，中国企业在越南投资布局及市场开拓不断加速	● 美国和越南在军事、经济、教育和文化等领域交流合作增多，存在国家间安全隐患。 ● 廉政状况不佳问题仍存在，经营成本增加。 ● 劳动力质量处于较低水平，缺乏高级技术人员。 ● 道路、电力等公共基础设施落后。 ● 竞争格局较稳定，市场成熟度较高，外商发挥空间不大。 ● 政府对信息通信业政策监管严格，ICT 行业强调本土成分

宏观环境层面，越南经济增长势头强劲，近年来保持了稳定正向增长。从 2004 年至今，我国一直是越南最大的贸易伙伴，越南政府始终重视对外贸易的发展，越南经济和财政对贸易的依赖度较大。越南与我国有较好的合作基础与发展共识，中国信息通信企业可通过深化政策沟通，更为稳妥地进入越南信息通信市场。

行业发展层面，越南信息通信市场及数字经济发展诉求强烈。越南政府积极推进 5G 网络发展、固定通信基础设施建设。信息通信市场规模增长稳健，付费能力和互联网渗透率处在上升期。越南推进数字化进程表现突出，是全球数字经济发展最活跃的国家之一。中国信息通信企业应密切关注越南资源需求，聚焦数智化快速发展的企业市场，推动高价值经营。

竞争能力层面，越南运营商竞争格局较为稳定，运营商具有军队和政府背景，行业强调本土成分，市场成熟度较高。中国信息通信企业应紧随中国其他企业出海脚步，服务企业出海数智化需求，同时强化与越南当地运营商的战略合作，积极拓展国际化属地本土业务。

3.4.2 综合建议

综上，需要对越南信息通信市场保持积极关注，寻求合作与拓展机会，提出如下建议。

一是依托优秀的交流密切度，尝试降低中国企业进入门槛，争取优惠的投资政策和便捷的行政审批程序。

二是紧抓越南数字基础设施建设热潮，输出我国 5G 网络技术、基础设施建设与运营经验，帮助越南推进 5G 网络，建设国际海缆、陆缆和互联网数据中心等，提高国家间沟通往来效率，促进两国信息互联互通。

三是协同信息通信产业链各环节企业进入海外市场。越南大力推动智能手机普及，我国移动应用出海越南市场应充分利用内容与服务提供商、终端厂商进入越南市场的契机，将中国信息通信企业探索出的"终端与应用捆绑""网络与终端捆绑""网络与应用捆绑"等融合创新发展模式输出至越南市场。

四是以越南政府积极引进电子商务、数字服务、数字金融等投资为切入点，紧随我国先进互联网及电商企业出海脚步，满足企业出海的信息服务、数智化需求。

五是抓住越南数智化转型红利期，鉴于越南信息通信业进入壁垒较高，可尝试与当地运营商探索多样化合作机会，共同服务当地金融、零售、产业园区等非中国企业数智化建设，利用线路类、云网类优势产品形成突破。

第 **4** 章

马来西亚国别研究及机遇拓展

国家基本信息		
加入共建"一带一路"时间：2017 年 5 月		
经济环境		
GDP 规模 / 亿美元	4,011.13	全球 GDP 规模排名	35
人均 GDP/ 美元	11,691.36	人均私人消费 / 美元	7,104.88
社会环境		
人口规模 /100 万人	34.31	人口年龄中位数 / 岁	30.06
基尼系数	40.7%（2021 年）	居民通电率	100%
科技环境		
电信业务总量 / 亿美元	116.35	数字经济占 GDP 比重	低于 30%（2022 年）
4G 网络渗透率	121.02%	固定宽带渗透率	54%

4.1 国家概况

4.1.1 经济环境

1. 马来西亚经济基础稳固，经济形势趋稳向好

马来西亚是亚洲四小虎之一，人均 GDP 已突破 1 万美元，经济基本面总体趋稳向好。根据世界银行发布的数据，1970—2022 年，马来西亚 GDP 复合年均增长率超 6%，人均 GDP 自 2017 年突破 1 万美元。2023 年马来西亚 GDP 为 4,011 亿美元，GDP 同比增长 3.6%，与 2022 年恢复性增长 8.7% 相比，增速有所回落，人均 GDP 为 11,691 美元。经济下行的主要压力来自外部，包括全球贸易放缓使外部需求长期疲弱、出口低迷，地缘政治局势紧张和货币政策收紧等。马来西亚 2023 年四季度失业率已降至 3.3%，恢复至疫情前的水平，劳动力市场逐步恢复，劳动力参与率创历史新高。2023 年 12 月，该国整体通胀率放缓至 1.5%，低于其他较发达国家和地区。

从产业结构来看，马来西亚服务业和制造业较为发达，在 GDP 中所占比重较高，服务业多年来占比均在 50% 以上。2023 年，马来西亚服务业产值增速达到 5.1%，在 GDP 中所占比重为 59.2%[1]。数字经济是马来西亚经济的重要驱动力，马来西亚政府希望在 2025 年将数字经济对 GDP 的贡献率提升到 25.5%。

2. 政府积极发力提升其投资便利化水平和企业投资后续服务，有效吸引了大量外来投资

马来西亚的营商环境和投资吸引力在"一带一路"共建国家中位居前列，通过设立投资促进机构，提供税收优惠政策和其他经济激励措施，马来西亚有效吸引了大量外来投资。世界银行发布的《2020 年营商环境报告》[2] 中，马来

---

[1] 数据来源：中华人民共和国驻马来西亚大使馆经济商务处。

[2] 2020 年后，世界银行停发《营商环境报告》，并宣布研究制定新的方法论评价营商和投资环境，即《营商环境成熟度报告》，第一版《营商环境成熟度报告》于 2024 年 10 月发布，仅覆盖全球 50 个经济体，不包括马来西亚。

西亚的营商便利度在全球 190 个经济体中排名第 12 位。根据马来西亚投资发展局（MIDA）的数据，2023 年，马来西亚批准的投资总额达 3,295 亿林吉特，其中外来直接投资额达 1,884 亿林吉特，占总投资额的 57.2%。

具体举措来看，**机构设置方面**，MIDA 是马来西亚投资促进主管部门，隶属于马来西亚投资、贸易与工业部。除此之外，马来西亚经济事务部、首相办公室、农业与农基工业部等政府部门也参与投资管理工作。这些机构可以协助外国投资者，提供相关商业战略咨询、地区熟悉、人才管理计划、网络和其他投资等方面的各类服务。**投资政策方面**，马来西亚提供了一系列税收激励措施。马来西亚投资政策以《1986 年促进投资法》《1967 年所得税法》《1967 年关税法》《1972 年销售税法》《1976 年国内税法》以及《1990 年自由区法》等为法律基础，这些法律涵盖了对制造业、农业、旅游业等领域投资活动的批准程序和各种鼓励与促进措施。鼓励政策和优惠措施主要是以税务减免的形式出现，分为直接税激励和间接税激励两种。直接税激励是指对一定时期内的所得税进行部分或全部减免；间接税激励则以免除进口税、销售税或国内税的形式出现。**市场准入方面**，马来西亚实行开放的市场经济，大部分经济领域对外国资本全面开放，外国投资者可以持有 100% 的股权。但在某些行业领域会受到限制，如信息通信业，外资作为应用程序服务提供商可以持有 100% 股权，但作为网络设施提供商和网络服务提供商，最多只允许持有 70% 的股权。

4.1.2 社会发展

1. 人口结构年轻化趋势明显，人口红利促进劳动力市场发展和消费需求升级

马来西亚人口结构年轻化，截至 2023 年，马来西亚总人口为 3,431 万人 [1]，保持人口正增长。从年龄结构看，马来西亚人口年龄中位数为 30 岁，15 ～ 64 岁劳动年龄人口占比为 69.8%，劳动年龄人口规模持续提升，人口红利正逐步

---

[1] 数据来源：世界银行。

显现，劳动力充沛，如表 4.1 所示。从城市化水平看，马来西亚农村人口向城市转移和内陆人口向沿海地区转移的速度加快，城市化率迅速提升，2023 年，城镇人口占比为 78.7%。人口的持续增长和人口构成的年轻化为城市添加活力的同时带来了消费需求的升级。

表 4.1 2023 年马来西亚人口年龄结构 [1]

年龄段	人口数量 / 万人	占比
0 ～ 14 岁	769.1	22.4%
15 ～ 64 岁	2,394.6	69.8%
65 岁以上	267.1	7.8%

2. 马来西亚文化多元、华人众多，与我国拥有较好的合作基础和发展共识

马来西亚是一个多元文化的国家，有马来裔、华裔、印度裔等。根据我国外交部的数据，2023 年，马来西亚人口中马来裔占比 70.1%，华裔占比 22.6%，印度裔占比 6.6%，其他种族占比 0.7%。中文在马来西亚使用广泛，马来西亚是除中国以外，唯一拥有完全中文教育系统的国家。马来西亚华人对中华文化认同感较高，文化相亲为各领域交流与合作奠定了良好根基。

4.1.3 科技发展

1. 教育水平较高，科技创新能力在东南亚地区有一定优势

马来西亚在教育投入和教育水平方面较有优势，科技创新能力在东南亚地区表现出较强竞争力。国民受教育水平方面，2022 年，马来西亚政府教育开支占 GDP 的比重达到 3.5%，比东南亚国家平均水平高 2.7%[2]。马来西亚 25 岁以上国民平均受教育年限已超过 10 年，高于除新加坡外的其他东南亚国家[3]。科技创新能力方面，《2024 年全球创新指数报告》显示，马来西亚 2024 年的全球创新指数排名全球第 33 位，与前两年持平，在东南亚地区仅落后于新加坡；在中

---

[1] 数据来源：世界银行。

[2] 数据来源：世界银行，仅更新到 2022 年。

[3] 数据来源：联合国教科文组织。

等偏上收入组排名第 3 位，位于我国和保加利亚之后。瑞士洛桑国际管理发展学院（IMD）发布的《2024 年全球数字竞争力排名》中，马来西亚排名第 36 位，较前一年有所下滑，但仍处于在东南亚地区领先水平。

2. 马来西亚在全球芯片供应链上有着举足轻重的地位，国际半导体大厂加大投资促进了该国产业技术进步

马来西亚是亚洲半导体产业重镇，随着半导体大厂不断地涌入，马来西亚半导体产业地位正日益上升。根据马来西亚投资、贸易和工业部统计，2022年，马来西亚半导体出口占全球贸易总额的 7%，封测领域则达到 13%。中美贸易争端后，国际半导体大厂纷纷在马来西亚投资设厂，马来西亚地位受到进一步重视。约 50 家半导体企业在马来西亚布局后道封测厂，包括英特尔、美光、德州仪器、恩智浦、日月光、安世半导体、英飞凌、华天科技、通富微电、苏州固铝、瑞萨电子、安森美、安靠、意法半导体等。英特尔宣布 2021 年在马来西亚投资 64.6 亿美元，重点发展槟城和吉打州的先进封装能力。据悉，至 2032年，英特尔投资马来西亚的累计总额将达 140 亿美元。2023 年 6 月，模拟芯片大厂德州仪器宣布分别于马来西亚的吉隆坡和马六甲兴建半导体封测厂，总投资额高达 146 亿林吉特（约合 27 亿美元），最早 2025 年投产。2023 年 8 月，德国汽车电子大厂博世宣布，将耗资约 6,500 万欧元在马来西亚槟城开设一个新的芯片和传感器测试中心，并计划在 2030 年之前，在此基础上再投资 2.85亿欧元。

经过多年发展，马来西亚拥有多家芯片设计公司，逐渐从半导体后道制程基地向前道集成电路设计板块靠拢。马来西亚成立了特别委员会，给半导体企业提供退税和奖补措施，同时还提供半导体的基础设施和员工培训。马来西亚的法律促进了对知识产权的保护。马来西亚预计，到 2025 年，半导体行业将贡献 8% 左右的 GDP，希望到 2030 年，其半导体行业能够占据全球半导体和电子行业 15% 的市场份额。

4.2 信息通信业发展现状及趋势

4.2.1 基础通信行业——移动通信

1. 马来西亚移动用户渗透接近饱和，收入增速放缓，市场已经进入成熟期

马来西亚移动通信市场的用户渗透接近饱和，移动通信服务收入增长放缓。根据 Omdia 数据，截至 2023 年，马来西亚移动通信独立用户渗透率达到 80.7%，高于 72.8% 的全球平均水平；独立用户数 2,769 万人，移动连接规模达到 4,902 万户。从趋势来看，马来西亚移动用户渗透水平保持稳定，用户规模随人口规模同步增长，市场基本饱和。ARPU 方面，马来西亚移动通信市场的 ARPU 保持相对稳定，2023 年，ARPU 略有下降，为 7.95 美元，高于全球 6.08 美元的平均水平，并将在之后 5 年保持基本稳定。表 4.2 展示了 2020—2023 年马来西亚移动通信市场用户、连接规模、ARPU 等情况，以及之后 5 年的预测情况。随着连接规模和 ARPU 的提升，移动服务收入仍有增长空间。2023 年，马来西亚移动通信服务收入为 46.11 亿美元，同比增长 0.6%，之后 5 年增速将相对平稳，市场进入成熟期。图 4.1 展示了 2021—2023 年马来西亚移动通信市场服务收入及增长情况，以及之后 5 年预测情况。

表 4.2 马来西亚移动通信市场指标及对比情况 [1]

项目	2020 年	2021 年	2022 年	2023 年	2024 年（E）	2025 年（E）	2026 年（E）	2027 年（E）	2028 年（E）
独立用户渗透率	80.3%	80.4%	80.6%	80.7%	80.8%	80.9%	81.0%	81.1%	81.2%
独立用户数/1000人	26,657	27,005	27,350	27,689	28,022	28,347	28,664	28,972	29,272
移动连接规模/1000户	44,935	46,612	47,611	49,023	50,144	51,118	51,996	52,826	53,657
ARPU/美元	8.17	8.17	8.11	7.95	7.85	7.85	7.89	7.97	8.07
全球ARPU/美元	6.44	6.28	6.18	6.08	5.97	5.88	5.82	5.79	5.78

---

[1] 数据来源：Omdia。

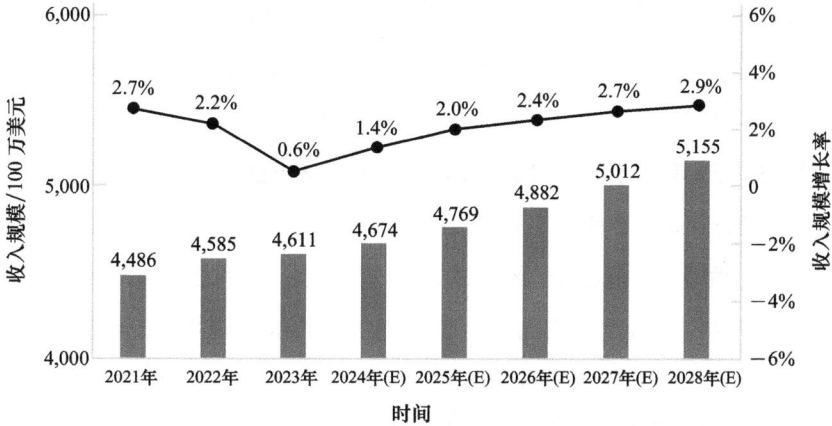

图 4.1　马来西亚移动通信市场服务收入及增长情况 [1]

2. 4G 网络覆盖全国，5G 网络建设后来居上，网络性能高于全球平均水平

马来西亚已经实现了 4G 网络覆盖，5G 网络建设持续推进。截至 2022 年，马来西亚人口稠密地区的 4G 网络覆盖率已经达到 96.92%，5G 网络覆盖率已达到 47.1%，并在 3,906 个地点安装了 5G 基站。5G 网络覆盖了吉隆坡、布城和雪兰莪 90% 以上的人口，覆盖了柔佛、马六甲和森美兰约 50% 的人口。马来西亚 2021 年 12 月推出 5G 计划，由财政部下属的国有网络运营商 DNB 牵头，负责建设和运营 5G 网络基础设施，并以批发价格向移动网络运营商提供 5G 服务。马来西亚政府持续扩大 5G 网络覆盖，截至 2024 年 4 月，由 DNB 建设的 5G 网络已实现马来西亚人口稠密地区 81.5% 的覆盖率 [2]。2024 年，马来西亚筹备建设第二个 5G 网络，以打破 DNB 在这方面的垄断地位，确保市场更具竞争力。

网络性能方面，虽然马来西亚是亚太地区最晚推出 5G 网络的国家之一，但其网络下载速率后来居上。2022 年 10 月，马来西亚移动网络运营商开始向个人用户提供 5G 服务。根据 Speedtest Intelligence 的数据，2023 年上半年，马来西亚的 5G 下载速率中位数达到了 512.1 Mbit/s，领先于亚太地区国家和欧洲

---

[1]　数据来源：Omdia。

[2]　数据来源：马来西亚通信和多媒体委员会（MCMC）。

前五大经济体。随着 5G 网络推出，马来西亚的移动网络性能得到提升，2023
年 7 月，马来西亚的移动网络下载速率中位数为 49.42 Mbit/s，略高于全球平均
下载速率中位数 42.35 Mbit/s。

3. 移动连接短期内仍以 4G 网络为主，用户向 5G 网络迁移进展缓慢

从网络连接数占比来看，马来西亚 4G 网络普及充分，用户向 5G 网络升级
的进程相对缓慢。马来西亚已经在 2021 年底关闭其 3G 网络。2022 年，马来西
亚 3G 用户清零，4G 用户占比达到峰值，为 97.4%，少量用户开始使用 5G 服
务。虽然马来西亚的 5G 网络覆盖范围不断扩大，但其 5G 渗透率仍然较低。截
至 2023 年，马来西亚人口稠密地区 5G 网络连接数占比仅为 3.9%。一方面，马
来西亚的大网计划导致 5G 网络国有垄断，运营商接受程度不高，推广 5G 服务
的效率较低；另一方面，5G 设备的价格昂贵是阻碍用户使用 5G 服务的主要原
因。图 4.2 给出了马来西亚 2022—2023 年 4G、5G 网络连接数占比，以及之后
5 年的预测情况。

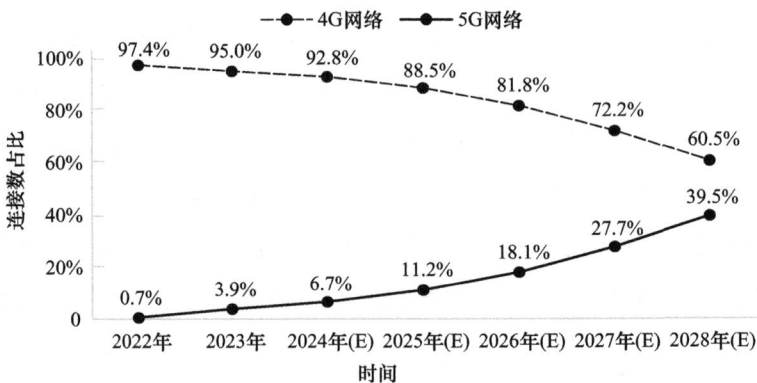

图 4.2　马来西亚 4G、5G 网络连接数占比情况 [1]

4. 移动运营商在 4G 服务方面展开竞争，在 5G 服务方面依赖于政府垄断的单一批发网络

马来西亚境内有多家电信运营商和虚拟运营商，其中 CelcomDigi、

---

[1]　数据来源：Omdia。

Maxis、U Mobile 是马来西亚移动通信市场的主要运营商，各家运营商 2024 年一季度移动通信市场份额情况如图 4.3 所示。CelcomDigi[1] 是马来西亚最大的电信公司，在订阅和收入份额方面处于领先地位，移动通信市场份额占比 47%。Maxis 移动通信市场份额占比为 28%，排名第 2 位，通过推广其固定宽带产品的融合套餐进行差异化竞争。U Mobile 移动通信市场份额占比为 19%，排名第 3 位，主要采用低价策略。

5G 服务方面，马来西亚政府此前坚持单一 5G 网络计划，导致 5G 网络国有垄断化，2024 年开始，政府着手建设第二个 5G 网络。马来西亚电信、CelcomDigi、YTL 通信、U Mobile 和 Maxis 同意与 DNB 签订批发接入协议，并通过国有实体 DNB 推出和运营的 5G 网络提供 5G 服务。

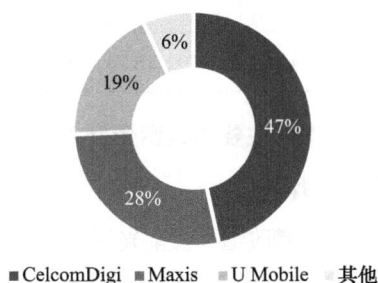

图 4.3　2024 年一季度马来西亚移动通信市场份额情况 [2]

4.2.2　基础通信行业——固定通信

1. 固定宽带普及率持续提升，服务收入保持快速增长

Omdia 数据显示，截至 2023 年，马来西亚固定宽带订阅数达到 471 万户，固定宽带渗透率达到 54%，固定宽带服务收入达到 12.99 亿美元。未来马来西亚固定宽带订阅数保持快速增长，固定宽带渗透率持续提升，服务收入仍有较

---

[1]　2021 年 6 月，马来西亚亚通集团与挪威电信达成协议，马来西亚亚通集团将把旗下独资子公司天地通（CELCOM）全部股份转让给挪威电信旗下的马来西亚数码网络（DIGI）。2022 年 12 月，两家公司宣布完成合并，整合后的新公司为天地通数码公司（CelcomDigi）。

[2]　数据来源：Omdia。

大增长潜力。Omdia 预测，2023—2028 年，固定宽带订阅数复合年均增长率将达到 9.5%（从 471 万户增至 740 万户），固定宽带渗透率将从 54% 提升至 77.5%，服务收入复合年均增长率将达到 6.7%（从 12.99 亿美元增至 17.94 亿美元）。表 4.3 展示了 2021—2023 年马来西亚固定宽带市场订阅数、服务收入和 ARPU 等情况，以及之后 5 年的预测情况。

表 4.3　马来西亚固定宽带市场指标及对比情况 [1]

项目	2021年	2022年	2023年	2024年(E)	2025年(E)	2026年(E)	2027年(E)	2028年(E)	CAGR[2]（2023—2028年）
总订阅数/1000 户	3,866	4,203	4,710	5,252	5,801	6,356	6,892	7,400	9.5%
固定宽带渗透率	46.0%	49.1%	54.0%	59.1%	64.1%	68.9%	73.4%	77.5%	7.5%
服务收入/100 万美元	1,091	1,209	1,299	1,399	1,500	1,602	1,701	1,794	6.7%
ARPU/ 美元	25.91	24.97	24.30	23.41	22.62	21.96	21.40	20.92	−3.0%
全球ARPU/ 美元	19.00	18.99	18.92	18.79	18.74	18.72	18.74	18.77	−0.16%

2. 光纤是马来西亚投资建设的主要固定宽带接入技术，占据绝对市场份额，是未来市场增量的主要来源

马来西亚政府积极推进宽带改造，当前光纤已经成为马来西亚主要的固定宽带接入技术。马来西亚政府在 2008 年委托马来西亚电信公司（TM），启动了马来西亚国家高速宽带（HSBB）项目。2008 年 9 月，马来西亚政府和 TM 签署了一份总额达 113 亿林吉特（约合 38 亿美元）的公私合伙 HSBB 项目合同（其中，TM 和政府分别出资 89 亿和 24 亿林吉特），并共同制定了项目里程碑，以发展马来西亚的下一代高速宽带基础设施和服务。HSBB 的目标是，为 130 万用户提供光纤到户（FTTH）或甚高比特率数字用户线（VDSL）服务，服务覆盖马来西亚特定城区的 200 多万个家庭及办公室。

Omdia 数据显示，截至 2023 年，马来西亚的光纤订阅数在固定宽带订阅数中的占比已经达到 95.8%，光纤服务收入在固定宽带服务收入中的占比已经达

---

[1]　数据来源：Omdia。

[2]　CAGR：复合年均增长率。

到 96.2%，并在未来几年保持增长。随着马来西亚持续投资部署大容量传输网络，光纤连接成为马来西亚固定宽带增量市场的主要来源。Omdia 预测，2028 年马来西亚光纤渗透率将提升至 75.5%，光纤订阅数占比提升至 97.4%，光纤服务收入占比提升至 97.6%。表 4.4 展示了 2021—2023 年马来西亚固定宽带市场光纤订阅与服务收入情况，以及之后 5 年的预测情况。

表 4.4　马来西亚固定宽带市场光纤订阅与服务收入情况 [1]

项目	2021 年	2022 年	2023 年	2024 年（E）	2025 年（E）	2026 年（E）	2027 年（E）	2028 年（E）
光纤渗透率	40.0%	46.3%	51.7%	57.0%	62.1%	67.0%	71.5%	75.5%
光纤订阅数占比	86.9%	94.3%	95.8%	96.5%	97.0%	97.2%	97.3%	97.4%
光纤服务收入占比	91.9%	94.1%	96.2%	96.7%	97.2%	97.4%	97.5%	97.6%

3. 主要有 3 家固网运营商，TM 具有明显规模优势，另两家采取差异化竞争策略

马来西亚主要有 3 家固网运营商，分别是 TM、Maxis 和 TIME。TM 是马来西亚最大的固网运营商，2024 年一季度占整个固定宽带市场份额的 70%，如图 4.4 所示。Unifi 是 TM 旗下的互联网服务供应商，是马来西亚当地使用范围最广的网络服务，也是马来西亚第一家利用光纤宽带基础设施的供应商，覆盖范围广、网络稳定是其主要的竞争力。Maxis 占整个固定宽带市场份额的 18%，排名第 2 位，也是市场上第二大光纤服务提供商。Maxis 的网速和客户服务更有竞争优势，但覆盖范围较少。Maxis 与 TM 的批发部门续签了协议，将在 2029 年之前接入 TM 的 HSBB 项目，从而使 Maxis 的覆盖范围扩大到更多的场所。TIME 仅占整个固定宽带市场 8% 的份额，只提供光纤，而且覆盖范围小，主要集中在人口密集的地区或者高楼公寓地区，以价格优势与前两家固网运营商展开竞争。

---

[1] 数据来源: 根据 Omdia 数据计算得出，光纤订阅数占比为光纤订阅数 / 固定宽带总订阅数，光纤服务收入占比为光纤服务收入 / 固定宽带服务收入。

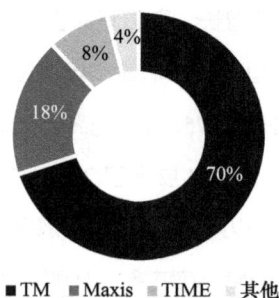

■TM ■Maxis ■TIME ■其他

图 4.4　2024 年一季度马来西亚固定宽带市场份额情况 [1]

4.2.3　数字经济

1. 数字经济处于中等发展水平，占 GDP 比重低、增速快，数字消费将进一步拉动马来西亚经济增长

近年来，马来西亚数字经济快速发展，但整体规模较小。中国信通院数据显示，2021 年，马来西亚数字经济规模为 937 亿美元，占当年 GDP 比重为 26.4%，仍有较大增长空间；对比同一计算口径下，德国、英国、美国数字经济占 GDP 比重位列全球前三，均超过 65%；新加坡、中国、芬兰、墨西哥的这一比重为 30% ～ 45%[2]。2022 年，马来西亚数字经济增速超过 10%，在全球处于第二梯队[3]。以电子商务、外卖送餐、网约车、在线媒体等为代表的数字消费增长显著，成为拉动马来西亚经济增长的重要引擎。谷歌、淡马锡和贝恩公司联合发布的《2023 年东南亚数字经济报告》显示，2021—2023 年，马来西亚的数字消费成交总额由 190 亿美元增长至 230 亿美元。未来几年，数字消费将进一步释放增长潜能，预计 2025 年数字消费成交总额将达 300 亿美元，2030 年将达 450 亿～ 700 亿美元。

---

[1]　数据来源：Omdia。

[2]　数据来源：中国信通院，《全球数字经济白皮书（2022 年）》。

[3]　数据来源：中国信通院，《全球数字经济白皮书（2023 年）》。

2. 数字经济快速发展激发数字基础设施需求，数据中心市场将释放增长潜力，全球主要云商积极布局当地市场

数字经济和数字技术快速发展激发了马来西亚数据中心托管和云计算的使用需求，马来西亚数据中心市场处于起步阶段，有显著增长空间。全球市场研究和咨询公司 Arizton 数据显示，马来西亚数据中心市场规模在 2022 年达到 13.1 亿美元，预计到 2028 年将达到 22.5 亿美元，预测期内的复合年均增长率为 9.4%。马来西亚已经成为东南亚主要的数据中心市场之一，在技术水平方面仅次于新加坡。新加坡因土地和电力稀缺问题对数据中心开发有诸多限制，马来西亚逐渐成为热门数据中心开发地点，谷歌、微软、亚马逊、阿里云、万国数据等企业斥巨资在当地建设大规模、高规格的数据中心。

马来西亚云计算市场尚未发展成熟，具有强大的增长潜力，全球主要云商均积极布局当地云市场。2021 年，微软宣布计划投 10 亿美元在吉隆坡建立第一个数据中心；2024 年，微软宣布将在之后 4 年内在马来西亚投资 22 亿美元，用于发展云端运算和人工智能服务；2023 年，亚马逊 AWS 计划到 2037 年在马来西亚投资 60 亿美元，推出云计算基础设施；2024 年，谷歌宣布投资 20 亿美元在马来西亚建设数据中心并设立新的谷歌云区域；阿里云 2017 年进入马来西亚市场建立数据中心，加速布局东南亚市场。另外，我国云商与上下游企业抱团出海趋势明显。IT 服务商东软集团 2021 年在马来西亚开设子公司。万国数据围绕新加坡、马来西亚柔佛州、印度尼西亚巴淡岛建设海外数据中心，主要配合阿里云等中国企业在东南亚的发展。

3. 数字化进程加速，电子商务、数字金融爆发式增长

新冠疫情期间马来西亚的电商业务爆发式增长，2019—2021 年，电商业务交易规模从 35 亿美元增长至 62.97 亿美元，极大地拉动了马来西亚的数字消费。疫情结束之后，受到在线购物等服务的持续需求的推动，该国电商业务保持稳定，预计到 2025 年，将增长至 160 亿美元，2023—2025 年的复合年均增长率将达到 10%[1]。背靠阿里巴巴的 Lazada 和腾讯持股的 Shopee 在马来西亚电商市

---

[1] 数据来源：谷歌、淡马锡和贝恩公司，《2023 年东南亚数字经济报告》。

场处于头部位置，占有马来西亚 80% 的流量。2022 年，TikTok Shop 进入马来西亚市场，2023 年，拼多多旗下的跨境电商平台 Temu 马来西亚站上线。马来西亚电商市场潜力颇大，电商市场虽有垄断优势的平台存在，但仍处于激烈竞争当中，有利于跨境商家在马来西亚的运营。

与此同时，数字金融服务与电子商务形成协同效应，也是马来西亚数字经济增长的一大动力。马来西亚的金融服务从线下不断向线上转移，包括支付、汇款、贷款、投资、保险等数字金融服务近些年来都呈现出了两位数的增长。在政府的大力推动下，马来西亚正朝着"无现金社会"快速迈进。2021—2023 年，数字支付交易金额从 1,230 亿美元增长至 1,650 亿美元，预计到 2030 年将超过 3,300 亿美元，2025—2030 年的复合年均增长率达 9.8%。投资、借贷处于快速增长阶段，金融科技公司的资产管理规模将迎来跨越式增长，预计从 2023 年的 100 亿美元将增长至 2030 年的 800 亿美元；借贷资金规模将从 2023 年的 100 亿美元增长至 2030 年的 600 亿美元 [1]。

4.2.4 信息通信及数字经济发展政策

1. 早期重视通信基础设施建设，连续发布国家计划推动宽带网络发展

2010 年 3 月，马来西亚发布《国家宽带计划》，目标是到 2015 年将宽带覆盖率提至 75%，到 2020 年提升至 95%。具体举措包括扩大光纤网络覆盖，扩大 3G 和 LTE 覆盖，在缺乏服务覆盖的农村地区提供速率高达 4 Mbit/s 的宽带基础设施，将郊区的宽带服务速率提升至 20 Mbit/s 等。

2019 年 8 月，马来西亚发布《国家光纤和互联计划》，该计划为期 5 年（2019—2023），获得了 10 亿林吉特（约合 2.23 亿美元）的资金支持。具体目标包括，到 2020 年，入门级固定宽带套餐费用占国民总收入的 1%；到 2022 年，光纤网络覆盖 70% 的学校、医院、图书馆、警察局和邮局；到 2023 年，98% 的人口密集区的平均网速达到 30 Mbit/s 等。

---

[1] 数据来源：谷歌、淡马锡和贝恩公司，《2023 年东南亚数字经济报告》。

2020 年 12 月，马来西亚政府发布《马来西亚数字计划》，该计划是"第 12 个马来西亚计划（2021—2025）"的一部分。计划将分两个阶段执行：第一阶段为 2020—2022 年，旨在为 83% 的建筑提供千兆速率的固定宽带连接，将人口密集区的 4G 网络覆盖率从 91.8% 提高到 96.9%，并将移动宽带速率从 25 Mbit/s 提高到 35 Mbit/s。第二阶段为 2023—2025 年，现阶段目标是 2025 年实现人口密集区互联网 100% 的覆盖及光纤宽带覆盖 900 万个场所。

2. 近年来系统性推动"国家数字战略体系"建设，大力促进数字经济发展

一是马来西亚政府依托数字自由贸易区计划和全国电子商务策略路线图 2.0，大力推动跨境电子商务发展。马来西亚于 2017 年推出数字自由贸易区计划，重点推动电子商务生态系统、数码创客运动等活动，放宽全球中小微企业市场准入限制；于 2021 年推出全国电子商务策略路线图 2.0，重点加强政策实施和监管，改善电子商务生态，并为中小企业提供培训、一站式业务服务等配套举措。

二是马来西亚提出十年数字经济蓝图——"数字马来西亚"，实现对数字经济的整体规划。2020 年底，马来西亚政府推出"数字马来西亚"，包括公共领域数字化转型、数字经济竞争力提升、数字基础设施建设、数字人才体系打造、包容性数字社会创造以及可信、安全和有道德的数字环境构建六大方面，分为 22 项战略、48 个国家倡议以及 28 个行业倡议，旨在推动马来西亚成为"数字经济驱动型高收入国家以及区域领导者"。马来西亚政府提出通过公私合作方式投资建设 5G、超大规模数据中心等数字基础设施，并在 5 年内培育 5,000 家初创企业。

三是马来西亚启动数字倡议（MD），并配套推出数字人才和数字贸易计划。马来西亚 2022 年启动的数字倡议重点关注数字旅游、数字贸易、数字农业、数字金融等 9 个领域，旨在通过促进数字技术普及、支持当地科技公司发展、吸引高价值数字投资三大举措，提高马来西亚数字经济竞争力。数字人才计划致力于打造东盟"数字从业人员中心"，为"数字工作者"提供便利签证、住宿和工作空间、生活服务等措施。数字贸易计划则致力于加快推动电子商务发展，加速商业数字化转型，促进跨境贸易便利化。

3. 专门设立相关投资及协调管理部门，支撑打造区域数字经济中心

一是设立奠定数字经济发展基础的数字经济发展局（MDEC）。马来西亚通讯和多媒体部下辖的 MDEC 是负责数字投资的促进机构，至今已成立近 27 年，主要职能为实施马来西亚多媒体超级走廊计划（MSC），为相关企业提供政府认证、基础设施、税收减免、降低聘用外籍员工限制、一站式政府公共服务等。

二是设立负责数字倡议实施与管理协调的马来西亚数字协调委员会（MD-CC）。该委员会也是马来西亚通讯和多媒体部的下属机构，主要负责协调数字经济治理和运营，包括授予相关企业数字地位（MD Status）认可，使其能够享受政府一系列鼓励措施，获得投资运营便利。

三是设立负责协调和简化数字投资的数字投资办公室（DIO）。作为 MIDA 和 MDEC 之间的合作平台，DIO 能够为数字投资者提供端到端的便利化服务，同时其还为数字政策制定、人才需求服务和数字基础设施建设等提供引导，并帮助企业解决疫情后面临的运营问题。

四是设立作为行业管总机构的数字经济及"第四次工业革命"理事会。该理事会由马来西亚总理主持，是制定、实施、监督国家数字经济和"第四次工业革命"战略的权威机构。

4.3 信息通信市场机会表现

4.3.1 总体表现

马来西亚市场属于"战略驱动型"市场，如图 4.5 所示。中国信息通信企业可以顺应政策导向、跟随国家发展战略，伺机而动进入目标市场。

马来西亚处于东南亚核心地带，扼守马六甲海峡，连接海上东盟和陆上东盟，区位优势明显，与我国地缘相近，是"一带一路"共建关键的桥头堡。随着我国的经济发展，我国对外贸易及进口能源的海上运输对马六甲海峡的依赖程度不断提升，马来西亚成为我国海上丝绸之路的重要贸易伙伴之一。另外，马来西亚经济基础稳固，国民富裕程度较高，基础设施建设成熟，中马之间文化相亲，是传统友好邻邦，作为"一带一路"倡议的重要支点，中马合作具有明显的区位、人文和资源的优势。

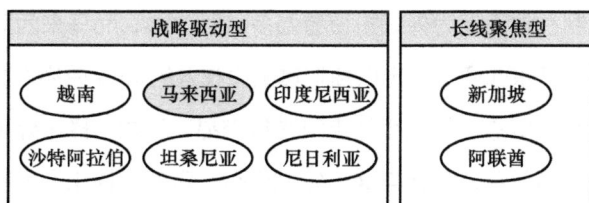

图 4.5　马来西亚信息通信市场机会类型

近年来，马来西亚不断推进国家数字战略体系建设，旨在打造东盟地区重要的区域数字经济中心，中马两国在电信和数字经济方面具有互补优势，可实现与"一带一路""数字丝绸之路"的战略对接，为中国信息通信企业提供契机。

4.3.2　具体分析

特征一：中马两国双边关系持续深化，经贸往来规模位居前列，共建"一带一路"成果颇丰

外交方面，我国与马来西亚建交以来双边关系持续深化，2004 年，两国领导人就发展中马战略性合作达成共识，2013 年，两国建立全面战略伙伴关系，2023 年，两国宣布共建中马命运共同体，开启两国关系新篇章。**文化方面**，马来西亚华人众多，占比超过五分之一，是马来西亚第二族群，中文在马来西亚使用广泛。马来西亚华人对中华文化的认同感较强，文化相亲为各领域交流与合作奠定了良好根基。**经贸方面**，我国连续 15 年成为马来西亚最大贸易伙伴，连续多年成为马来西亚主要投资来源国。2023 年，中马双边贸易额 1,902.4 亿美元，同比下降 5.2%[1]。截至 2023 年 7 月，马来西亚累计对我国实际投资 92 亿美元，我国对马来西亚各类投资累计 168.7 亿美元 [2]。

---

[1]　数据来源：中华人民共和国外交部。

[2]　数据来源：中国东盟报道。

特征二：马来西亚监管环境具有一定门槛，对 ICT 领域外商的投资形成较大阻力

经贸环境方面，马来西亚实行开放的市场经济，大部分经济领域对外国资本全面开放，外国投资者可以持有 100% 的股权。但某些行业严格禁止外资进入，此外还有部分行业通过"股权结构"的方式对外资参与比例设置限制，这种股权结构限制往往表现为外国投资者最多持股 70%，而马来西亚国民持股最少应达到 30%。马来西亚要求出口商将其出口收入的 75% 兑换为林吉特，并且所有的商品和服务贸易都必须用林吉特进行交易，不能选择用外币结算。**监管环境方面**，马来西亚对外商参与 ICT 领域仍有一定的股权比例限制，信息通信业的外资作为应用程序服务提供商可以持有 100% 股权，但作为网络设施提供商和网络服务提供商，最多只允许持有 70% 的股权。

特征三：马来西亚市场潜力有待挖掘，未来增量空间主要来自光纤技术的发展和数字经济红利的释放

市场潜力方面，马来西亚的经济复苏前景较好，年均及人均 GDP 预期保持稳定增长。马来西亚政府积极推进宽带改造，光纤宽带普及率持续提升，是未来增量市场的主要来源，为数字经济发展奠定了良好基础。**市场竞争方面**，马来西亚境内有多家移动电信运营商和虚拟运营商，但 CELCOM 和 DIGI 整合后成为马来西亚最大的移动电信运营商 CelcomDigi，遥遥领先于主要竞争对手 Maxis，电信市场集中垄断程度大幅提升。

4.4 信息通信市场机遇拓展总结

4.4.1 国际化拓展机会与风险

根据以上马来西亚宏观环境和信息通信业现状及发展趋势，通过多方面综合判断，整体上认为马来西亚国家信息通信市场机会大于风险，是值得考虑的拓展目标。表 4.5 梳理了马来西亚信息通信市场机会与风险情况判断。

宏观环境层面，马来西亚经济基础稳固，数字经济稳步发展。马来西亚政府大力开展经济外交，鼓励数字领域交流合作。中马数字经济战略对接持续推进，数字经济在推动中马全面战略伙伴关系发展中作用凸显。

行业发展层面，马来西亚信息通信市场发展较为成熟，4G 网络覆盖全面，5G 网络建设持续推进，政府积极推进光纤建设，且十分重视数字经济发展，移动、固定网络升级均有较大潜力。近年来，在中马两国政府努力下，双方在电子商务、数字基建、数字研发、人工智能等领域的数字经济合作取得了丰硕成果。中马两国在信息通信和数字经济方面具有互补优势，马来西亚已经成为我国 ICT 企业开展对外数字投资的重要目的地，5G 通信、数字贸易等领域合作成为亮点。近年来，华为、中兴通讯等信息通信企业积极与马来西亚企业合作，为当地提供稳定高速的网络连接，并协助其构建本土化 5G 网络。2017 年起，阿里巴巴与马来西亚数字经济发展局合作，共建马来西亚数字自由贸易区项目。

表 4.5　马来西亚信息通信市场机会与风险情况判断

机会	风险
● 中马关系长期友好，双边关系持续深化。 ● 经济基础稳定，疫情后复苏形势向好。 ● 反对贸易保护主义，鼓励外来投资。 ● 人口保持正增长，且人口结构年轻化。 ● 华人众多，语言相通，文化相亲。 ● 政府重视信息通信业及数字经济，属于政策倾斜产业。 ● 数字经济领域优势互补，合作意愿强烈。 ● 信息基础设施普及率较高，在光纤网络建设和数字化转型等领域有较大的市场空间	● 不能用外币结算，带来汇兑风险。 ● 高端数字技术人才短缺、科技创新能力不足。 ● 对外商参与 ICT 领域有一定的股权比例限制，网络设施提供商和网络服务提供商，只允许最多持有70%的股权。 ● 电信市场竞争格局刚经历大公司合并，向集中垄断演变，市场实际进入门槛变高。 ● 5G 网络方面过于依赖于政府垄断的单一批发网络

4.4.2　综合建议

综上，需要对马来西亚信息通信市场保持积极关注，寻求合作与拓展机会，提出如下建议。

一是加强顶层设计，推动"数字丝绸之路"与马来西亚数字战略的对接。在信息基础设施、数字科技、数字贸易、数字规则等领域开展全方位交流合作，进一步推动数字经济合作发展与"一带一路""数字丝绸之路"同频共振。

二是完善数字治理合作，形成示范效应。坚持在维护国家信息主权的前提下，探索在跨境数据管理方面共建系统衔接的治理机制，支撑双边数据流通和跨境数字经济规范协调发展，主动消除双边数字规则障碍和数字贸易壁垒，为我国与东盟国家数字规则衔接提供示范。

三是把握马来西亚数字基础设施建设机遇，探索在 5G 应用技术领域的潜在合作。运用我国成熟的 5G、人工智能、物联网、区块链技术，以智慧工厂、智慧港口、智慧交通及智慧城市为行业样板与标杆案例，强化 5G 融合应用落地，为区域经济社会转型提供"数智引擎"。

四是拓展垂直领域数字经济合作，紧抓马来西亚数字经济红利。在金融行业，推进中国企业深度参与马来西亚线上借贷、快捷支付等在线金融服务。在制造行业，强化中国数字技术（例如，物联网、传感器、5G 网络）与马来西亚实体经济相融合，抓住马来西亚传统行业向数字化转型的契机。在服务行业，加大投资力度以及收购具有发展潜力的当地公司，以便通过规模优势尽可能地强化在电商、社交、线上媒体等领域的合作。

五是聚焦马来西亚数字技术主要发展方向，深化技术领域合作。以马来西亚政府扶持高技术投资、欢迎中国进行技术转移为契机，在人工智能、可再生能源、生物科技、新能源等领域进行投资，深入马来西亚市场，并以点带面，辐射整个东盟。

第 5 章

新加坡国别研究及机遇拓展

国家基本信息			
加入共建"一带一路"时间：2017 年 5 月			
经济环境			
GDP 规模 / 亿美元	3,871.47	全球 GDP 规模排名	37
人均 GDP/ 美元	65,422.46	人均私人消费 / 美元	23,232.47
社会环境			
人口规模 /100 万人	5.92	人口年龄中位数 / 岁	35.10
基尼系数	43.3%[1]	居民通电率	100%
科技环境			
电信业务总量 / 亿美元	61.02	数字经济占 GDP 比重	30%～45%（2022 年）
4G 网络渗透率	123.03%	固定宽带渗透率	110.8%

---

[1] 数据来源：新加坡统计局。

5.1 国家概况

5.1.1 经济环境

1. 宏观经济增长强劲稳健，货币政策相对灵活

新加坡始终坚持实施市场经济体制，并与世界经济挂钩，其经济为外贸驱动型。服务业占新加坡经济比重超过 70%，涵盖金融保险、通信业、专业服务和物流等。新加坡经济一直保持良好发展势头，近年受全球经济增长放缓、技术变迁加快、政治不确定性和逆全球化上升挑战等影响，经济增长呈现一定波动，如图 5.1 所示。为更好地规划经济增长发展蓝图，新加坡从服务业、制造业、贸易和企业四大支柱着手，制定了新加坡经济 2030 愿景。2023 年，新加坡实际 GDP 增速为 1.1%，新加坡金融管理局预测，2024 年 GDP 增长仍将保持在 1% ～ 3%。

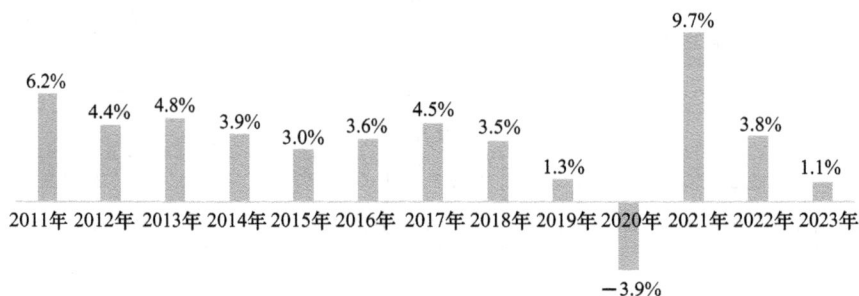

图 5.1 新加坡历年实际 GDP 增速 [1]

灵活的货币政策有效保障了新加坡宏观经济和金融市场的相对稳定。新加坡作为全球第三大金融中心，其央行职责不同于其他国家，其金融管理局职责主要以汇率政策为主，对新加坡元（简称"新元"）实行有管理的浮动汇率制度，允许新元长期缓慢升值，维持货币稳定。由于新加坡国际贸易与全球金融联

---

[1] 数据来源：新加坡统计局。

系紧密，近两年通胀率均处于高位，食品和服务涨幅最为明显。2021 年 10 月以来，新加坡已连续多次采取紧缩措施，一定程度缓和通胀势头，如图 5.2 所示。2023 年新加坡通胀率仍处于高位，但已有所回落，全年平均通胀率下降至 4.8%，新加坡金融管理局预测 2024 年将继续回落，主要核心通胀率和总体通胀率预计为 2.5% ～ 3.5%。

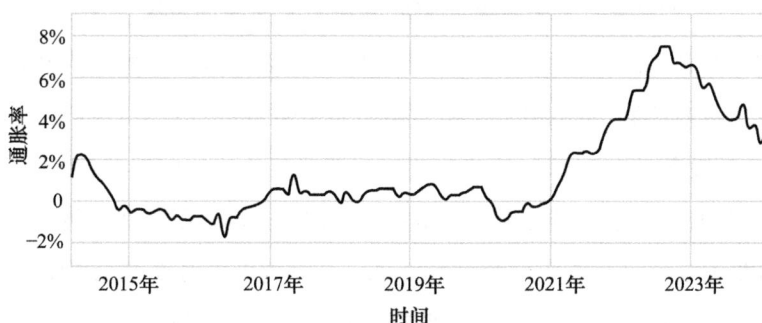

图 5.2　新加坡 2015—2023 年通胀率

2. 致力自由贸易和开放型经济，营商环境全球领先

借助优越的地理位置和传统的自由港，发展对外贸易一直是新加坡国民经济的重要支柱。新加坡贸易结构以出口为主，我国是其第一大贸易国。2023 年，新加坡对外货物贸易总额约 8,739.1 亿美元，其中出口额 4,626.1 亿美元，进口额 4,113 亿美元。出口商品主要包括电子真空管、原油、加工石油产品、办公及数据处理机零件等，主要进口商品包括成品油、电子元器件、化工品和工业机械等。新加坡与多个国家和地区签署自由贸易协定，拥有自由贸易协定网络。已签署《区域全面经济伙伴关系协定》和《全面与进步跨太平洋伙伴关系协定》，同新西兰、智利发起《数字经济伙伴关系协定》，倡议成立了亚欧会议、东亚—拉丁美洲论坛等跨洲合作机制，积极推动《亚洲地区反海盗及武装劫船合作协定》的签署。

新加坡位于太平洋与印度洋的航运要道马六甲海峡东口，扼守"十字路口"的交通"咽喉"，是全球主要港口枢纽。它的港口与 123 个国家和地区的约 600 个港口相连，拥有 200 条运输路线，其国际机场与 60 个国家和地区的约 280 个城市相连。便捷的交通使新加坡成为一大"总部"、三大"中心"，约有 2.6 万家国际公司，三分之一的"世界 500 强"公司选择在新加坡设立亚洲总部，是国际金融中心、全球外汇交易中心和国际研发中心。新加坡政府一直致力于降低关税和其他非关税壁垒，促进跨境贸易，其关税为全球最低的几个国家之一。新加坡实行全国统一的税收制度，采取属地征收原则，且为单一税制，税种少、税率低、税收优惠多，大多数商品在新加坡进出口关税均为零[1]，是新加坡吸引外资的巨大竞争优势。同时，新加坡持续改善贸易环境，大力支持自由贸易。包括优化海关流程、提高物流效率、加强知识产权保护、设立 8 个自由经济区、签署 42 项投资保证协议等，为外国企业投资提供了税收优惠和其他优惠政策，营造自由的经贸投资氛围。针对外资企业，新加坡实行无差别国民待遇。外资在新加坡设立企业，注册手续简便，一般无出资比例和出资方式的限制，外汇自由进出，政府对内、外资企业的监管一视同仁。新加坡经济发展局是吸引外资的主要政府机构，拥有统一集中的权利，代表政府提供一站式服务[2]。经济发展局主要根据国家产业发展的方向，吸引国际著名企业来投资，并有针对性地建设产业发展的配套设施。

5.1.2 社会发展

1. 以华人为主的多元文化国家，社会文化包容性强

2023 年，新加坡总人口约 592 万人，公民和永久居民约 407 万人，华人占比约 74%，其余为马来人、印度人和其他种族[3]。大多数新加坡华人的祖先来自福建、广东和海南等省份，华人在新加坡经济社会中地位较高，经商表现突出。新加坡与我国大体上同根同源，文化相近。新加坡是英联邦国家，英语是国家的通用语言，官方语言还包括马来语、华语、泰米尔语。新加坡为多宗教国家，信仰的宗教包括佛教、道教、伊斯兰教、印度教、基督教等。

---

[1] 新加坡的关税税率从 0 到 4% 不等，缴税商品项目仅有酒类、烟草制品、汽车和石油产品等。

[2] 包括税收、土地租金、供水、供电等方面。

[3] 数据来源：中华人民共和国外交部。

2. 人口老龄化加剧，劳动力成本上涨或对出海企业带来一定压力

新加坡居民人口增长缓慢，老龄化趋势明显。新加坡《2024 年人口简报》数据显示，截至 2024 年 6 月，新加坡总人口首次突破 600 万人，达到约 604 万人，比 2023 年同期增加了 2%。其中，工作准证持有者和外籍帮佣是主要的增长来源。居民整体生育率降至历史新低 0.97。65 岁及以上的公民占比从 2014 年的 12.4% 上升到 2024 年的 19.9%。预计到 2030 年，每 4 个公民中就有 1 人是 65 岁及以上。新加坡《2023 年经济调查报告》显示，整体单位劳工成本 2022 年上升 8.5%，远高于 2021 年 4.9% 的增幅，每名员工的劳工成本增长 7.8%。《2023 年度劳动力报告》显示，2023 年，全职就业居民的月总收入中位数同比增长 2.5%，至 5,197 新元，高于 2022 年的 5,070 新元。高劳工成本成为滞碍新加坡企业经营和发展的挑战之一。

3. 社会治安良好，教育水平世界公认

新加坡环境优美，有"东方瑞士""花园城市"的美誉，生活便利、幸福指数高。国家政局稳定，廉洁高效，无反政府武装组织。法律严格约束犯罪，私人不得持有枪支，总体社会治安状况良好，是世界上犯罪率最低的国家之一。新加坡教育制度和水平被世界公认，教育体制同世界接轨，获得的文凭及学位受国际认可。新加坡多年在全球基础教育、精英教育排名中名列榜首，是众多中国学生出国留学热门目的地。新加坡人的受教育程度持续提升，2023 年，25 岁及以上居民获得大专或更高学历人数占比达到 63.1%[1]。

5.1.3 科技发展

1. 科技战略 30 年稳步推进，科技创新区域全球领先

新加坡科技水平在亚洲和世界范围内处于领先地位，是东南亚地区科技最发达的国家之一。1991 年新加坡成立国家科学和技术委员会（2001 年改组为国家科技局），开始实施第一个国家科技发展五年计划，2020 年推出《研究、创

---

[1] 数据来源：新加坡统计局。

新和企业 2025》（RIE 2025）。通过 30 年科技发展战略的推进与演变，新加坡已成为全球科创中心城市的典范。半导体领域，新加坡拥有多家世界知名半导体企业的制造工厂，如英特尔、高通、三星等，在世界的半导体制造业中占有重要地位。据全球综合数据资料库 Statista 统计，2022 年，新加坡半导体产值占其 GDP 的 7%，从全球范围来看，新加坡半导体产值占全球的 11%。人工智能领域，新加坡拥有领先的人工智能技术和专家，建立了人工智能与数据科学中心，为各行业提供技术支持。在医疗、交通、金融和商业服务等均实现了较好的应用增长，咨询公司埃森哲报告统计称，到 2035 年，新加坡 11 个行业的人工智能总价值将达到 2,150 亿美元。金融科技领域，新加坡持续推出鼓励金融科技创新发展的政策和措施，使新加坡逐步成为有相当吸引力的国际金融科技中心。2022 年，其金融科技融资额达到 45 亿新元（约合 34 亿美元），比 2021年和 2020 年分别高出 22% 和 75%，与全球市场呈相反走势 [1]。

2. 聚焦四大战略领域、三大支撑领域，持续加大科技投入

为了将新加坡打造成为全球科技创新枢纽，保障科技创新长期、稳健地发展，新加坡政府持续加大科技创新投入。RIE 2025 中提出投资规模在未来 5 年将保持每年占 GDP 的 1% 的水平，计划累计投入 249.5 亿新元（约合 1,230 亿元），投资额较 RIE 2020 增加 30.6%。重点投资的战略领域有 4 个：一是制造、贸易和连接领域，通过建立与新市场、新知识的连接网络，利用数字科技加强供应链的弹性，将新加坡打造为亚洲乃至全球制造枢纽。二是人类健康和潜能，目标是建立具有强大的生物医学研究能力的研究基础设施，将生命科学发展成为新加坡经济支柱。三是城市方案和可持续发展，目标是解决新加坡的发展资源限制，保持宜居性、可持续性和经济活力。四是智慧国家和数字经济，目标在 AI、量子技术、金融科技、网络安全、信任技术、5G 通信与连接、数字健康、电子商务等关键技术领域以及智慧国家建设方面建立强大的研究基础。另外，在学术研究、人才构建、创新与企业三大交叉支撑领域加大扶持力度。促进学术研究和多学科交叉研究，吸引和留住顶尖研究人才，构建强大的研究人

---

[1] 数据来源：中华人民共和国商务部。

才基础；加速企业创新，促进企业在当地与国际生态系统的开放式创新伙伴关系的建立。

5.2　信息通信业发展现状及趋势

5.2.1　基础通信行业——移动通信

1. 全球最先进的移动通信市场之一，未来仍具有较好发展前景

信息通信业是新加坡一个重要的增长行业。受 5G 需求和人口流动的市场驱动，新加坡移动通信市场增长趋势保持稳定。作为后付费主导的市场，2023 年，新加坡移动通信市场渗透率高达 162.8%。疫情后随着游客和外国工人的返流，新加坡整体移动订阅量实现较好增长。截至 2023 年，其移动连接规模约为 977 万户，同比增长 4.7%。得益于漫游需求的增加和 5G 用户数量的增加，新加坡实现了更多的 AR/VR 应用程序和 OTT 娱乐服务的捆绑，移动通信 ARPU 持续提升，且远高于全球平均水平，如表 5.1 所示。2023 年，其移动通信服务收入规模达 19.2 亿美元，同比增长 7.4%，如图 5.3 所示。随着 5G 服务从应用早期发展成为主流，新加坡将进一步通过捆绑创造更多用户价值，拉高 ARPU，用户订阅与服务收入将均保持良好增长势头。Omdia 预计，2023—2028 年的 5 年间，新加坡移动连接规模复合年均增长率为 1.4%，服务收入复合年均增长率为 6.6%[1]。

表 5.1　新加坡移动通信市场指标及对比情况 [2]

项目	2022 年	2023 年	2024 年（E）	2025 年（E）	2026 年（E）	2027 年（E）	2028 年（E）
市场渗透率	156.1%	162.8%	165.9%	167.5%	168.6%	169.3%	169.8%
独立用户渗透率	86.0%	86.4%	86.8%	87.2%	87.5%	87.7%	88.0%
独立用户数/1000 人	5,138	5,197	5,254	5,308	5,358	5,405	5,449
移动连接规模/1000 户	9,331	9,793	10,043	10,201	10,327	10,427	10,512

---

[1]　数据来源：Omdia，根据 *Mobile Forecasts Summary April 2024* 数据折算。

[2]　数据来源：Omdia。

续表

项目	2022 年	2023 年	2024 年（E）	2025 年（E）	2026 年（E）	2027 年（E）	2028 年（E）
ARPU/ 美元	16.3	16.8	17.2	17.9	18.7	19.8	21.1
全球 ARPU/ 美元	6.18	6.08	5.97	5.88	5.82	5.79	5.78

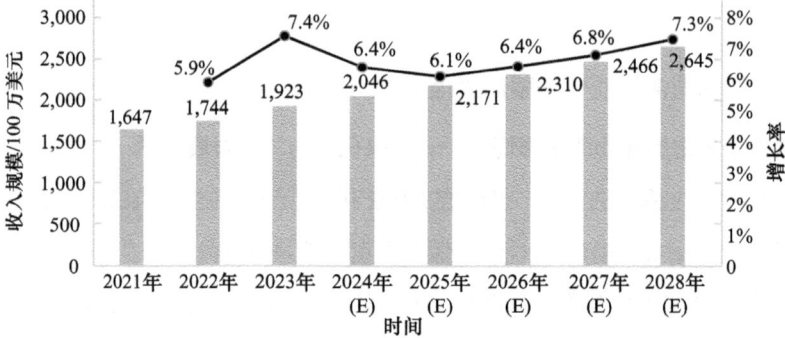

图 5.3　新加坡移动通信服务收入及增长情况 [1]

2. 网络覆盖和质量领先全球，5G 连接渗透加速

新加坡拥有完善的移动通信基础设施，其网络覆盖和质量全球第一。4G 网络覆盖新加坡全国，在著名通信研究机构 BuddeComm 的"亚洲电信成熟度指数"中，新加坡排名东南亚第一。2020 年，新加坡电信监管机构信息通信媒体发展局（IMDA）正式下发了 3.5 GHz、26/28 GHz 和 2.1 GHz 的 5G 频谱许可证。到 2022 年 7 月，5G 独立组网已覆盖新加坡全岛 95% 的地区（原计划 2025 年完成，提前 3 年），包括超过 1,300 个户外场所和 400 个室内设施及地下隧道，成为全球首个全国都有独立 5G 网络的国家。Speedtest 2023 年 2 月统计数据显示，在全球 174 个国家中，新加坡通信网络速率位居第一，平均下载速率高达 237 Mbit/s。5G 网络渗透较好，对 3G、4G 网络用户形成快速转化。截至 2023 年，5G 网络用户规模达 252.5 万户，净增 108.2 万户，用户渗透率达从 2022 年的 15.4% 提升至 25.8%，如图 5.4 所示。Omdia 预测，到 2028 年，5G 网络用户占比将增长到 76.8%。

---

[1]　数据来源：Omdia。

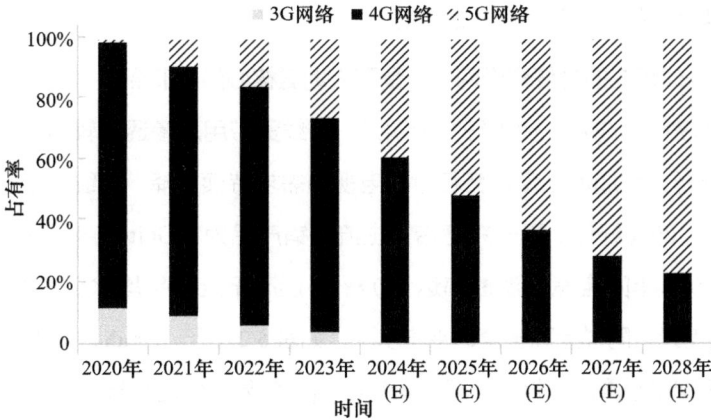

图 5.4　新加坡移动通信用户规模按网络技术分布情况

3. 移动通信市场竞争激烈，Singtel 为主导运营商

新加坡移动通信市场竞争充分，有 4 家运营商和 10 余家虚拟运营商提供通信服务。4 家运营商具体包括 Singtel、M1、StarHub、SIMBA，其中 Singtel、M1、StarHub 为主要运营商，共约占 91% 的市场份额。Singtel 为主导运营商，2023 年的移动通信市场份额达 46%[1]，如图 5.5 所示。Singtel 是新加坡第一家推出 5G 服务的运营商，其 5G 独立组网的覆盖率已达 99%。Singtel 作为 5G 市场的主要推动者，截至 2023 年，5G 网络用户规模已超过 110 万户，占该国总用户规模的 12%。M1 和 StarHub 通过战略合作来收购、共享 5G 频率，5G 用户规模分别为 25.6 万户和 53.5 万户，占该国总用户规模的 2.7% 和 5.5%。

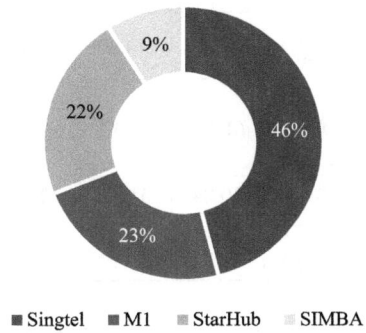

图 5.5　2023 年四季度新加坡移动通信市场份额情况[2]

---

[1]　数据来源：Omdia。

[2]　同 [1]。

5.2.2 基础通信行业——固定通信

1. 拥有全球领先的光纤宽带网络，是亚太地区核心通信节点

新加坡已建成新一代光纤宽带网络，有线宽带用户渗透率较高。同全球发展趋势一样，新加坡固定语音和付费电视的需求持续下降，有线宽带连接已实现了 100% 的光纤化。受千兆宽带（主流营销产品为 2 Gbit/s）升级驱动影响，新加坡 2023 年固定宽带渗透率达 110.8%，远高于全球平均水平 64%；ARPU 为 31.32 美元，同样远高于全球平均水平，如表 5.2 所示。Omdia 预测，2028 年，新加坡固定宽带渗透率将增长至 114.7%，近五年复合年均增长率约为 0.7%，低于世界 2.4% 的平均增速。

表 5.2 新加坡固定宽带市场指标及对比情况 [1]

项目	2022 年	2023 年	2024 年（E）	2025 年（E）	2026 年（E）	2027 年（E）	2028 年（E）	CAGR[2]（2023—2028 年）
总订阅数/1000 户	1,546	1,567	1,589	1,611	1,633	1,656	1,680	1.4%
服务收入/100 万美元	556	585	612	637	661	683	705	3.8%
固定宽带渗透率	110.3%	110.8%	111.4%	112.1%	112.9%	113.7%	114.7%	0.7%
全球平均固定宽带渗透率	61.1%	64.0%	66.0%	67.9%	69.5%	70.8%	71.8%	2.4%
ARPU/ 美元	30.24	31.32	32.30	33.17	33.94	34.62	35.21	2.4%
全球 ARPU/ 美元	19.1	18.8	18.6	18.6	18.5	18.5	18.5	−0.3%

预计未来几年，新加坡固定宽带用户规模及服务收入均将维持低速增长。2023 年，新加坡固定宽带用户规模达 156.7 万户，服务收入约 5.85 亿美元，同比增长 5.2%，如图 5.6 所示。Omdia 预测，2023—2028 年的 5 年间，新加坡固

---

[1] 数据来源：Omdia。

[2] CAGR：复合年均增长率。

定宽带用户规模复合年均增长率为 1.4%，服务收入复合年均增长率为 3.8%。

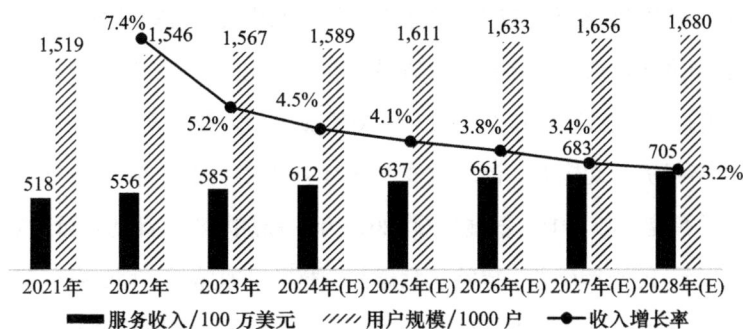

图 5.6　新加坡固定宽带用户规模、服务收入及增长情况

新加坡连续多年成为 Omdia "全球光纤网络发展指数" 的领跑者，在 FTTH 普及率、移动基站光纤普及率、光纤到驻地（FTTP）覆盖率以及下载和上传速率等 7 项评价指标中综合得分排名第 1 位，领先中国、韩国等宽带发展先进国家。国际互联互通能力优势突出，成为亚太地区通信核心节点。根据 Telegeography 统计，2022 年新加坡国际海缆数量为 39 条，由于其优越的地理位置和信息资源优势，已经成为国际海底光缆网络的关键节点。

2. 类似移动通信市场，三家运营商占据固定宽带市场

新加坡固定宽带业务竞争格局相对稳定，与移动市场类似，按市场份额占据大小依次为 Singtel、StarHub、M1 等，如图 5.7 所示。Singtel 保持领先地位，2023 年四季度，拥有 67.9 万用户，市场份额为 43%，订阅量增长 2%；StarHub 以 58 万用户和 37% 的市场份额位居第 2 位，同比增长 0.35%。

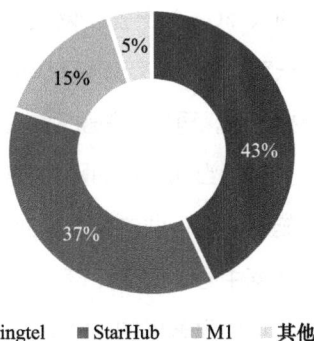

图 5.7　2023 年四季度新加坡固定宽带市场份额情况[1]

---

[1]　数据来源：Omdia。

5.2.3 数字经济

1. 数字经济转型变革起步较早、发展基础好，数字经济规模增长迅速

新加坡是寻求数字经济变革全球最具前瞻性的国家。EIU 用以衡量数字化准备程度的"亚洲数字化转型指数"中将新加坡列为亚洲第一。新加坡一直积极构建数字经济行动框架，计划建成世界首个"智慧国"。早在 2006 年，新加坡就推出"智能城市 2015"发展蓝图；2014 年，新加坡将该计划全面升级为"智慧国家 2025"的十年计划，描绘了全球首个智慧国家蓝图，目的在于实现新加坡的数字化转型，包括卫生、交通、教育、城市发展、金融等领域的变革，以适应数字化时代。2020 年推出"全国人工智能策略"，即在交通物流、智能市镇与邻里、医疗保健、教育、保安与安全五大领域，大力推动人工智能技术应用，以促进经济向数字化转型。经过数年发展，新加坡发布的首份《新加坡数字经济评估》显示，新加坡 2022 年的数字经济规模达到 1,060 亿新元，较 2017 年的 580 亿新元增加近一倍，占 GDP 的 17.3%。

2. 集聚数据中心、云新型基础设施发展优势，为中新企业合作提供机遇与发力点

新加坡是世界上数字基础设施最发达的经济体之一，除了拥有全球领先的高质量 4G、5G、光纤宽带网络外，在数据中心、云等新型基础设施建设布局上也具有一定竞争力。新加坡政局稳定、自然灾害少发、电力供应稳定、数据中心土地审批高效，再加上东盟区域经济中心的地位，发展数据中心具有较强优势。

受益于当地出色的网络服务连接，以及与亚太其他主要市场连接的丰富海缆设施，多个行业的大型企业将新加坡作为区域数据中心枢纽投资地。新加坡当地数据中心、国际托管及云服务提供商、多媒体内容提供商和云计算公司在过去几年中显著增加，Meta、谷歌、甲骨文、阿里云和中国移动等大型跨国科技企业均在新加坡投资建设数据中心。在数据中心运营商 Digital Realty 2020 年"数据重力指数"中，新加坡以 200% 的复合年均增长率位居亚太区都市圈之首。2019 年，新加坡贡献了东盟地区数据中心领域总收入的 45%，预计到 2025 年，其公有云市场规模将达到 25 亿美元。2023 年 6 月，新加坡推出了《数字连接蓝图》，旨在加强新加坡的数字基础设施建设，确保新加坡的数字基础设施保持世界一流水平并具备迎接未来的能力。新加坡有望发展成为亚太地区的云计算中心。

3. 聚焦六大数字经济重点领域，为中国企业的参与提供重要方向和探索动能

为了实现数字连接蓝图，新加坡近年来与我国多次通过论坛对话以及协议签订的形式，敲定了在数字经济等新兴领域加强合作的计划，为两国企业合作奠定了较好基础。AI、5G 通信与连接、网络安全、量子技术、信任技术、金融科技是新加坡数字经济战略领域的六大重点产业，如表 5.3 所示。当前新加坡在相关领域存在一定发展短板，如人均 ICT 专利数方面同美国、瑞士和瑞典 3 国存在明显差距，限制了新加坡人工智能以及云服务潜力的发挥；5G 行业应用上，基础仍相对薄弱，缺少能够复制推广的范本、成熟的技术解决方案提供商和相关平台；信息化程度在全球位居前列，但承受着巨大的网络安全风险，网络治理体系亟待升级等，这些为中国企业参与其数字经济发展提供了重要方向和探索合作的动力。

表 5.3　新加坡数字经济发展的重点产业 [1]

重点产业	发展目标	具体举措
AI	大力推广人工智能技术，到 2030 年推出有影响力的人工智能应用，在研发等领域成为世界领先国家之一	● 实施"全国人工智能策略"，提升整体科技实力，保持新加坡在世界未来科技发展的前沿地位。 ● 提前完善相关法律法规，未来参与全球人工智能技术规则制定。新加坡国立大学法学院专门成立"科技、机器人及人工智能与法律研究中心"，探讨人工智能的法律与道德问题，开展人工智能监管、隐私与资料保护、生物科技与医学道德等跨学科合作研究
5G 通信与连接	创造更多就业机会，支持"智慧国家"的目标	● 2021 年 1 月推出两个独立的 5G 网络，在 2022 年底前建成至少覆盖半个新加坡的 5G 网络，并在 2025 年底前建成覆盖整个新加坡的 5G 网络。 ● 将投资用于通信研究、创新和翻译，开发新的消费者和商业应用程序，以鼓励广泛采用未来的通信技术

---

[1]　资料来源：新加坡 2020 年发布的《研究、创新和企业 2025》（*Research，Innovation and Enterprise 2025*，RIE 2025）。

续表

重点产业	发展目标	具体举措
网络安全	利用研发来增加网络安全专业知识和满足国家需求	进一步加强网络安全生态系统建设，并提高研究机构、行业和政府的能力
量子技术	继续发展量子技术，与国际同步发展	继续关注量子通信、量子密钥分配、量子感应和成像，以及量子算法等领域
信任技术	发展数据保护和隐私保护的信任技术，灌输对数字交易的信任，以塑造一个具有隐私意识的智慧国家	● 新加坡南洋理工大学成立隐私保护技术和系统研究战略中心，将推动在隐私保护技术方面的能力。 ● 区块链创新方案等将继续支持当地企业，加强其供应链和运营
金融科技	全球领先的创新型智慧金融中心	● 积极发放数字银行牌照，推进虚拟银行落地，包括发放数字全能银行、数字批发银行牌照等。 ● 大力发展区块链技术，积极颁发数字货币经营牌照，建设亚洲区块链技术和数字货币新型数字金融中心

4. 两国合作趋于深入，中国与新加坡在数字经济领域合作明显增多

随着我国和新加坡之间经济及贸易关系的不断深化，中新合作迈入了高质量发展的新时代。中新两国的经济互补性很强，尤其随着数字化时代的到来，科技创新成为推动经济发展的重要力量，两国在数字经济、科技创新等领域的合作前景广阔。2023 年 12 月，在中新副总理级双边合作机制会议上宣布了建立中新数字政策对话机制。

近年，中国 DICT 企业在新加坡的投资合作活动明显增多，比如 2019 年，中国移动在新加坡自建自营的数据中心正式投入使用，在共建"一带一路"、助力亚太区数字经济转型和全球高速互联方面发挥积极作用。新加坡作为华为云在 2019 年出海的第一站，5 年内服务了 1,000 多家当地客户，并与 500 多家技术伙伴合作。2016—2018 年，阿里巴巴集团累计投入 40 亿美元，控股并增资新加坡本土电商 Lazada。腾讯投资了东南亚地区集游戏、电商、数字支付业务于一体的互联网公司冬海集团，其旗下拥有 Ganera 和 Shopee 两大新加坡本土互联网公司。

5.2.4　信息通信及数字经济发展政策

1. 信息通信市场受严格管制，数据管控与他国角度不同

新加坡政府主要通过 IMDA 监督管理信息通信业的相关事务。该机构的主要任务是促进新加坡的信息通信技术和媒体产业的创新和发展，以推动数字经济的发展，提高国家的数字竞争力。依托的主要相关法律法规有《电信法》《无线通讯法》《个人数据保护法》《广播法》《公共娱乐法》等。

涉及国家信息安全等相关领域，新加坡信息通信市场外资准入受到严格管制。新加坡外资准入十分开放自由，对外资无一般性要求，绝大多数产业领域对外资的股权比例等无限制性措施。但仍存在一些受管制的行业，如国家安全相关行业和个别特殊行业，包括电信、银行和金融服务、保险、广播、报纸、印刷、房地产、游戏等。这些行业的投资需取得政府批准，当前电信、能源、金融服务等领域的市场主要由新加坡本土公司主导，相关市场集中度较高，外国公司实际上较难进入。新加坡同时采取立法限制和许可证制度进行监管和安全审查。当前 IMDA 仅向新加坡本地注册成立的公司颁发基于设施的电信许可证（FBO）[1]。在当地注册分支机构的外国公司，IMDA 将颁发基于服务的许可证（SBO）。

与一般国家出于数据主体隐私权不同，新加坡数据安全管控主要从"损失或损害"界定。新加坡《个人数据保护法》（PDPA）要求新加坡的所有组织遵守有关个人数据收集、使用、披露和安全的规定，组织需要在尝试收集个人数据前向个人发出通知，说明搜集目的并获得同意。组织必须任命至少一名数据保护官，职责是确保 PDPA 合规性，响应和更正个人数据中任何错误或遗漏的请求。如存在违规情况且可能（或确实）导致重大损害，个人数据保护委员会（PDPC）可以对组织处以最高 100 万新元或年总营业额的 10%（针对营业额超过 1,000 万新元的企业）的罚款。新加坡高等法院提出，数据主体须证明滥

---

[1]　FBO 许可证有效期为 15 年，被许可人根据收入按浮动比例支付年费，最低金额为 80,000 新元（约合 58,099 美元），同时须向 IMDA 提供履约保证金，总额为其总预算投资资本的 5%。

用个人数据会导致经济损失、财产损失和人身伤害，才能提起私人诉讼。颁布 PDPA 的目的是提高新加坡的竞争力和商业中心的地位，同时保护个人数据免遭滥用，与欧盟等出于承认数据主体隐私权的立场不同。

2. 数字经济合作需求较高，国家层面持续出台规划和政策，为产业发展提供有力支撑

新加坡信息通信及数字经济领域开放程度高，一系列政策提供有力支撑，如表 5.4 所示。新加坡计划建成世界首个"智慧国家"，即通过卫生、交通、教育、城市发展、金融等领域的变革，实现新加坡的数字化转型。近几年，新加坡政府一直积极构建数字经济行动框架，持续推出国家层面数字化政策，为数字经济合作发展提供了有力支撑。2022 年，新加坡和我国在瑞士日内瓦签署两份谅解备忘录，加强在绿色发展和数字经济领域的合作，并设立工作组来监督落实。2023 年推出的《数字连接蓝图》进一步明确对数字基础设施的投入，并与中国上海、深圳等城市签署了数字连接、数字公共基础设施、数字人才、智慧城市、金融科技等领域的战略合作伙伴协议，以合作项目的形式推进合作落地。除了双边合作，新加坡还持续建立强大的多边合作伙伴关系，通过《区域全面经济伙伴关系协定》以及《数字经济伙伴关系协定》等机制推进数字合作。

表 5.4　新加坡信息通信及数字经济领域重要政策 [1]

政策名称	发布时间	政策目的与主要内容
《智慧国家 2025》	2014 年 12 月	实现新加坡在卫生、交通、教育、城市发展、金融等领域的数字化变革，该计划提出数字经济、数字政府、数字社会三大框架
《电信法案》	2016 年 11 月	新加坡管理电信行业的主要立法、为电信行业设定了广泛的许可和监管框架
《数字经济框架行动计划》	2018 年 3 月	该计划希望通过三大战略及四项推动力，将新加坡打造成为数字经济领头羊
《数字化政府蓝图》	2018 年 6 月	进一步推进"智慧国家"计划，新加坡政府的愿景是成为"以数字为核心，尽心服务"的政府

---

[1]　资料来源：根据公开资料汇总整理。

续表

政策名称	发布时间	政策目的与主要内容
《数字化就绪蓝图》	2018 年 6 月	提出 4 点战略目标：一是全民拥有实现数字化交易的工具和途径；二是具备使用数字技术的技能、信心和动力；三是能够利用数字技术提升生活质量；四是每一种数字产品或服务的设计面向所有用户，并以使用的便利性与直观性为目的
《服务与数字经济蓝图》	2018 年 11 月	为保持服务业的发展后劲，抓住数字时代的机遇，辅助当地企业进行数字转型，以期 3 ~ 5 年初见成效
《数字连接蓝图》	2023 年 6 月	加强新加坡的数字基础设施建设，确保新加坡数字基础设施保持世界一流并具备迎接未来的能力，提出 5 个优先事项
《个人数据保护法》	2024 年 9 月修订	整个经济体系中个人数据的基线保护标准，详细规范了个人的数据保护权利以及企业对于个人数据收集、利用和披露的规范，发布了一系列条例与指引以推动该法令的执行
《研究、创新和企业 2025》	2020 年 12 月	新加坡发展知识经济和创新型经济的战略基石和顶层设计，明确数字经济是新加坡四大战略科技领域扶持之一，公布了 5 年内政府对技术研究和创新投资规模，以及扶持的重点领域
《电子交易法》	2021 年 2 月修订	旨在为电子交易提供法律基础，并为以电子方式形成的合同提供法律意见。该法律修订后，确保了新加坡的法律和监管基础设施与国际贸易法和最新技术发展保持同步，从而使新加坡保持全球竞争力

为了从智能城市迈向智慧国家，新加坡积极寻求数字经济新变革，在数字经济发展领域具有前瞻性。

5.3 信息通信市场机会表现

5.3.1 总体表现

新加坡市场属于"长线聚焦型"市场，如图 5.8 所示。中国信息通信企业可长线关注，寻求机会，因时而动，重点突破。

战略驱动型			长线聚焦型	
越南	马来西亚	印度尼西亚	新加坡	
沙特阿拉伯	坦桑尼亚	尼日利亚	阿联酋	

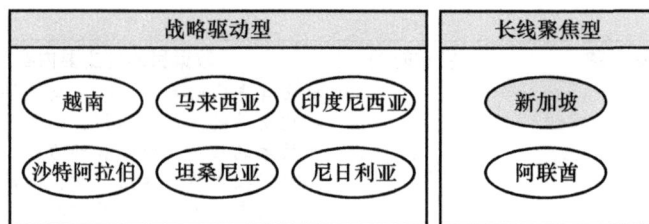

图 5.8　新加坡信息通信市场机会类型

新加坡与我国无论从政治友好程度、社会文化亲疏程度、地缘距离，还是经贸、科技环境等方面，都为我国企业进入投资营造了一个良好的营商环境。近年来，我国与新加坡的合作迈入了高质量的新时代，两国合作趋于深入，中国 DICT 企业在新加坡数字经济投资合作活动明显增多。同时，全球最佳的营商环境也吸引了众多非中国企业，包括大型跨国企业、发展迅速的初创公司等。多数企业选择在新加坡建立总部，新加坡已成为企业通往东南亚的门户。巨大的企业信息化需求市场为中国信息通信企业进入提供了较好的发展空间，云网等企业市场业务将成为两国信息通信企业合作的重要切入点，对两国数字经济合作深入化具有重要意义。

5.3.2　具体分析

特征一：与我国的合作趋于深入，为海外拓展奠定良好基础

2023 年 3 月，两国关系提升为"全方位高质量的前瞻性伙伴关系"。**经贸方面**，自 2013 年"一带一路"倡议提出以来，我国连续 11 年（2013—2023 年）成为新加坡最大贸易伙伴。2023 年，中新双边贸易额为 1,083.9 亿美元，同比下降 2.6%。2013 年起，新加坡连续 11 年是我国最大新增投资来源国。截至 2023 年，新加坡累计在我国实际投资 1,412.3 亿美元，我国累计对新加坡投资 896.3 亿美元 [1]。数字经济正成为两国经贸合作的新增长点，围绕数字贸易、跨境电商、5G 智慧城市、数字孪生、金融科技开展深度合作的潜力巨大。**文化方面**，中新两国血缘相亲、语言相通、文化相近、风俗相仿，双边人文与科技交

---

[1]　数据来源：中华人民共和国外交部。

流有着得天独厚的优势。中新文化交流涉及体育、艺术、文博、教育等诸多领域，先进的科技交流成为两国文化交流的亮点，并呈现多层次、多渠道的发展趋势。

特征二：全球最佳营商环境为外商投资提供了全方位保障

　　治理和经贸环境方面，新加坡具有稳定的社会与经贸环境，失业率低。截至 2024 年，新加坡连续 16 年在 EIU 的营商环境排行榜名列第 1 位；在世界银行发布的《2024 年营商环境成熟度》报告中，新加坡营商环境在全球 50 个经济体中平均分排名第 1 位。**基础设施方面**，新加坡拥有全球最知名的航空枢纽、港口枢纽，公共交通网络发达，水电资源供应可靠，"智慧国家"计划为基础设施的持续完善提供基础保障，为外商投资选择提供了优越条件。

特征三：市场成熟度较高，传统业务发展潜力很小，未来增长来自 5G 网络升级的推动和数字经济发展红利的释放

　　市场规模方面，新加坡 2023 年人均 GDP 达 6.54 万美元，世界排名第 5 位。人口规模约为 592 万人，其中非居民人口约占三分之一。游客、打工人员入境数增加，对漫游业务和 OTT 视频业务等发展利好，传统业务市场空间有限，相比之下，数字经济发展动力强劲、增长空间相对广阔。**市场成熟度、发展潜力与竞争方面**，新加坡电信市场成熟度高，移动通信和固定通信的网络基础设施均为东南亚第一，网络质量、服务渗透率和人口覆盖率也均为全球领先。虽然 5G 网络用户加速渗透，但总体上，传统通信业务增量空间已非常有限，发展潜力较小。信息通信市场竞争充分且激烈，主导市场的前 3 家电信运营商 Singtel、StarHub、M1 占市场份额共计 90% 以上，市场集中度较高。

5.4　信息通信市场机遇拓展总结

5.4.1　国际化拓展机会与风险

　　总体来看，新加坡信息通信市场机会大于风险，如表 5.5 所示，是值得重点考虑的拓展目标。

宏观环境层面，我国是新加坡第一大货物贸易伙伴、第一大出口市场和第一大进口来源地。2022 年以来，中新双边经贸合作不断提升，贸易与投资数据表现亮眼，中国企业在新加坡频繁扩展业务，两国政府间签署了多项经贸合作相关的谅解备忘录，涉及绿色发展、数字经济、电子商务以及陆海新通道建设等领域。随着经贸关系的不断深化，中新两国迎来了高质量合作的新时代。两国合作伙伴关系进一步提升，为信息通信领域的深入合作提供了新的契机。

行业发展层面，新加坡信息通信市场及数字经济具有领先的信息基础设施，未来发展规划明确、合作需求强烈，数字监管和治理体系开放包容，两国数字经济合作推进在政府层面已完成正式协议签署。当前中国企业利用数字技术优势和市场经验，积极融入当地数字经济生态体系，已成为新加坡数字经济产业链供应链的重要组成部分，为信息通信领域的深入合作奠定了一定基础。

竞争能力层面，随着中国企业在新加坡投资合作活动的增多，出海企业跨境连接及上云需求持续增大，叠加当地金融、零售、产业园区等非中国企业数智化建设需求的扩大，中国信息通信企业进军新加坡市场，可以利用数字技术优势和品牌影响力建立更多可信赖、多层次的合作关系，将新加坡政企业务的规模优势、数字化新业务的运营经验转化为国际市场的竞争优势。

表 5.5 新加坡信息通信市场机会与风险情况判断

机会	风险
● 政局稳定，在东南亚影响辐射力强。 ● 经济增长强劲稳健，贸易自由开放，营商环境全球领先。 ● 社会治安良好，公共基础设施完善。 ● 信息通信基础设施完善、领先。 ● 数字经济是重点战略投资领域，合作需求高，政府重视、鼓励与国际生态系统建立开放式创新合作。 ● 中新两国数字经济合作已在政府层面达成共识与协议。 ● 5G 用户渗透加速，上层个人应用和行业应用拓展需求旺盛	● 近两年通胀率处于高位，劳动力人口短缺，劳动力成本趋涨。 ● 信息通信领域是国际重点监管对象，外资准入受到严格管制，资本进入较难。 ● 传统信息通信业发展进入成熟期，移动通信和固定宽带市场渗透率高。 ● 竞争充分、格局较稳定，三大主要运营商已扎根多年，市场集中度高、直接竞争难度大

5.4.2　综合建议

综上，需要对新加坡信息通信市场保持积极关注，寻求合作与拓展机会，提出如下建议。

一是跟进新加坡市场监管政策，积极促进企业级战略合作伙伴关系的建立。积极深化信息通信业监管政策的沟通，以两国电信运营企业达成战略合作伙伴关系为市场切入点，探索相关数字化业务和技术领域的并购、股权投资机会等。

二是转化我国技术优势，复制成功经验，推动两国产品服务的合作。持续提升两国国际漫游服务质量和客户体验，更好利用"两个市场、两种资源"特点，发挥文化相近优势，积极探索内容媒体等 5G 上层应用能力出海。

三是抓住新加坡数字经济合作发展机遇，拓展 DICT 企业市场机会。深度挖掘出海企业跨境连接及上云需求，积极参与当地政府、企业数字化转型，提供行业数字化转型合作开发解决方案。

四是把握新型基础设施建设优势，谋求进一步投资合作机会。新加坡是东南亚地区数据中心枢纽投资地、亚太地区的云计算中心，要有效利用其地理环境、政策支持等众多优势，大力推进海缆、陆缆和数据中心的合作建设与开发。

五是聚焦前沿科技领域的技术，开展基础性与应用性研究合作。依托中新科技创新的实力，推动双方资源能力融合，如在 6G、人工智能、金融科技、量子计算、半导体等领域的研发与标准化制定，并积极筹划技术合作。

第 **6** 章

印度尼西亚国别研究及机遇拓展

国家基本信息			
加入共建"一带一路"时间：2017 年 5 月			
经济环境			
GDP 规模 / 亿美元	11,789.24	全球 GDP 规模排名	17
人均 GDP/ 美元	4,247.85	人均私人消费 / 美元	2,375.45
社会环境			
人口规模 /100 万人	277.53	人口年龄中位数 / 岁	29.83
基尼系数	36.1%	居民通电率	100%
科技环境			
电信业务总量 / 亿美元	164.61	数字经济占 GDP 比重	低于 30%（2022 年）
4G 网络渗透率	116.11%	固定宽带渗透率	20.8%

6.1 国家概况

6.1.1 经济环境

1. 经济连续多年良性增长，国际不稳定因素促使通胀猛然高企

印度尼西亚经济发展迅速，但人均 GDP 仍然较低。多年来，印度尼西亚经济一直保持着 5% 左右的良性增长态势，2023 年 GDP 达 1.37 万亿美元，增速约 5%，但人均 GDP 不足 5,000 美元，仍处于相对较低水平[1]。作为东盟成员国里最大的经济体和二十国集团（G20）重要成员，印度尼西亚正处在快速崛起阶段。2019 年，时任印度尼西亚总统佐科·维多多在就职仪式上宣布，印度尼西亚致力于在 2045 年（建国 100 周年）发展成为发达国家，力争跻身世界前五大经济体行列，实现 GDP 总量达 7.3 万亿美元，人均 GDP 达 2.5 万美元。通货膨胀方面，经历 2022 年短暂波动，印度尼西亚通货膨胀率总体已恢复到合理水平。2022 年，由于汽油、家用燃料、空运费用、大米、香烟、进口鸡蛋和房租等价格上涨的因素导致了通胀高企，达到 5.51%，为 2014 年以来最高水平，但经过政府的一系列调控措施后，2023 年已回落到 2.61%。

2. 我国为印度尼西亚最大的贸易伙伴，合作持续深化

2023 年，印度尼西亚贸易顺差总额达 369.3 亿美元，出口额 2,588.2 亿美元，同比下降 11.33%。其中，油气产品出口额为 159.2 亿美元，非油气（消费品、原材料/辅助材料、资本品）产品出口额为 2,429 亿美元。非油气产品出口的最大目的国是中国，其次是美国和印度。进口额为 2,218.9 亿美元，同比下降 6.55%[2]。其中，油气产品进口额为 358.3 亿美元，非油气产品进口额为 1,860.6 亿美元。非油气产品前三大进口来源国分别是中国、日本和澳大利亚。

---

[1] 数据来源：世界银行，以现价美元计。

[2] 数据来源：印度尼西亚统计局。

我国是印度尼西亚最大的贸易伙伴、最大的出口目的国和进口来源国。2023 年，我国和印度尼西亚双边贸易额达 1,394.2 亿美元，同比下降 5.9%。其中我国进口额为 742.2 亿美元，同比下降 4.7%；出口额为 652 亿美元，同比下降 7.3%。我国是印度尼西亚第二大外资来源国，印度尼西亚是我国在东盟第二大投资目的地 [1]。2024 年 1 月，印度尼西亚贸易部国家出口发展局局长迪迪·苏梅迪表示，印度尼西亚出口部门将不断深化与我国的贸易合作，2024 年对我国的出口额目标提高到 650 亿至 700 亿美元，并制订了多项合作计划。

3. 不断优化营商环境以吸引投资，为中国企业全面进入印度尼西亚市场奠定基础

一是大力发展基础设施。自 2019 年起，印度尼西亚高度重视基础设施建设，建设项目成果丰硕。例如，2021 年，印度尼西亚在运行的高速公路总里程为 2,489.2 千米。政府计划到 2024 年将高速公路总里程扩展至 4,761 千米 [2]。此外，印度尼西亚政府大力推动交通、通信等大型基础设施项目建设，巨大的基建市场也给外资带来投资机遇。**二是积极改善营商环境**。通过设立"一站式窗口"投资服务、推动税收优惠、开放更多投资领域及投资限制、宣传推介等措施改善印度尼西亚营商环境，大力吸引外资。**三是开放的金融环境**。印度尼西亚实行相对自由的外汇管理制度，可实现资本的自由转移。2020 年，中国人民银行与印度尼西亚央行就当地货币结算的合作达成了谅解备忘录，并于 2021 年正式启动"中国—印度尼西亚双边本币结算机制"，为中国企业在印度尼西亚投资提供了便利。此外，庞大的年轻劳动力人口、广阔的市场以及大力发展下游工业的经济政策等，都成为印度尼西亚吸引外商投资的重要因素。根据 EIU 发布的《中国海外投资指数 2023》报告，在吸引中国投资者的 80 个国家和地区中，印度尼西亚的营商环境全球综合排

---

[1] 数据来源：中华人民共和国外交部。

[2] 数据来源：中华人民共和国商务部，《对外投资合作国别（地区）指南：印度尼西亚（2023 年版）》。

名第 2 位，仅次于新加坡。中国对外承包工程商会发布的《"一带一路"共建国家基础设施发展指数报告（2024）》中显示，印度尼西亚连续多年排名第 2 位。

6.1.2　社会发展

1．人口规模不断扩大，中产阶级崛起成为推动数字经济增长的重要驱动力

印度尼西亚是世界排名第 4 位的人口大国，2023 年总人口高达 2.78 亿人，人口年龄中位数为 29.8 岁，人口结构偏年轻化。其中爪哇岛是印度尼西亚人口最密集的地区，约有 1.5 亿人，首都雅加达约有 1,056 万人。年轻、精通网络、日益富裕的中产阶级的崛起成为推动印度尼西亚经济发展的决定性力量。印度尼西亚全国家庭收入调查（SUSENAS）显示，2022 年，印度尼西亚的中产阶级人数和新中产阶级分别为 7,200 万人和 1.28 亿人，分别占总人口的 26% 和 47%，其消费总额接近全国家庭消费的一半，成为印度尼西亚消费的驱动力和现代生活方式消费主义的推动者。

2．印度尼西亚为多民族、多语言、多宗教国家，形成了多样化的社会环境

印度尼西亚有 300 多个民族，200 多种民族语言（官方语言为印度尼西亚语），其中爪哇族占人口总数的 45%、巽他族占 14%、马都拉族占 7.5%、马来族占 7.5%。华人约占印度尼西亚人口总数的 5%，在商贸和工业领域发挥着重要作用。此外，印度尼西亚约 87% 的人口信奉伊斯兰教，是世界上穆斯林人口最多的国家，其中大多数是逊尼派。6.1% 的人信奉基督教新教，3.6% 的人信奉天主教，其余的人信奉印度教、佛教和原始拜物教等[1]。由于民族众多、宗教多样，加之受中国、印度、中东和欧洲等国家和地区的影响，印度尼西亚形成了文明多样化的社会。

3．总体劳动力资源丰富，但数字经济人才存在大量缺口

印度尼西亚当地劳动力资源丰富，平均每年新增劳动力 350 万～ 400 万人。

---

[1]　数据来源：中华人民共和国商务部，《对外投资合作国别（地区）指南：印度尼西亚（2023 年版）》。

人口结构非常健康，15 岁以下的儿童占比为 24.56%，15 ～ 64 岁的成年人占比达到了 68%。根据联合国估算，印度尼西亚青壮年人口（15 ～ 64 岁）将持续增长至 2030 年，为印度尼西亚带来长足的人口红利 [1]。但在数字经济领域，印度尼西亚仍面临较大的人力挑战，印度尼西亚工商会主席拉希德在 2022 年雅加达举行的二十国集团工商（B20）数字化工作组的对话中表示，由于数字技能水平低，印度尼西亚在科学、技术、工程和数学领域的人才培养严重不足，通信技术领域存在大量人才缺口，对数字经济的发展产生了严重影响。印度尼西亚劳工最低用工年龄为 14 周岁，但雇用 14 周岁以上的未成年人，工作时间每日上限为 3 小时。同时，出于对当地劳工资源的保护，印度尼西亚对外籍人士就业有着较为严格的限制，只允许企业引进外籍专业人员（如高级管理人员或技术专员），禁止引进普通劳工，获得聘用的外籍专业人士可申请印度尼西亚居留签证的工作准证。

4. 民众受教育程度依然处于较低水平，高学历人群缺乏

印度尼西亚实行九年制义务教育，6 ～ 8 岁的儿童需开始履行受教育义务。初等教育体系除印度尼西亚教育部设立的小学、中学外，还有包括各类宗教学校。学生除上公共教育课外，还需接受宗教教育，如伊斯兰教徒要去清真寺、佛教徒去寺庙学习。印度尼西亚民众受教育程度仍然处于较低水平，根据印度尼西亚统计局统计的相关数据显示，2021 年，印度尼西亚的文盲占比达到 13.9%，约为 3,725 万人，其中 15 ～ 44 岁的文盲占比最小，为 0.73%，约为 195.6 万人，这个年龄段也是当前印度尼西亚的主要受教育群体。在入学率方面，7 ～ 15 岁的孩子入学率均保持在 95% 以上，16 ～ 18 岁的孩子入学率为 73%，而 19 ～ 24 岁的孩子入学率较低，仅为 26%。世界银行数据显示，2022 年，印度尼西亚 25 岁及以上居民获得大专或更高学历的人数占比仅为 12.1%，可以看出，虽然印度尼西亚政府在近些年逐渐加大了对教育的重视和投资力度，但大学本科学历以上的比例还处于较低水平。

---

[1] 数据来源：《2023 年印度尼西亚用工市场趋势研究报告》。

6.1.3 科技发展

1. 科技发展整体相对比较落后，但未来前景看好，市场空间广阔

印度尼西亚科技产业整体相对比较落后，具体表现在几个方面：**一是科技投入低。**数据显示，印度尼西亚 2022 年的研发经费占 GDP 的比重仅为 0.3%，远低于发达国家的平均水平，在全球 133 个经济体中排名第 75 位 [1]。同时，印度尼西亚高科技企业的数量也较少。**二是科技人才储备不足。**印度尼西亚的人才培养和数字扫盲计划还难以满足发展需要。印度尼西亚通信与信息技术部副部长内扎尔·帕特里亚表示，数字扫盲计划覆盖的人口到 2025 年将增加到 3,000 万人，但这一数字距离最初设定的 5,000 万人的目标仍相去甚远。**三是创新能力缺乏。**印度尼西亚科技产业整体创新能力不足，但随着移动互联网在印度尼西亚的快速发展，以及印度尼西亚政府对于科技发展的逐步重视，一系列科技创新政策相继出台，有望推动印度尼西亚的科技产业加速发展，成为东南亚领先的科技产业中心之一。

2. 印度尼西亚科技生态正展现出强大吸引力，引起大量资本关注

印度尼西亚通过不断加强科技基础设施建设，培养更多的高素质科技人才，以及出台更多政策打造良好的创新环境，积极推动本国科技创新能力的提升。各项措施总体成效显著，初创企业数量在不断增长。印度尼西亚风投机构 Alpha JWC Ventures 在 2022 年发布的一则声明中表示，虽然印度尼西亚独角兽企业尚不足 10 家，但其预计至 2025 年，印度尼西亚有望再出现至少 10 家独角兽企业。除 Alpha JWC Ventures 外，AC Ventures（印度尼西亚风投机构）和 Antler（新加坡风投机构）也表示继续看好印度尼西亚的科技生态发展，并纷纷加大对该地区的投入力度。Alpha JWC Ventures 和 Antler先后宣布了在印度尼西亚的加注计划。其中，Alpha JWC Ventures 表示希望通过刚成立的东南亚规模最大的基金在当地的技术及由技术驱动的行业中继续寻找机遇，帮助印度尼西亚政府早日实现在未来几年内孕育出 25 家印度

---

[1] 数据来源：WIPO，《2024 年全球创新指数》。

尼西亚独角兽的目标，Antler 则强调正计划未来 4 年内在印度尼西亚投资至少 100 家公司。

6.2 信息通信业发展现状及趋势

印度尼西亚的移动通信具备极大的发展潜力。具体来看，一方面，印度尼西亚作为仅次于中国、印度、美国的全球第四大人口国，拥有着超过 2.7 亿的消费者。而且在整个东南亚地区，印度尼西亚的居民收入水平较高、收入增长速度相对较快、手机覆盖率较高，移动通信技术在市场上的应用需求巨大。另一方面，印度尼西亚政府也十分重视移动通信的基础设施建设，在《国民经济 15 年中期建设规划（2011—2025）》中将其作为实现国家互联互通的重点战略领域，还致力于推进光纤网络的普及覆盖，实现印度尼西亚境内的宽带网络连接，促进互联网与其他重点领域的加快融合和发展。在此背景下，印度尼西亚移动通信发展速度逐渐加快。

6.2.1 基础通信行业——移动通信

1. 移动通信市场逐步崛起，成为亚洲最有潜力的市场之一

首先，收入规模和用户规模位居区域市场前列，且未来增速高于区域平均增速。从收入规模看，2023 年，印度尼西亚移动通信市场收入规模为 113 亿美元，同比增长 0.8%，预计到 2028 年增长至 133.7 亿美元，复合年均增长率为 3.4%，在区域 [1] 总体移动服务收入增速逐步下滑的趋势下，印度尼西亚的收入增速一直维持在 3.5% 左右，增长势头强劲。从用户规模看，截至 2023 年，印度尼西亚移动通信市场渗透率为 128%，移动连接规模达 3.6 亿户，同比增长 0.7%，如表 6.1 所示。

---

[1] 大洋洲东部和东南亚地区。

表 6.1　印度尼西亚移动通信市场用户、连接规模等情况 [1]

项目	2022 年	2023 年	2024 年（E）	2025 年（E）	2026 年（E）	2027 年（E）	2028 年（E）
市场渗透率	127.9%	128.0%	128.0%	128.0%	128.1%	128.4%	128.7%
独立用户渗透率	80.1%	80.9%	81.5%	82.1%	82.7%	83.3%	83.9%
独立用户规模 /1000 人	220,790	224,498	228,083	231,656	235,108	238,489	241,780
移动连接规模 /1000 户	352,494	355,191	358,022	360,985	364,102	367,407	370,940
市场收入规模 /100 万美元	11,206	11,295	11,684	12,085	12,495	12,923	13,369
移动收入增长率	2.0%	0.8%	3.4%	3.4%	3.4%	3.4%	3.5%
区域市场移动收入增长率	−5.5%	−0.4%	4.4%	3.6%	2.5%	1.8%	1.2%

其次，单用户价值远低于全球平均水平，但未来几年在全球平均 ARPU 持续下滑的趋势下将保持逆势增长。如表 6.2 所示，Omdia 数据显示，2023 年印度尼西亚移动服务综合 ARPU 仅为 2.67 美元，远低于全球综合平均水平的 6.08 美元，其中移动数据服务 ARPU 为 2.42 美元，移动语音服务 ARPU 为 0.25 美元。随着未来 5G 加速普及，预计至 2028 年，印度尼西亚移动服务综合 ARPU 将增长至 3.01 美元，超过我国的 2.55 美元，在全球移动服务综合 ARPU 逐步下滑的趋势下，印度尼西亚有望实现逆势增长，成为未来最有潜力的市场之一。

表 6.2　全球、印度尼西亚及中国移动通信市场 ARPU[2]（单位：美元）

地区	类别	2022 年	2023 年	2024 年（E）	2025 年（E）	2026 年（E）	2027 年（E）	2028 年（E）
全球	移动数据	4.72	4.76	4.81	4.89	4.99	5.08	5.19
	移动语音	1.46	1.33	1.16	0.99	0.84	0.71	0.60
	综合	6.18	6.08	5.97	5.88	5.82	5.79	5.78

---

[1]　数据来源：Omdia。

[2]　同 [1]。

续表

地区	类别	2022 年	2023 年	2024 年（E）	2025 年（E）	2026 年（E）	2027 年（E）	2028 年（E）
印度尼西亚	移动数据	2.32	2.42	2.51	2.60	2.70	2.79	2.88
	移动语音	0.27	0.25	0.22	0.19	0.17	0.15	0.13
	综合	2.59	2.67	2.73	2.79	2.87	2.94	3.01
中国	移动数据	3.08	2.73	2.59	2.51	2.44	2.38	2.34
	移动语音	0.49	0.40	0.35	0.31	0.28	0.24	0.21
	综合	3.57	3.13	2.94	2.82	2.72	2.62	2.55

2. 以 4G 网络技术为主，逐步向 5G 网络迁移

移动技术方面，网络连接以 4G 网络为主。根据 Omdia 数据，截至 2023 年，印度尼西亚移动通信中 4G 网络连接数占比 91.1%，4G 网络尚未完全覆盖印度尼西亚的农村地区，政府仍专注于扩大 4G 网络覆盖面。预计至 2028 年，5G 网络连接数将占据印度尼西亚移动通信市场的 38%，如图 6.1 所示。网络质量方面，网络速率较慢，处于全球中后段。印度尼西亚移动通信网络下载速率为 22.99 Mbit/s，在统计的全球 140 个国家和地区中排名第 99 位，低于全球 42.92 Mbit/s 的平均水平 [1]。

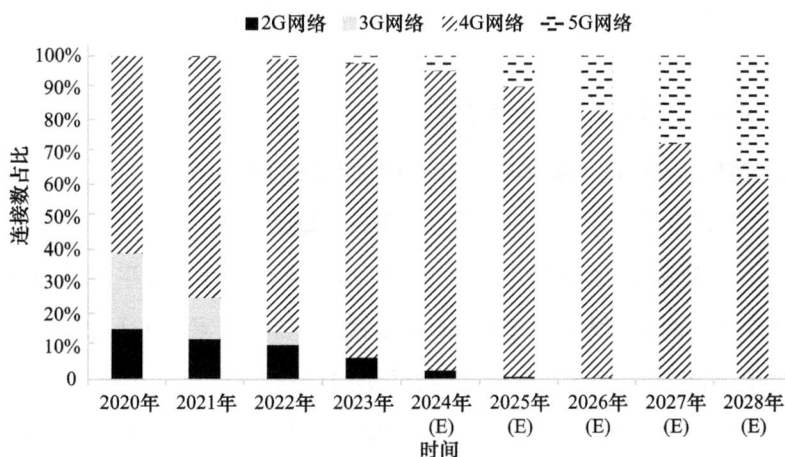

图 6.1　印度尼西亚移动通信连接规模按技术分布情况

[1]　数据来源：Speedtest Global Index 2023 年 6 月数据。

3. 呈现"一超多强"的稳定竞争格局，运营商 Telkom 占据主导地位

印度尼西亚移动通信市场参与者包括 Telkom、Indosat、Smartfren、XL 共 4 家电信公司，其中 Telkom 为印度尼西亚最大的电信公司，Indosat 则为最大外资电信公司。2023 年前两个季度的数据显示，从收入规模看，Telkom 移动业务营收规模约占市场份额的 51.72%，位于移动通信市场绝对领导地位，Indosat、Smartfren 和 XL 分别占比 24.64%、17.24% 和 6.40%。从用户规模看，Telkom 移动用户占市场总规模的 44.0%，Indosat 占 28.7%，XL 和 Smartfren 分别占 16.7% 和 10.6%，如图 6.2 所示。预计未来几年，Telkom 份额略有下降，并被其他 3 家运营商瓜分，竞争格局将维持长久稳定。

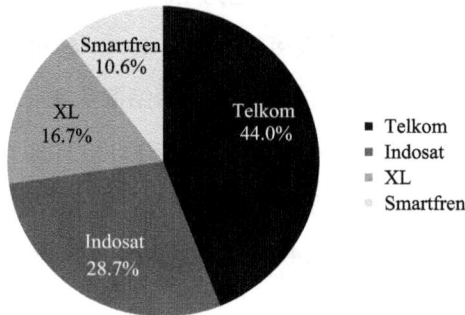

图 6.2　2023 年前两个季度印度尼西亚移动通信市场用户规模占比分布 [1]

6.2.2　基础通信行业——固定通信

1. 固定宽带普及率低，未来将成带动电信业增长的主要动力

印度尼西亚的固定宽带普及率低，但未来增速较快。如表 6.3 所示，截至 2023 年，印度尼西亚固定宽带渗透率仅为 20.8%，远低于全球平均的 64.1% 水平，未来市场尚有较大增长空间。Omdia 预测，2028 年将增长至 26.6%，近 5 年复合年均增长率约为 5.1%，高于世界平均 2% 的增速。

收入规模整体维持较高增速，但 ARPU 逐步降低且降幅高于全球平均水平。2023 年，印度尼西亚固定宽带营收规模为 24.3 亿美元，同比增长 6.7%，

---

[1]　数据来源：GSMA。

预计 2028 年将增长至 31.6 亿美元，2023—2028 年复合年均增长率约为 5.3%。但随着宽带普及率不断提升，宽带服务 ARPU 将呈现下滑态势，由 2023 年的 14.1 美元降至 2028 年的 13.3 美元，复合年均增长率约为 −1.1%，降幅高于全球 −0.3% 的平均增速。

表 6.3　印度尼西亚和全球固定宽带市场收入规模、用户规模等情况对比 [1]

地区	项目	2022 年	2023 年	2024 年（E）	2025 年（E）	2026 年（E）	2027 年（E）	2028 年（E）	CAGR[2]（2023—2028 年）
印度尼西亚	服务收入/100 万美元	2,280	2,433	2,579	2,720	2,863	3,009	3,155	5.3%
	用户规模/1000 户	13,872	14,917	15,904	16,922	18,002	19,133	20,304	6.36%
	ARPU/美元	14.3	14.1	13.9	13.8	13.7	13.5	13.3	−1.10%
	固定宽带渗透率	19.6%	20.8%	21.9%	23.0%	24.2%	25.4%	26.6%	5.07%
全球	服务收入/100 万美元	312,976	327,847	341,824	355,689	369,178	381,764	393,079	3.1%
	用户规模/1000 户	1,408,11	1,492,63	1,564,05	1,630,89	1,692,27	1,747,85	1,796,23	3.1%
	ARPU/美元	19.1	18.8	18.6	18.6	18.5	18.5	18.5	−0.3%
	固定宽带渗透率	61.3%	64.1%	66.3%	68.1%	69.7%	71.0%	72.0%	2.0%

2. 固定宽带以光纤连接为主，FWA 市场份额将高速增长

从市场份额看，固定宽带连接仍以光纤为主。截至 2023 年，印度尼西亚光纤宽带连接数占比为 79.1%，DSL 连接数占 8.5%，CM 和 FWA 共占剩余的 12.4%，如图 6.3 所示。未来几年，随着网络基础设施的不断完善，光纤宽带的规模将持续稳定增长，FWA 将受市场热捧，迎来高速增长期，DSL 及其他宽带将

[1]　数据来源：Omdia。
[2]　CAGR：复合年均增长率。

逐步淘汰。预计至 2028 年，光纤宽带市场份额将达到 84.8%，FWA 连接数将达 13.8%。从连接规模看，未来几年 FWA 连接将进入高速增长阶段。截至 2023 年，印度尼西亚光纤宽带连接规模为 1,179.6 万户，FWA 连接规模为 116 万户，预计至 2028 年将分别增长至 1,721.6 万户、280.5 万户，复合年均增长率分别为 7.9%、19.3%。

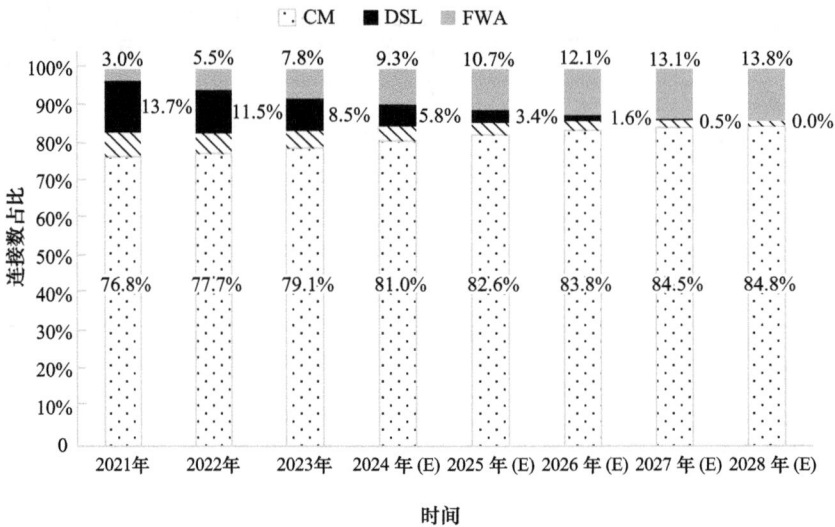

图 6.3 印度尼西亚固定宽带技术线路连接规模占比 [1]

3. 政府鼓励外资投资光纤等通信基础设施建设，为中国企业进入印度尼西亚市场提供契机

近几年印度尼西亚政府大力推动光纤、国际海缆等通信基础设施建设，但受限于复杂的宏观经济因素及当地运营商的资金实力，政府想在全国范围内快速拓展光纤等基础设施仍存在较大挑战，故印度尼西亚政府鼓励外资投资其光纤、5G 通信、国际海缆等基础设施建设，借助外资的力量快速提升宽带覆盖率和质量，以及国际的互联互通等，这为中国企业进入印度尼西亚信息通信市场提供了契机。例如，2016 年起，华为参与印度尼西亚光纤发展计划，携手当地运营商、系统集成商、房地产开发公司等共同推动印度尼西亚的光纤基础设施

---

[1] 数据来源：Omdia。

建设，增加光纤渗透率；华为与 Telkom 合作建设印度尼西亚首个 5G 智慧仓库和 5G 创新中心，于 2024 年 3 月揭幕。

4. 市场呈现"一家独大"的竞争格局，市场抢占难度大

印度尼西亚宽带运营商以 Telkom、Linknet 和 MNC Vision Networks 三家为主，Telkom 在固定宽带市场也占据绝对竞争优势，2023 年固定宽带连接规模市场份额达到 81.1%，经营固定宽带类型包括光纤、x 数字用户线（xDSL）和 FWA，预计未来几年市场份额还将持续提升，至 2030 年将占市场总份额的 83.3%，如图 6.4 所示。Linknet 是印度尼西亚高速宽带互联网服务商，为印度尼西亚用户提供固定宽带、付费电视业务，其固定宽带业务仅限光纤宽带。MNC Vision Networks 作为一家媒体公司，于 2014 年正式在印度尼西亚推出光纤入户业务，主要为用户提供光纤宽带和 IPTV 服务，为印度尼西亚固定宽带市场第三大服务商，约占 2.5% 的市场份额。

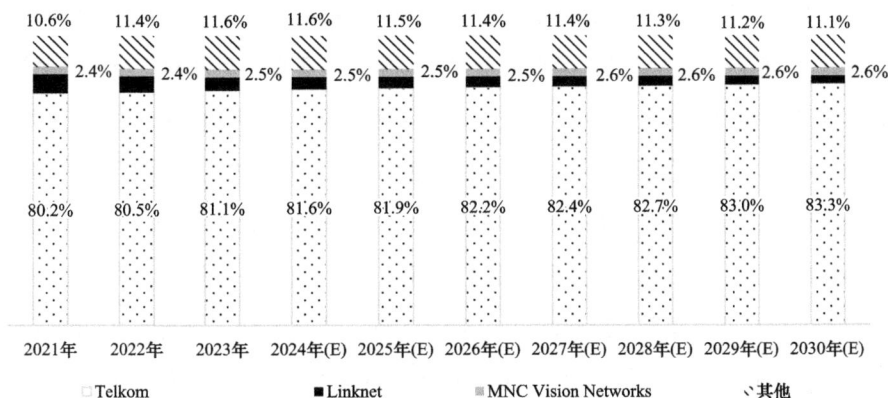

	2021年	2022年	2023年	2024年(E)	2025年(E)	2026年(E)	2027年(E)	2028年(E)	2029年(E)	2030年(E)
其他	10.6%	11.4%	11.6%	11.6%	11.5%	11.4%	11.4%	11.3%	11.2%	11.1%
MNC Vision Networks	2.4%	2.4%	2.5%	2.5%	2.5%	2.5%	2.6%	2.6%	2.6%	2.6%
Telkom	80.2%	80.5%	81.1%	81.6%	81.9%	82.2%	82.4%	82.7%	83.0%	83.3%

□ Telkom　　■ Linknet　　▩ MNC Vision Networks　　⬚ 其他

图 6.4　印度尼西亚固定宽带连接规模市场份额 [1]

6.2.3　数字经济

1. 数字经济迅猛发展，印度尼西亚或将全面进入数字时代

印度尼西亚是东南亚范围内的最大经济体，自 2020 年新冠疫情暴发以后，

---

[1]　数据来源：GSMA。

印度尼西亚数字经济迅猛发展，数字银行、数字保险、电子支付等金融服务越来越被公众接受和采用，数字健康和数字教育也正在普及，印度尼西亚数字经济具有长期发展前景。2023 年 11 月，印度尼西亚经济统筹部长艾尔朗加·哈尔塔托表示，印度尼西亚 2023 年数字经济价值有望达到 800 亿美元，超过 2022 年的 770 亿美元，占东南亚 6 国数字经济总规模的 43%，增长速度达 22%。得益于当地中产阶级崛起、高速数字化和富有弹性的经济增长能力，预计至 2026 年，印度尼西亚数字经济规模将增长至 1,108 亿美元，复合年均增长率为 13%。此外，据印度尼西亚通信与信息部（2025 年 3 月更名为通信与数字化部）介绍，2020 年该国数字经济产值对 GDP 的贡献率为 4%，预计到 2027 年，数字经济的市场规模将占到印度尼西亚整体 GDP 的 14% 左右。

2. 发展面临基础设施瓶颈和人才瓶颈，数字技术和基础设施建设为我国和印度尼西亚带来更多合作机会

印度尼西亚数字经济面临基础设施和人力的挑战。如印度尼西亚互联网的普及率虽然正在迅速增长，但受限于基础设施建设不足，互联网普及率仍然较低，且不同区域数字化水平差异较大，印度尼西亚的数字化发展进程依然面临较大障碍。印度尼西亚国有企业部长艾瑞克表示，为了推进印度尼西亚的数字化发展，国有企业部正通过 Telkom 专注于开发数字基础设施，包括光纤、5G 通信、数据中心和云等，以优化技术和数字化的商业潜力。此外，还通过吸引外资和国际合作来强化数字基础设施建设，如与中兴通讯、华为合作，推动印度尼西亚数字化转型进程；吸引阿里巴巴、腾讯等中国互联网大厂在印度尼西亚建设大型数据中心等。随着"一带一路"倡议和印度尼西亚全球海上支点战略的不断深化，未来两国将在数字领域有更大的合作空间。

3. 电子商务仍然是印度尼西亚数字经济的最大增长动力，将成为印度尼西亚经济发展的主动脉

中金公司报告 [1] 显示，新冠疫情期间，电商服务将成为拉动东南亚地区

---

[1] 中金公司，《东南亚数字经济初探》。

数字经济增长最重要的驱动力，2019—2021 年，东南亚整体电商市场复合年均增长率达 64%，市场规模达 1,201 亿美元，预计到 2026 年，将以 13% 的复合年均增长率增长至 2,182 亿美元。印度尼西亚作为东南亚市场的经济支柱，占据东南亚市场的半壁江山，电商市场也将占印度尼西亚数字经济的最大份额，预计将从 2021 年的 530 亿美元增长到 2026 年的 954 亿美元，复合年均增长率为 12%。此外，2021—2026 年，预计电商服务周边行业也将得到进一步发展，网约车会保持较强劲的增长态势，从 15 亿美元的低基数增长至 58 亿美元，复合年均增长率为 31%；外卖市场继续正常化增长，预计将达到 96 亿美元，复合年均增长率为 12%；电子支付市场仍处于起步阶段，但在政府的推动下正在迅速发展，电子支付的支付总额可能达到 925 亿美元，复合年均增长率为 27%。

4. 以通信基础设施建设为起点，中国企业在印度尼西亚数字经济领域出海实践百花齐放

随着印度尼西亚数字经济的逐步繁荣，其数字经济市场再次受到中国资本的青睐。中国企业以华为、中兴通讯等科技大厂为代表，最早聚焦于通信基础设施建设，逐步拓展至电子商务、物联网、人工智能技术研发、云平台搭建、区块链服务、数字支付服务、在线娱乐服务等众多行业，整体呈现百花齐放的出海局面。中国企业不仅与印度尼西亚政府在通信基础设施建设、DICT 数字技术等方面开展合作，实现对印度尼西亚的技术输出，还通过与当地企业和大学建立联合培训课程等方式，为印度尼西亚培养数字人才。如华为与印度尼西亚运营商 Telkom 签署 5G City 联合创新合作备忘录，共同开展 5G 最新技术和应用的研究验证及部署，共同探索 5G 2B 业务；与 Indosat 签署了 IP 网络联合创新合作备忘录，共同开展 SRv6 技术的验证及复制推广，共同合作促进 SRv6 规模商用，加速向自动化、智能化网络架构的转型；打造华为云印度尼西亚 Region，为数字印度尼西亚打造云底座；与著名的万隆理工学院建立了 ICT 培训中心，为印度尼西亚学生和研究人员提供互联网协议方面的培训等。

6.2.4　信息通信及数字经济发展政策

1. 印度尼西亚政府鼓励数字经济发展，以数字基础设施建设为重点

为加速数字化转型进程，印度尼西亚政府加大对数字基础设施领域的投资。据印度尼西亚财政部统计，2019—2022 年，在数字基础设施领域的国家预算投资额达 75 万亿印尼盾（约合 52 亿美元）[1]。印度尼西亚通信与信息部重点推动的数字基础设施项目包括：国家数据中心项目、国家海缆项目（Palapa Ring）、偏远农村网络覆盖项目、高吞吐率卫星通信（SATRIA-1 和 SATRIA-2）项目以及 5G 应用等。另外，印度尼西亚政府持续出台多项政策和举措，指引和规范经济、教育、金融、交通、医疗卫生等各领域的数字化转型，加速数字经济发展。如印度尼西亚旅游与创意经济部从 2021 年开始，通过与电商平台合作，向入驻平台的中小微企业提供补贴，也鼓励民众线上购物；与教育部联合，搭建线上教学平台，为旅游、餐饮等服务行业和 IT 行业从业人员提供线上培训课程，帮助他们应对疫情冲击并提高从业技能。印度尼西亚新首都的建设也将更加注重数字技术的落地。

2. 不断提升数字经济发展战略高度，多政策鼓励和明确数字经济发展目标和路径

由于印度尼西亚数字经济发展尚处于起步阶段，故相关政策以明确发展方向和重点发展举措为主，总体趋势为不断提升数字经济发展的战略定位，积极鼓励数字经济发展，如表 6.4 所示。印度尼西亚 2021 年发布的《2021—2024 年数字印度尼西亚路线图》明确加快数字化转型的重点事项；2022 年发布的《2023—2045 年印度尼西亚数字产业发展总体规划》明确数字化发展战略和关键举措，为印度尼西亚数字转型、人才培养、技术培育等提供方向和依据；2023 年重新修改的《2045 年黄金印尼愿景》将数字经济纳入建设经济强化的三大核心举措之中，进一步提升数字经济发展的战略定位。随着数字化转型的不断深化，未来将会有更多的监管细则出台，以引导和规范数字经

---

[1]　数据来源：中华人民共和国商务部，《对外投资合作国别（地区）指南：印度尼西亚（2023年版）》。

济行业的发展。

表 6.4　印度尼西亚数字经济领域重要政策

年份	政策名称	政策目的和主要内容
2021 年	《2021—2024 年数字印度尼西亚路线图》	包括 6 个战略方向、10 个重点领域，涵盖至少 100 项主要举措，涉及数字旅游、数字贸易、数字金融服务、行业数字化和政府机构数字化等内容，以实现数字经济的包容性发展
2022 年	《2023—2045 年印度尼西亚数字产业发展总体规划》	包含旨在支持数字化转型的战略和举措，以支持该国的数字化转型，包括数字化技术和能力培育、人才培养等
2023 年	《2045 年黄金印尼愿景》	将数字经济、新基建、出口贸易作为建设经济强国的重要手段

6.3　信息通信市场机会表现

6.3.1　总体表现

印度尼西亚市场属于"战略驱动型"市场，如图 6.5 所示。印度尼西亚在信息通信和数字经济领域存在巨大机遇，中国信息通信企业可借共建"一带一路"政策东风，紧抓印度尼西亚数字化转型风口，积极进入。

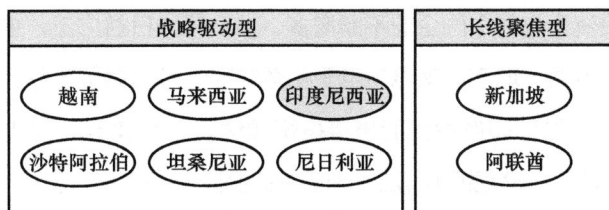

图 6.5　印度尼西亚信息通信市场机会类型

印度尼西亚作为世界第四大经济体、东盟第一大经济体，市场空间巨大且是我国拓展中东及西欧的关键要道。 印度尼西亚在国土面积、经济规模、人口规模等方面都具有明显优势。同时，印度尼西亚作为连接太平洋与印度洋、亚洲与大洋洲之间的枢纽，又处于全球能源中心——中东地区与全球新兴经济区之间的中轴线上，扼守了中国、日本、韩国三国通往中东及西欧的交通要道，成为海上丝绸之路的第一道关卡，是我国"一带一路"共建重要的合作国家。加之恰逢印度尼西亚数字经济快速发展，存在巨大的通信基础设施建设、数字技术及数字人才需求，为中国信息通信企业进入相关市场提供契机。中国信息通信企业在印度尼西亚的拓展契合"一带一路"共建和印度尼西亚建设"海洋支点"战略，也是深化两国合作的重要支点和推动力。

6.3.2　具体分析

特征一：印度尼西亚与我国在文化、经贸及外交领域均展现出较高的契合度，双方战略定位持续升级

文化方面，印度尼西亚作为除中国外，全世界华人数量最多的国家，其华人数约占总人口的 5%，因此在诸多社会文化方面受中华文化的影响，存在一定程度的文化融合。如在印度尼西亚许多城市，春节也作为法定节日。**外交方面**，我国和印度尼西亚自 2005 年建立战略合作伙伴关系，2013 年升级为全面战略伙伴关系，2021 年 6 月建立高级别对话合作机制，2022 年就共建中国、印度尼西亚命运共同体达成共识。**经贸方面**，我国在印度尼西亚对外经贸关系中占有重要地位，近年来双边投资贸易合作呈快速上升的趋势。2023 年，我国是印度尼西亚最大的贸易伙伴、最大的出口目的国和进口来源国。**投资方面**，到印度尼西亚寻求投资合作的中国企业不断增多，涉及领域日益广泛，主要领域包括矿冶、农业、电力、地产、家电与电子和数字经济等。据印度尼西亚投资部统计，2022 年，我国对印度尼西亚直接投资额达 82.3 亿美元，同比增长 160%，创历史新高，位列印度尼西亚第二大外资来源国。

特征二：印度尼西亚总体发展环境欠佳，但其数字经济发展的迫切需求推动了市场的开放，对中国企业既是挑战也是机遇

基础设施方面，印度尼西亚虽在"一带一路"共建国家中的基础设施建设相对成熟，但相较于数字化高速发展的需求，其基础设施的建设仍为数字经济发展掣肘的关键因素。加之政府及电信企业的资金限制，印度尼西亚积极鼓励外资进入，协同印度尼西亚政府及企业一同强化数字经济的基础设施建设，这为外资进入印度尼西亚信息通信市场打开缺口。**经贸方面**，印度尼西亚金融市场较为开放，为外商投资提供了便利条件。**监管方面**，印度尼西亚对电信市场进入仍有一定的股权比例限制，但近年来呈逐步放宽的趋势，允许外资持股的比例在不断提升。同时，由于印度尼西亚数字经济仍处于初期，各类监管政策尚不完善，故综合看来，外资企业进入印度尼西亚市场既是挑战也是机遇。

特征三：印度尼西亚信息通信市场空间巨大，市场尚未成熟，市场潜力依然可观，但竞争壁垒导致市场抢占存在一定难度

市场规模方面，印度尼西亚 GDP 规模全球排名第 17 位，且多年保持 5% 左右的良性增长，加之人口规模庞大，为世界第四大人口国，这为信息通信市场发展奠定了良好的经济和人口基础。**市场成熟度和市场潜力方面**，印度尼西亚 4G 网络普及率较高，但主要集中在发达城市，移动通信市场收入规模仍有增长潜力；宽带普及率低，预计固定宽带用户规模将保持快速增长，2023—2028 年复合年均增长率约为 5.1%。**市场竞争方面**，印度尼西亚移动通信市场、固定宽带市场分别呈现出"一超多强""一家独大"的竞争格局，行业壁垒相对较高，外资抢占存在一定难度。

6.4　信息通信市场机遇拓展总结

6.4.1　国际化拓展机会与风险

总结以上印度尼西亚信息通信市场机会与风险，如表 6.5 所示，通过多方面综合判断，整体上认为印度尼西亚信息通信市场机会大于风险，是值得重点考虑的拓展目标。

宏观环境层面，近年来印度尼西亚宏观经济一直保持良性增长，其数字经济加速进入快速发展期，印度尼西亚政府积极鼓励外资进入，一同推动印度尼西亚的数字经济发展。我国作为数字经济大国，与印度尼西亚构建战略合作伙伴关系近 20 年，两国高度重视在数字经济方面的合作和交流，京东、腾讯、阿里巴巴和华为等中国企业在政策鼓励下，也主动参与到中国—印度尼西亚数字经济产业合作中去，纷纷开启了对印度尼西亚数字经济领域的投资，中国—印度尼西亚数字经济产业合作未来发展前景持续向好。

行业发展层面，人口基数庞大的印度尼西亚信息通信市场发展尚不成熟，移动通信覆盖不均衡、宽带渗透率低、网络质量差等问题依旧明显，基础设施不足严重制约着通信甚至是整个数字经济的发展，信息通信业尚存在有待挖掘的较大发展空间。中国企业凭借雄厚的资金实力、领先的技术水平可以有效带动印度尼西亚信息通信业突破基础设施和人才发展的瓶颈，加速向前发展。

政策监管层面，印度尼西亚信息通信业虽然对外资进入有一定限制，但是限制条件在不断放宽，持股比例由原来的不足 50% 提升至 90% 以上，且对于满足条件的企业，也会提供税收优惠等政策。同时，政府明确提出鼓励外资投资印度尼西亚的光纤、5G 通信等基础设施建设，为中国企业进入印度尼西亚市场奠定了政策基础。

表 6.5　印度尼西亚信息通信市场机会与风险情况判断

机会	风险
● 政局总体稳定，政府重视扩大投资。 ● 经济增长前景看好，市场潜力大。 ● 两国关系长期友好，有合作基础。 ● 人口数量大且偏向年轻化。 ● 营商环境近几年明显提升。 ● 金融市场开放。 ● 劳动力规模大、成本低。 ● 政府重视信息通信业及数字经济，属于政策倾斜产业（引进外资、税收优惠等）。 ● 信息通信领域欢迎外资和私人资本，市场开放程度较高。 ● 信息通信业处于高速增长期。 ● 信息通信业客观上存在快速发展建设需求，包括移动通信、固定通信、数字经济等相关领域	● 短期通胀高企，持续时间有待确认。 ● 政府和官僚体系复杂，廉政状况欠佳。 ● 多民族国家，社会文化多样复杂。 ● 存在自然灾害风险。 ● 劳动力受教育程度低，数字化人才缺乏。 ● 基础设施建设不足，制约数字经济发展。 ● 保护当地劳力资源，对外籍劳工引入有严格限制。 ● 竞争格局较稳定，几个主要运营商已扎根多年、形成竞争优势。 ● 信息通信业属强监管行业，需关注合规风险

6.4.2 综合建议

综上，需要对印度尼西亚信息通信市场保持积极关注，寻求合作与拓展机会，提出如下建议。

一是利用互联网治理论坛、"一带一路"国际合作高峰论坛、印度尼西亚—中国数字合作交流论坛等平台，加强与印度尼西亚有关部门高层次、多维度的合作交流，做好印度尼西亚市场投前了解、筛选和沟通。

二是发挥自身全产业链优势，同印度尼西亚共同建设卫星通信、光纤光缆等基础设施，同时充分利用自身科技领先优势，加强双方在大数据、人工智能、物联网及 5G 基站建设等领域的全方位合作，助力印度尼西亚数字信息化基础设施建设。

三是通过和当地公司合作等方式，推动进军印度尼西亚的中国信息通信企业的当地化发展，加速对当地用户和国家监管机构的了解，从而更快速、更直接地切入印度尼西亚市场并实现长期立足。

四是积极关注当地发展迅速且市场空间较大的数字经济产业，如针对电商、网约车、外卖等垂直行业的数字化发展需求，精准输出 DICT 能力，打造符合当地需求的 DICT 服务和产品；依托当地华人的文化影响力，带动如移动支付、短视频等产品出海。

五是提升企业经营行为与操作流程的规范性，以印度尼西亚当地的产业经营监管规则与体系规范为基准，提升合规经营意识和能力、完善合规经营体系、坚守合规经营底线，提高中国信息通信企业出海的适应性。

第 7 章

阿联酋国别研究及机遇拓展

国家基本信息			
加入共建"一带一路"时间：2015 年 4 月			
经济环境			
GDP 规模 / 亿美元	4,461.26	全球 GDP 规模排名	30
人均 GDP/ 美元	46,877.43	人均私人消费 / 美元	15,499.15（2020 年）
社会环境			
人口规模 /100 万人	9.52	人口年龄中位数 / 岁	31.23
基尼系数	26.4%（2018 年）	居民通电率	100%
科技环境			
电信业务总量 / 亿美元	99.94	数字经济占 GDP 比重	低于 30%（2022 年）
4G 网络渗透率	115.37%	固定宽带渗透率	90.6%

7.1 国家概况

7.1.1 经济环境

1. 人均收入水平较高，是中东地区最富裕的国家之一，看好未来发展前景

阿联酋经济发展水平领先，且保持良好增长态势。第一，阿联酋经济发展水平在中东地区处于领先位置，据世界银行统计，2023 年，阿联酋全国 GDP 为 4,461.26 亿美元，是海湾国家中第二大经济体，经济增长率达 3.4%，实现稳步增长，如图 7.1 所示；人均 GDP 为 46,877.43 美元，与高收入国家水平相当，是世界上最富裕的国家之一[1]。第二，未来阿联酋经济将保持增长趋势，IMF 数据显示[2]，阿联酋实际 GDP 将在 2024 年增长 4%。阿联酋中央银行同样持乐观态度，由于石油行业的表现有所改善，2024 年 9 月，阿联酋中央银行将该国 2024 年 GDP 增长率预测从之前的 3.9% 上调至 4%。得益于阿联酋在一系列双边全面经济伙伴关系协定支持下实施的多元化战略，阿联酋中央银行预测该国 2025 年 GDP 增长率将达到 6%。

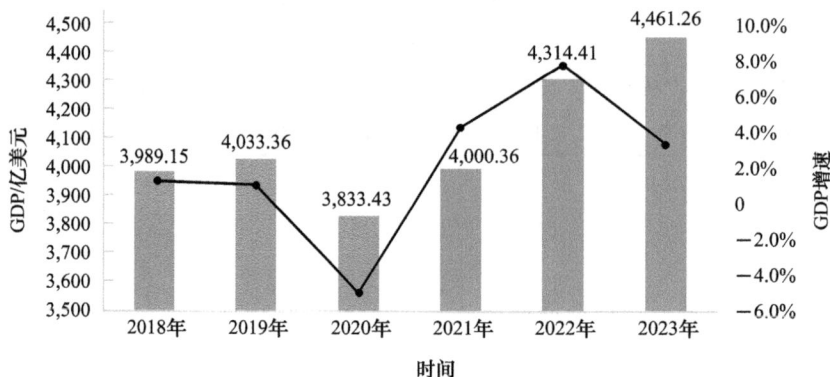

图 7.1 阿联酋 GDP 总量及增速情况[3]

---

[1] 参考世界银行 2023 年统计数据，国家 GDP 及人均 GDP 均采用 2015 年不变价美元数值。据世界银行数据，高收入国家 2023 年人均 GDP 约为 40,852.7 美元。

[2] 数据来源：IMF，《2024 年 10 月世界经济展望》。

[3] 数据来源：世界银行。

2．产业结构单一，正积极推进产业转型进程

石油产业是阿联酋的支柱产业，近年来产业结构转型进程加速推进。第一，石油和天然气产业是阿联酋重要的支柱产业，巨额稳定的石油收入是阿联酋财政收入的主要来源，阿联酋油气产业占 GDP 比重约为 30%[1]。第二，阿联酋政府近年来积极推进经济多元化和能源转型，加快促进产业转型升级，着力推动石化冶金、加工制造、新能源、金融、旅游等产业的发展，非油气产业 GDP 占比不断提升，后疫情时代阿联酋国家战略已明确将医疗医药、农业食品、高新技术等作为新的经济增长点。阿联酋经济部长多次公开表示[2]，阿联酋已在清洁能源领域投资额超过 400 亿美元，未来 30 年计划追加投资额超过 1,600 亿美元。

3．经济对外依赖性较高，未来非石油领域贸易额将继续增长

阿联酋经济开放程度高，地理位置优越，是典型的外向型经济体。出口产品以矿物燃料、矿物油为主，进口产品以天然或养殖珍珠、宝石或半宝石为主；贸易伙伴主要为中国、沙特阿拉伯、印度、美国，其中我国是阿联酋最主要的进口来源地之一。未来，阿联酋聚焦非石油领域，相关贸易额将会进一步增长。数据显示，2023 年阿联酋非石油对外贸易额达到创纪录的 2.6 万亿迪拉姆[3]，随着阿联酋逐步深化从石油经济向知识经济的转型，预计贸易将进一步多元化，超越石油出口。

4．营商环境位居世界前列，利好政策密集释放

根据毕马威发布的《阿联酋营商指南》，阿联酋是全球投资者理想的商业地点，总体营商环境位居世界前列。阿联酋金融市场开放程度高，直接融资市场发达，已形成世界一流的金融体系和宽松的商业环境。同时，阿联酋拥有较好的税收政策，如迪拜政府简化行政手续，减免关税费用等。阿联酋政府也出台了一系列推动经济开放的政策，如允许外国投资者拥有在岸公司 100% 的所有权，实行更加灵活的签证政策等，以吸引更多投资和人才。未来其政府还将

---

[1] 根据中华人民共和国商务部及世界银行公开数据测算。

[2] 资料来源：中华人民共和国商务部。

[3] 数据来源：阿联酋通讯社。

采取更多措施改善营商环境，鼓励外资流入。国际管理咨询公司科尔尼发布的《2023 年外商直接投资信心指数》指出，外国投资者对阿联酋的发展前景持乐观态度 [1]。

7.1.2 社会发展

1. 年轻人口较多且国民教育水平较高，拥有丰富的劳动力资源

阿联酋人口结构较为年轻，拥有丰富的劳动力资源和高质量的互联网用户基础。2023 年，阿联酋人口年龄中位数为 31.2 岁，15 ～ 64 岁青壮年人口占比达到 83%，劳动人口占比约 70%。人口结构相对年轻，劳动力资源相对丰富，且人口集中在阿布扎比、迪拜、沙迦等 3 个酋长国 [2]。阿联酋劳动力成本较高，月平均薪酬约为 5,341 美元 [3]，与周边国家相比处于高位水平。阿联酋重视发展教育事业和培养本国的科技人才，为国民提供从幼儿园到大学各阶段的免费教育，整体国民教育水平较高，形成了高质量的互联网用户基础。

2. 民族宗教关系和谐，社会秩序稳定良好

一方面，阿联酋作为宗教国家，绝大多数国民信仰伊斯兰教，多数属逊尼派，国家文化包容性较强，八成以上常住人口为外籍人员，民族宗教关系和谐，冲突较少。另一方面，阿联酋社会治安总体较好，刑事暴力、恐怖袭击类案件少有发生。首都阿布扎比已连续 6 年被评为全球最安全城市，沙迦、迪拜也名列前茅 [4]。

7.1.3 科技发展

1. 科技发展水平领先，具备全球竞争能力

根据 WIPO 公布的《2024 年全球创新指数》报告，阿联酋的创新能力在

---

[1] 资料来源：中华人民共和国国家发展和改革委员会。

[2] 数据来源：中华人民共和国商务部，《对外投资合作国别（地区）指南：阿联酋（2023 年版）》。

[3] 数据来源：中国国际贸易促进委员会，《企业对外投资国别（地区）营商环境指南—阿联酋（2022）》。

[4] 同 [2]。

北非和西亚地区排名第 2 位。据 IMD 的《2024 年世界竞争力年报》数据显示，阿联酋在 2024 年世界竞争力榜单中位居第 7 位。

2. 科技是国家战略重心，未来将大力扶持科技发展

近年来，阿联酋愈加重视经济多元化发展，减少对油气资源的依赖，重点发展人工智能、物联网、区块链、无人驾驶等前沿技术，鼓励外资企业参与其经济转型进程，人工智能、数字经济已成为阿联酋吸引外国投资的新领域。由于贸易壁垒极小，阿联酋是服务于中东北非地区的跨国企业的首选地点，间接拉动了阿联酋整体 ICT 行业的服务需求。同时，阿联酋在航空航天领域也进行了大量投资，是阿拉伯国家里第一个开展火星探测任务的国家，已设立重力、星系、火星探索等专项扶持计划。

7.2 信息通信业发展现状及趋势

整体来看，阿联酋信息通信业水平处于全球领先梯队，移动通信市场 5G 商用进程推进时间早，智能手机普及率、移动互联网普及率高，境内拥有两家国有运营商；固定通信网络速率全球领先，ARPU 位于全球绝对领先水平；伴随阿联酋政府对数字化转型的大力投入，数字经济也逐步迈入高速发展轨道。

7.2.1 基础通信行业——移动通信

1. 发展水平区域领先，ARPU 位居世界前列

阿联酋移动通信市场在中东地区乃至全球均处于较为领先的发展水平。发展阶段来看，阿联酋移动通信市场在中东处于领先位置，该国分别在 2011 年、2019 年率先推出 4G、5G 服务，4G 商用进程西亚地区领先，是西亚地区第一个推出 4G 服务的国家，5G 商用进程更是达到全球前列水平，是西亚地区第一个、全球第四个推出 5G 服务的国家。2023 年，阿联酋 5G 用户渗透率达 37.4%，遥

遥领先于其他中东国家（中东地区整体 5G 用户渗透率为 11%）[1]。市场情况来看，阿联酋移动通信市场规模较大，ARPU 水平处于全球领先梯队，Omdia 数据显示，2023 年，阿联酋移动通信市场规模约为 47.14 亿美元，是西亚地区第二大的移动通信市场（第一为沙特阿拉伯，市场规模约为 126.12 亿美元）；阿联酋移动 ARPU 达 19.34 美元，处于西亚地区第一梯队；截至 2023 年，阿联酋移动连接规模实现 2,061.2 万户，并拥有较高的智能手机普及率 [2]。

2. 拥有坚实的基础设施底座，具备高渗透率、高覆盖率的特点，是较为成熟的移动通信市场

　　阿联酋作为西亚地区领先的移动通信市场，已有较好的网络及用户基础，多个维度指标均表现良好。网络覆盖方面，已建成完善的 5G 网络，2019 年 5 月，5G 正式在阿联酋商用，是中东地区第一个、全球第四个推出 5G 服务的国家。阿联酋电信和数字政府监管局（TDRA）统计显示，阿联酋约有 7,000 座 5G 基站，每万人 5G 基站约为 7 个 [3]；截至 2022 年，GSMA 统计显示阿联酋 5G 网络覆盖率已达到 94%，预计 2025 年底，阿联酋 5G 网络将覆盖所有居民区 [4]。连接规模方面，5G 用户规模仍有提升空间，Omdia 数据显示 [5]，2023 年阿联酋移动连接规模达 2,061.2 万户。其中，4G 用户规模约 1,070.2 万户，超过总连接规模的 50%；5G 用户规模约 771 万户，5G 用户占比约 37.4%，预计 2024 年 5G 用户占比将提升至 49.2%。网络渗透方面，阿联酋网络渗透程度较高，2022 年 4G 用户渗透率为 107.18%，5G 用户渗透率为 33.62%，智能手机渗透率为 177.45%[6]，大部分用户拥有多台智能接入设备。网络质量方面，阿联酋已建设

[1] 数据来源：Omdia，*Mobile Subscription and Revenue Forecast - 1Q24*。

[2] 资料来源：中华人民共和国商务部《对外投资合作国别（地区）指南：阿联酋（2023 年版）》。

[3] 数据来源：TDRA，《阿联酋 5G 产业数字化白皮书》（*White Paper: 5G Roles in Industry Digitalization in the UAE*）。

[4] 资料来源：中华人民共和国商务部。

[5] 同 [1]。

[6] 数据来源：GSMA。

了高速的移动网络。全球知名网络质量评测机构 Ookla 2024 年 5 月公开数据显示,阿联酋移动网络下载速率中位数为 309.77 Mbit/s,全球排名第 2 位,仅次于卡塔尔,其中阿联酋两家运营商(Etisalat、du)5G 下载速率中位数分别达到680.88 Mbit/s、453.97 Mbit/s。

3. 移动通信市场呈现双寡头垄断局面,阿联酋电信处于绝对领先位置

作为中东地区乃至全球发展领先的市场之一,阿联酋移动通信市场仅有政府控股的两家运营商,形成双寡头垄断的局面,市场自由化程度较低。具体来看,阿联酋最大的电信运营商 Etisalat 成立于 1976 年,阿联酋政府持有 60% 股份,总部位于阿布扎比,2024 年入围福布斯全球企业 2000 强榜单第 473 名。截至 2023 年,Etisalat 本土用户规模达 1,255.9 万户,其中,5G 用户规模为514.7 万户,5G 用户渗透率实现 41%。第二大电信运营商 du 成立于 2005 年,总部位于迪拜,阿联酋投资局控股 50.1%,截至 2023 年,用户规模为 855.4 万户,其中,5G 用户规模为 261.3 万户,5G 用户渗透率为 30.5%,如表 7.1 所示。

表 7.1 阿联酋移动通信市场运营商发展情况对比(**2023 年**)[1]

指标	Etisalat	du
营收 / 亿迪拉姆	322.47	136.36
EBITDA[2] / 亿迪拉姆	166.91	58.0
用户总规模 / 万户	1,255.9	855.4
4G 用户规模 / 万户	5,890.0	509.0
5G 用户规模 / 万户	514.7	261.3
移动用户市场份额	59.5%	40.5%
移动 ARPU / 美元	20.54	15.46
总资产 / 亿迪拉姆	820.07	177.03
市值 [3] / 亿迪拉姆	1,967.2	233.90
政府控股比例	60%	50.1%

[1] 数据来源:Etisalat 官网、du 官网、迪拜金融市场、阿布扎比证券交易所、Omdia 等。

[2] EBITDA:税息折旧及摊销前利润。

[3] 2023 年 6 月 5 日收盘市值,数据来源:阿布扎比证券交易所、迪拜金融市场。

续表

指标	Etisalat	du
主要业务	移动服务、宽带服务、互联网电视、移动支付、云、物联网和人工智能、安全等	移动服务、宽带服务、云、安全、数据中心等
海外业务覆盖国家及地区	阿富汗、巴基斯坦、沙特阿拉伯、埃及、摩洛哥、乍得、中非共和国、尼日尔、马里、毛尔塔尼亚、布基纳法索、贝宁、科特迪瓦、多哥、加蓬等	—

7.2.2 基础通信行业——固定通信

1. 固定宽带市场发展成熟，网络速率领跑全球

纵观整个中东和非洲地区，阿联酋在固定宽带普及和网络速率等方面均处于领先位置，经过阿联酋电信局近几年在电信基础设施方面的巨额投资，阿联酋固定通信市场成功迈入成熟发展期。联合国《2024 年电子政务调查》（*E-Government Survey 2024*）报告显示，阿联酋在"电信基础设施"（TII）指数方面得分 1.0，位于全球首位。Ookla 2024 年 5 月统计数据显示，阿联酋宽带下载和上传速率分别达到 272.9 Mbit/s 和 124.61 Mbit/s，宽带网络速率在全世界排名前列，远超全球中位数（全球下载和上传速率的中位数分别为 93.67 Mbit/s 和 46.5 Mbit/s）。

2. 宽带服务渗透率处于全球第一梯队，ARPU 实现全球最高

2023 年，Omdia 数据显示[1]，阿联酋固定宽带市场收入实现 31.5 亿美元，固定宽带渗透率达 90.6%，处于世界领先水平。阿联酋宽带网络连接主要以 Etisalat 和 du 公司提供的光纤网络为主，2023 年，光纤渗透率已经达到了 82.5%，领先于全球 69.3% 的渗透率。值得注意的是，2023 年，阿联酋宽带用户 ARPU 为 135.03 美元，是全球宽带 ARPU 第一高的国家。

---

[1] 数据来源：Omdia，*Total Fixed Broadband Subscription and Revenue Forecast - 1Q24*。

但是，阿联酋宽带市场也面临逐步饱和的发展困境。数据预测，2023—2028 年，阿联酋宽带市场收入复合年均增长率仅为 2.5%，宽带用户规模复合年均增长率约 3.3%，伴随着宽带 ARPU 的缓慢下滑（五年复合年均增长率为 -1.1%）[1]，阿联酋宽带市场或将面临市场红利见顶的发展难题。

7.2.3 数字经济

1. 数字经济发展水平快速提升，发展前景广阔，中国企业入局窗口期来临

阿联酋数字经济快速发展，市场规模有较大提升空间。阿联酋 2022 年数字经济规模达 380 亿美元，占 GDP 比重约为 9.7%，预计 2031 年将突破 1,400 亿美元，占 GDP 比重提升至 19.4%，实现约 14% 的复合年均增长率，数字经济市场规模在未来拥有较大成长空间 [2]。同时，《全球数字经济发展指数报告（ TIMG 2023 ）》指出 [3]，阿联酋在数字治理指数中位列"一带一路"共建国家第 3 位 [4]，在全球总指数排名中位列第 17 位 [5]，是前 20 名中唯一的海湾国家，除中国外唯一的发展中国家，阿联酋数字经济发展水平已位居全球前列。以上可见，阿联酋数字产业对 GDP 贡献率虽有待提升，但整体增速较快，发展水平较高，未来有较大发展空间，整体发展呈向好趋势，是中国企业较优质的出海机会。

---

[1] 数据来源：Omdia，*Total Fixed Broadband Subscription and Revenue Forecast - 1Q24*。

[2] 数据来源：根据驻阿拉伯联合酋长国大使馆经济商务处披露数据测算。

[3] 资料来源：中国社会科学院金融研究所、中国社会科学院国家金融与发展实验室、中国社会科学出版社联合发布。TIMG 指数为数字技术（Technology）、数字基础设施（Infrastructure）、数字市场（Market）、数字治理（Governance）。

[4] 数字治理指数中前 9 名的国家依次为新加坡、芬兰、丹麦、美国、新西兰、英国、瑞士、荷兰、阿联酋。其中，已与中国签订共建"一带一路"合作文件的国家有新加坡、新西兰、阿联酋。

[5] TIMG 总指数排名前 20 的国家依次为美国、新加坡、英国、德国、荷兰、日本、法国、中国、瑞士、韩国、芬兰、加拿大、瑞典、澳大利亚、丹麦、比利时、阿联酋、挪威、爱尔兰、以色列。

2. 积极投建数字基础设施，发展水平已在区域内领先

近年来，阿联酋在数字基础设施建设领域快速发展，建设成效显著。《全球数字经济发展指数报告（TIMG 2023）》指出，阿联酋在数字基础设施指数中排名上升较快，较 2013 年上升 38 位至第 17 名。华为发布的"全球联接指数"（GCI）[1] 也将阿联酋定位为数字化转型加速者中的第一名。此外，阿联酋也是 GCI 排名里中东北非地区排名最靠前的国家，可见其 ICT 基础设施发展水平已在区域内处于领先水平。

阿联酋已建成稳固的数字基础设施。5G 方面，阿联酋是阿拉伯地区第一个推出 5G 网络的国家，2023 年 5G 网络覆盖率达 98%[2]，并已启动采用 5G 网络对垂直行业的数字化转型行动[3]；数据中心方面，阿联酋已建 38 个数据中心，在建数据中心超过 20 个。预计至 2029 年，阿联酋数据中心市场规模复合年均增长率可达 16.5%，参与厂商包括 Datamena、Equinix、Gulf Data Hub、Khazna 等[4]，是中东地区最大的数据中心枢纽之一。云计算方面，阿联酋云计算市场参与厂商包括 AWS、Azure、谷歌云、甲骨文、IBM、阿里云等，其中，软件即服务（SaaS）2022 年市场规模达 54.9 亿美元，到 2030 年预计复合年均增长率达 28%，云计算市场保持快速增长趋势。

3. 数字经济产业蓬勃发展，电商、金融科技成为主要发力领域

阿联酋作为中东北非地区数字经济发展领先的国家之一，在电子商务、金融科技、数字政府等领域迅速崛起。电子商务方面，阿联酋已拥有先进的物流服务，TDRA 数据显示，超过 59% 的人口每周使用电商平台进行消费，使用率排名中东地区首位。数据显示，阿联酋电商市场规模 2025 年预计突破 170 亿美

---

[1] 华为"全球联接指数"是一种 ICT 评估框架，可以衡量、分析、评估和预测多种联接趋势，以及联接对国家数字经济转型的影响和价值。该指数对全球 79 个国家现有的 ICT 联接水平和数字化转型程度进行对比分析，对全球数字经济发展进程进行评判。

[2] 数据来源：GSMA。

[3] 资料来源：中华人民共和国商务部。

[4] 资料来源：全球知名行研公司 Mordor Intelligence。

元[1]，主要电商平台包括亚马逊、Namshi[2]、Noon[3]。金融科技方面，英国《金融时报》统计数据显示，阿联酋的应用金融科技在中东和非洲地区遥遥领先（阿联酋总得分 7.21，沙特以 6.27 分排名第 2 位，巴林以 5.18 分排名第 3 位）[4]，Optasia、Tabby、YAP 等多家阿联酋上市公司、初创企业入围福布斯 2023 年中东地区前 30 名顶尖金融科技平台[5]。受益于电子商务、移动支付、NFC 支付的大量普及，2024—2028 年阿联酋支付行业的收入复合年均增长率预计达到15%[6]。数字政府方面，2021 年起，阿联酋鼓励政府部门使用统一数字平台，该平台可提供超过 90% 的公共服务。经过多年发展，阿联酋数字政务建设颇有成效。联合国《2024 年电子政务调查》报告显示，阿联酋的"电子政务发展指数"（EGDI）在 193 个联合国会员国中排第 11 位，较 2022 年排名上升 1 位。

4. 中国 DICT 企业在阿联酋市场已有诸多数字经济合作探索

中国 DICT 企业在阿联酋通信、金融科技、消费电子等领域已取得良好进展，且正积极开拓阿联酋新兴高科技市场。以华为、中兴通讯、联想为主的通信设备厂商中，华为已成为阿联酋电信业设备主流供应商，与 Etisalat 已达成战略合作伙伴关系并签署技术协议，与 du 已签署 MEC 联合创新合作备忘录，建设 5G 网络；联想集团与 Etisalat 合作推出 5G 快速部署解决方案，可满足对智能城市、物联网和工业 4.0 以及公共和私人安全网络等新用例的需求；中兴通讯也将中东地区总部建在迪拜国际金融中心，并与 Etisalat 合作推出阿联酋首款 5G 手机。以阿里巴巴为主的互联网科技厂商中，阿里云与迪拜 Meraas 集团自 2015 年起共同投资建设迪拜数据项目并成立合资公司，主要为中东北非地区的企业客户、政府客户提供以云计算为支撑的系统集成服务；支付宝也与阿联酋 Mashreq 银行达成合作伙伴关系，推广支付宝数字钱包在阿联酋的广泛应用。

---

[1] 数据来源：白鲸出海。

[2] 中东时尚电商平台，2022 年被 Noon 收购。

[3] 沙特阿拉伯电商平台。

[4] 资料来源：中华人民共和国商务部。

[5] 资料来源：福布斯中东榜单。

[6] 数据来源：阿联酋通讯社。

以中国电信、中国移动为主的电信运营商都已在阿联酋成立区域公司或分支机构，深化"一带一路"合作。我国 3 家传统运营商均成立了阿联酋子公司，其中，中移国际中东子公司已与 du 签署战略合作备忘录，并建立了深层次战略合作伙伴关系。

7.2.4　信息通信及数字经济发展政策

1. 政策导向推动数字经济加速发展，促进经济转型升级

阿联酋将数字经济作为经济转型和多样化发展的主要抓手，降低对石油经济的依赖程度，力促数字经济发展。2021 年起，阿联酋政府相继出台了数字经济顶层规划和相关立法，逐步完善支持数字经济发展的法律和政策，如表 7.2 所示。政策凸显了阿联酋高度重视数字经济发展，主动从石油主导经济向知识经济的转型，尤其在金融科技、电子商务等领域出台多个地方类、国家类利好政策，促进经济多元发展。

表 7.2　阿联酋数字经济创新政策一览 [1]

分类	主要政策
未来塑造和创新	《未来前沿战略》《国家领先技术战略》《国家人工智能战略 2031》
政务及数字化转型战略	《阿联酋数字政府战略 2025》《央行数字货币战略》《迪拜数字战略》《国家技术转化计划》《迪拜网络安全战略》《迪拜元宇宙战略》《阿布扎比电子商务战略》《迪拜数据战略》《迪拜区块链战略》

2. 投建打造 DICT 产业集群，人工智能为主要发力领域

近年来，发展数字经济是阿联酋探索经济发展新模式的重要途径，阿联酋已将发展数字经济作为重要的国家发展战略之一，预计未来十年内数字经济对 GDP 的贡献将从 9.7% 提升至 19.4%[2]。从阿联酋政府出台的数字经济相关

---

[1]　资料来源：根据阿联酋政府网站梳理。

[2]　数据来源：中华人民共和国商务部。

政策来看，数字政府、人工智能是其发力的主要领域，已形成《阿联酋数字政府战略 2025》《国家人工智能战略 2031》等数字国家相关战略，如表 7.3 所示。相关战略提出建设数据驱动的基础设施、构建人工智能人才培养计划等清晰的实施路径，推动数字经济健康有序发展。同时，凭借价值约 1.3 万亿美元的石油储备和主权财富基金，阿联酋已投建了多个专门从事 ICT 产业的自由贸易区，发展区域贸易、物流、旅游和数字中心，逐步形成高科技和创新的产业集群。

表 7.3　阿联酋数字经济相关政策 [1]

名称	目的与主要内容	达成目标
《阿联酋数字政府战略2025》（2023年更新）	八大维度 ● 包容 ● 数字弹性 ● 适应数字时代 ● 用户驱动 ● 数字化设计 ● 数据驱动 ● 数字开放 ● 积极性	2025 年前实现 ● 提供世界一流的数字基础设施，数字政务服务满意度达 90% 以上； ● 提供统一的数字平台，提供数字服务选项的验证服务实现 100% 普及； ● 提高数字化能力和技能水平，接受区块链、AI 等关键领域技能培训的政府工作人员数量超过 10%
《国家人工智能战略2031》（2019年发布）	八大目标 ● 建立阿联酋在人工智能领域的声誉 ● 通过发展人工智能提高阿联酋在重要产业领域的竞争力 ● 为人工智能建立孵化器 ● 在客户服务领域采用人工智能来提高人民生活水平和政府工作效率 ● 吸引和培训人工智能人才 ● 将世界领先的研究能力与目标行业结合 ● 提供数据驱动的基础设施以支持人工智能实验 ● 确保强有力的治理和有效监管	建立阿联酋在人工智能领域的领先地位，预计到 2030 年，人工智能将贡献近 14% 的 GDP（约 960 亿美元）

[1]　资料来源：根据公开资料汇总整理。

3. 监管政策逐步放宽，中国企业出海迎重大利好

阿联酋 ICT 行业的外资准入条件逐年放宽，不断加大对信息科技企业的吸引力度，对中国企业释放出积极信号。2019 年以前，阿联酋政府出台的《外商直接投资法》，将通信、金融等领域列入外商投资负面清单，完全禁止外商投资。2020 年，为了进一步吸引外商投资，阿联酋修改《商业公司法》并废除《外商直接投资法》，除"具有战略影响力"的行业以外，废除外商持股比例的限制。2021 年，阿联酋内阁明确"具有战略影响力"的行业清单，规定 TDRA 有权对在清单内的通信传播行业的外资持股比例修改具体限制，进一步放宽了 ICT 行业的准入条件。2022 年，阿联酋经济部启动下一代外国直接投资计划（NextGen FDI）的国家倡议，明确将通过电子商务、软件、IT 和数字基础设施、人工智能、机器人等关键领域吸引世界各地的数字化企业投资。

7.3 信息通信市场机会表现

7.3.1 总体表现

阿联酋市场属于"长线聚焦型"市场，如图 7.2 所示。阿联酋发展环境表现较好，但信息通信发展已较为成熟且更多依赖本土企业，中国信息通信企业需要找准切入点，重点突破。

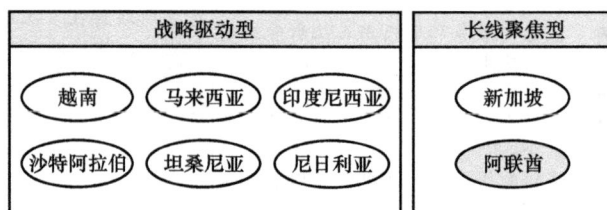

图 7.2 阿联酋信息通信市场机会类型

阿联酋是中东北非地区内发展领先的经济体，也是世界上最富裕的国家之

一，更是引领地区发展的"领头羊"。同时，阿联酋地处"五海三洲"[1] 交界地，地理位置绝佳，可对周边地区和国家发挥强大的辐射作用，拓展阿联酋市场对深化中东北非等地区市场具有重要意义。

随着"向东看"外交政策的推动，阿联酋国家经济转型发展战略与"一带一路"倡议形成全方位对接，中阿正推进全面战略伙伴关系向纵深发展。阿联酋已成为与我国合作程度最深、领域最广、成果最充实的中东国家之一，被我国视为中东地区"一带一路"共建中重要的支点国家。通过深化拓展两国在信息通信、高新技术等领域的合作，形成"一带一路"共建"样板间"，对与其他中东北非地区共建国家的合作具有重大意义。

7.3.2 具体分析

特征一：中阿两国合作关系稳固良好，为中国企业出海筑牢发展基石

经贸方面，我国已是阿联酋第一大贸易伙伴，经贸往来密切。2023 年，我国与阿联酋双边贸易额实现 949.8 亿美元[2]，预计 2030 年双边贸易额将突破 2,000 亿美元。已有超过 6,000 家中国企业在阿联酋投资或开展业务，中阿已在基建、能源、金融等领域开展多项合作，2023 年 4 月，亚洲基础设施投资银行（简称"亚投行"）首个海外办事处落地阿布扎比，互利共赢成效显著 [3]。

文化方面，阿联酋与我国同为拥有悠久历史的亚洲国家，并在教育、人文等领域不断开展文化交流，如建立中阿文化产业论坛、高校交流会等定期文化交流机制，形成了一系列合作成果。

特征二：阿联酋营商环境优异，但 ICT 行业监管严格是中国企业面临的巨大难题

治理环境方面，阿联酋政治环境平稳，已形成健全的市场监管体系，政策法律大幅倾向经济发展。近年来阿联酋政府不断提高政府服务效率，简化企业设立程序，极大利好外商投资。

---

[1] 五海指阿拉伯海、红海、地中海、黑海、里海；三洲指亚洲、欧洲、非洲。

[2] 数据来源：中华人民共和国外交部。

[3] 资料来源：中华人民共和国中央人民政府。

基础设施方面，阿联酋基础设施发达，交通设施、通信设施建设水平位居世界前列[1]。近年来，阿联酋耗资 10 亿美元打造了完善的航空、海运、物流等相关基础设施[2]，进一步稳固了阿联酋作为国际交通枢纽的地位。

经济自由水平方面，阿联酋营商环境良好，国际认可度较高，在吸引投资、高新技术企业等方面提供丰富的优惠政策，是中东地区对外开放的典范国家。值得注意的是，阿联酋 ICT 行业 2021 年才开始放宽，目前仍存在一定程度的外资准入限制，需在 TDRA 的审查和监管下确定外商投资比例，影响了"发展环境"子指数的表现，但随着未来阿联酋政府 ICT 行业外资准入门槛的逐步降低将有适当改善。

特征三：阿联酋传统电信市场趋于饱和，但互联网的高普及率有助于中国企业拓展高价值信息通信业务

市场规模方面，2023 年，阿联酋人口规模为 952 万人，是中东地区人口较多的国家之一，GDP 实现 4,461.26 亿美元，位列世界第 30 位，人均 GDP 实现 46,877.43 美元，已与英国、加拿大等发达国家达到相同水平[3]。雄厚的经济基础使得阿联酋成为西亚地区第二大电信市场，2023 年，阿联酋移动电信业务收入实现 47.14 亿美元[4]。

市场成熟度和市场竞争方面，阿联酋早在 2020 年就已实现 4G 网络人口覆盖率达99.7%以上，2022 年，5G 网络实现94%的人口覆盖率[5]。阿联酋传统电信业务市场发展成熟度高，仅有的两家电信运营商 Etisalat、du 均为国有控股，其 2024 年一季度移动通信市场份额分别达59%、41%[6]，市场高度集中，由此可见

---

[1] 资料来源：中国国际贸易促进委员会，《企业对外投资国别（地区）营商环境指南：阿联酋（2022）》。

[2] 资料来源：仝菲，中国社会科学院西亚非洲研究所，《"一带一路"倡议与中国—阿联酋关系的新变化》。

[3] 资料来源：世界银行。

[4] 数据来源：Omdia，*Mobile Subscription and Revenue Forecast - 1Q24*。

[5] 数据来源：GSMA。

[6] 数据来源：Omdia。

传统电信市场已不利于外部信息通信企业进入。

市场潜力方面，高水平的互联网基础设施普及率、ARPU 等数据表明了阿联酋传统电信业务的市场空间接近触顶，但在金融科技、数据中心、物联网等前沿领域仍有长足的发展空间，中国企业有望把握阿联酋数字经济时代的新一波发展红利。

7.4 信息通信市场机遇拓展总结

7.4.1 国际化拓展机会与风险

总结以上阿联酋信息通信市场机会与风险，如表 7.4 所示，通过多方面综合判断，整体上认为阿联酋国家信息通信市场机会大于风险，是值得重点考虑的拓展目标。

宏观环境层面，阿联酋积极推进经济多元化，大力推进吸引投资、科技创新企业等的发展进程，在全球经济增长面临诸多不确定性因素时展现出较大韧性和潜力。同时，伴随着阿联酋"向东看"政策的进一步深化，中阿关系将走向前所未有的黄金时代，为中国信息通信企业开辟更广阔的发展空间。

行业发展层面，阿联酋信息通信市场及数字经济领域具备基础设施领先、多项政策扶持等发展优势。阿联酋在电子商务、金融科技等数字经济领域正处于高速发展阶段，中国相关企业可依托自身在国内的丰富经验，积极出海掘金，帮助阿联酋在更多高新技术领域的加速发展。阿联酋得天独厚的基础生产要素禀赋，如绝佳的地理位置和强大石油资源，为其经济发展筑牢了基础。所以在稳固的经济基础之上，发展数字经济提质增效是阿联酋的不二选择。随着阿联酋不断放宽外资在 ICT 行业的准入门槛和实际限制，中国企业此时入局将拥有更多机遇。

竞争能力层面，阿联酋运营商竞争格局较为稳定，以头部运营商 Etisalat 为主导，du 紧随其后，传统电信市场发展空间较为有限。中国信息通信企业可抢占 5.5 G、数据中心、物联网、卫星通信等新兴技术领域的发展机遇，依托我国关键技术孵化和产品储备，打开阿联酋数字经济时代的新发展空间。

表 7.4　阿联酋信息通信市场机会与风险情况判断

机会	风险
● 政局整体稳定，政策延续性较好。 ● 人均收入高，具备一定消费基础。 ● 中阿关系迈入黄金时代，筑牢合作基础。 ● 政府重视数字经济发展，属于政策倾斜产业，正积极推动产业升级转型。 ● 营商环境位居世界前列，属于外资友好型国家。 ● 年轻人口较多，拥有丰富的劳动力资源。 ● 社会秩序稳定良好。 ● 国民教育水平较高，高新产业人才储备有基础。 ● 科技是国家战略未来发展重心，行业政策引导有力。 ● 基础设施发展领先，可节约出海成本。 ● 中国DICT企业已有相关布局基础，具备一定优势。 ● 数字经济处于高速发展期，发展机遇众多。 ● 中资银行已入驻阿联酋金融市场，有助于中国企业开展国际贸易、项目融资等行为。 ● 阿联酋经济部将有线及无线通信列为具备发展前景吸引外资的行业	● 劳动力成本在周边国家中偏高，较为依赖外籍劳工和技术人员。 ● 技术设备依赖进口，面临不可控的外部风险。 ● 宗教信仰影响大，需尊重当地社会风俗习惯。 ● 联邦内各酋长国经济发展不均衡，需因地制宜。 ● 外商投资信息通信业须通过TDRA的审查。 ● 信息通信业呈现双寡头局面，市场集中度高。 ● 市场较为成熟，传统电信业务发展空间已见顶。 ● 外贸依存程度高，经济市场对外依附性强，易受到外部市场冲击，对全球经济衰退应对能力较弱。 ● 数字经济领域当地初创企业较多，竞争较激烈。 ● 政府行政管理改革可能会加大对大型资本项目投资的监管，影响中国企业投资落地难度与效率

7.4.2　综合建议

综上，需要对阿联酋信息通信市场保持积极关注，寻求合作与拓展机会，提出如下建议。

一是依托中阿经贸合作机制、"一带一路"倡议、阿联酋发展愿景等国家性规划，深化信息通信业、数字经济产业的发展共识，探索双边合作新模式。

二是中国信息通信企业应向已在阿联酋能源、电力、通信等行业深耕的一流央企、ICT企业（如中国机械、中建中东分公司、华为等）借鉴成功经验，加强自身在阿联酋市场建设数据中心、物联网等信息基础设施的当地服务能力，助力阿联酋把握数字经济机遇。

三是阿联酋政府在 ICT 行业有外商投资规定，中国企业应在 TDRA 的批准下依法开展相关业务。中国信息通信企业可通过建立合资企业等间接投资的方式进入阿联酋市场，如我国运营商可与 Etisalat、du 成立合资公司，利用我国的技术、资金优势，结合当地运营商的渠道、人员优势，增强合资企业的综合竞争力，打通国内优势资源走向阿联酋的通路。

四是与多数"一带一路"共建国家不同，阿联酋 4G、5G 通信发展已处于全球领先水平，拥有较为优异的互联网服务基础，但传统电信业务市场集中度较高，中国信息通信企业可另辟蹊径，从数据中心、云、安全等高价值信息服务出海入手，在阿联酋发展利好政策较多的人工智能、智慧城市、数字治理等关键领域重点加强合作。

五是中国信息通信企业可有效利用阿联酋中资商业银行、亚投行、中国进出口银行、中阿合作基金等多元融资渠道，用好、用足"走出去"政策性资金，减少资金经营压力，赋能自身国际业务做大做强，在区域互联互通方面发挥更大作用。

六是阿联酋 ICT 行业现以当地企业和欧美知名企业为主，中国信息通信企业的品牌力量优势不足，品牌认知度较差，建议中国企业加大品牌营销力度，突出中国声音，树立诚信、优质的品牌形象，提高国际影响力。

第 8 章

沙特阿拉伯国别研究及机遇拓展

国家基本信息		
加入共建"一带一路"时间：2016 年 1 月		
经济环境		
GDP 规模 / 亿美元	7,761.15	全球 GDP 规模排名　20
人均 GDP/ 美元	21,006.15	人均私人消费 / 美元　9,634.53
社会环境		
人口规模 /100 万人	36.95	人口年龄中位数 / 岁　29.25
基尼系数	–	居民通电率　100%
科技环境		
电信业务总量 / 亿美元	212.31	数字经济占 GDP 比重　30%～45%（2022 年）
4G 网络渗透率	80.59%	固定宽带渗透率　68.2%

8.1 国家概况

8.1.1 经济环境

1. 经济发展仍高度依赖原油产业，为改革提供财政支持

石油化工助力沙特阿拉伯经济从疫情中快速复苏，成为全球范围内增长较快的主要经济体。2022 年，沙特阿拉伯（以下简称"沙特"）的 GDP 增速达到 8.5%，是 G20 中增速最快的，显著高于全球平均水平。石油化工是沙特的经济命脉，国际能源价格的上涨助推了沙特经济复苏。2022 年，沙特石油收入占财政总收入的份额达到 68%，为十年来新高，较 2021 年提升了近 10 个百分点。2023 年，石油收入下降带来负面影响，沙特实际 GDP 下降了 0.8%[1]。

全球能源需求和国际油价波动影响沙特财政收支，经济改革计划资金面临挑战。一方面国际原油和石油产品价格上涨，弥补了沙特受疫情影响而加剧的财政赤字情况；另一方面沙特积极调整财政政策，实施公共财政重组，2022 年，沙特国家财政状况显著改善，财政近十年来首次实现盈余，并在 2023 年继续保持。但受到全球经济疲软、需求复苏缓慢、产油国行动不一致等因素的影响，国际油价出现下行趋势，沙特仍然面临财政赤字危机。

2. 加速推动经济多元化，积极运用投资手段提升国家竞争力

后疫情时代，沙特强力压缩、推进转型进程，经济多元化举措初见成效。受疫情影响，沙特"2030 愿景"的配套计划和项目大部分停滞，目标实现进程落后。为了加速推进改革发展，保证国家转型目标的实现，2021 年以来，沙特再次发布了多项战略来促进重点行业的发展，如国家工业战略、绿色沙特倡议行动路线、全球供应链计划、国家数据和人工智能战略、建立多个未来城和经济特区等。随着各项战略的落实，经济改革的深入推进，沙特经济的多元化努力取得了一定成效。2023 年，沙特非石油经济总量达到 4,530 亿美元，占经济

---

[1] 数据来源：沙特经济计划部。

总量的比重超过 50%。其中,艺术和娱乐业增长翻倍,住宿、食品和运输业务增长 77%,仓储服务增长 29%,卫生和教育等社会服务业增长 10.8%[1]。

　　沙特主权基金是推动经济多元化和改革发展的重要抓手。长期以来,沙特石油出口保持贸易顺差,充足的外汇储备促使沙特建立了多个主权基金,其中,公共投资基金(PIF)是对沙特"2030 愿景"最重要的支撑,是沙特打造全球投资强国,实现经济多元化的重要手段。PIF 已经成为全球前十的主权财富基金。从规模来看,PIF 2023 年的年报显示,其资产管理规模已经达到了 2.871万亿沙特里亚尔(约合 7,651.6 亿美元),根据计划,PIF 资产到 2025 年将增至1.07 万亿美元。从投资结构上来看,PIF 正在将更多的投资和市场机会转移回沙特,2023 年,在沙特的投资额占 PIF 总投资额的 76%。从对沙特的投资策略来看,PIF 关注的重点领域有航空航天与国防、汽车、金融服务、电信、媒体与技术等。2023 年,PIF 为沙特非石油 GDP 贡献了 1.2 万亿沙特里亚尔(约合3,200 亿美元)。从对外国的投资策略来看,PIF 瞄准全球新兴趋势,在中国、美国、英国、日本等多个国家的通信服务、能源、消费品、金融、医疗保健、信息技术等关键领域进行投资。

3. 营商环境明显改善,出台各项措施大力吸引外资

　　一是简化企业注册流程,免除了企业注册要事先获得监管机构许可的规定,启用了网上电子政务平台,进一步简化企业设立程序、减少办理时间、降低成本。二是废除"保人"制度,颁布私营领域外籍雇员改革计划,正式废除外籍劳工"保人"制度。三是完善商业法律框架,对零售和批发行业开放 100% 的外资所有权,并启动大型私有化计划。如表 8.1 所示,沙特主要领域外商准入措施不完全相同,放宽了资本市场对外国投资者的监管,尤其鼓励外资企业在化工、信息与通信技术、能源水利、工业制造、医疗健康与生命科学、采矿与金属、交通物流、文旅娱乐及房地产领域开展投资活动。2023 年 12 月,沙特投资部还宣布将为把地区总部设在沙特的跨国企业提供税收优惠,包括为地区

---

[1]　数据来源:《阿拉伯新闻报》。

总部实体免除为期 30 年的企业所得税等。

表 8.1　沙特主要领域外商准入措施 [1]

禁止外国投资者进入的领域	
工业领域	石油勘探、采掘和生产，但与采矿业有关的服务领域除外
服务领域	● 军用物资供给行业 ● 安全与侦查服务业 ● 麦加和麦地那地区的房地产业 ● 与朝觐和小朝觐相关的导游服务业 ● 雇佣服务业 ● 代理服务业 ● 由助产士、护士、物理治疗机构及准医师提供的服务 ● 渔业/海洋生物资源捕捞业 ● 毒物中心、血库和检疫机构

外商参与受限的特定领域		
许可类型 / 领域	最低资本要求	最低本土参与率
合资商业许可	26,666,667 沙特里亚尔；外国资本不低于 2,000 万沙特里亚尔，且持股比例不高于 75%	25%
外商独资商业许可	30,000,000 沙特里亚尔	–
通信	–	40%
通信增值服务	–	30%
保险	–	40%
再保险	–	40%
房地产融资	200,000,000 沙特里亚尔	40%
房地产投资	投资须位于麦加和麦地那以外地区，且单个项目价值不低于 3,000 万沙特里亚尔（包含土地和建筑成本），在取得土地所有权后 5 年内完成	–
建筑项目、详细工程设计及 EPC 合同管理	–	25%
公共交通（城市间轨道交通运输）	500,000 沙特里亚尔	30%
公共交通（城市间公共汽车运输）	500,000 沙特里亚尔	20%

---

[1]　资料来源：根据公开资料汇总整理。

8.1.2 社会发展

1. 人口红利持续，市场发展潜力巨大

根据"沙特 2022 年人口普查"数据，沙特人口总数为 3,217 万人，呈现以下特点。一是人口结构年轻化，年龄中位数为 29 岁，30 岁以下人口占总人口的 63%。二是人口规模增长快，由于高出生率和相对较低的死亡率，沙特人口年增长率预计可保持在 2% 以上。三是外籍人士占比高，外籍劳工持续涌入，沙特 2022 年总人口中沙特人的规模约 1,880 万人（58.4%），非沙特人约 1,340 万人（41.6%）。人口规模、增长速度以及年龄优势，将持续推动沙特在劳动力市场供给、消费市场需求等为经济增长提供动力。

2. 推动宗教温和化和社会世俗化，社会日益开放包容

沙特坚定地推进世俗化改革进程，塑造更加宽松包容的社会环境。一是加强宗教事务管理，重新制定和修订大量法律，如取消宗教警察调查权、逮捕权和审讯权，限制神职人员宣教传教。二是推动教育改革，减少宗教教育，淡化宗教在教育体系中的作用，推动教育现代化建设。包括对教材和课本进行修订和审查，增加自然、科学等课程，加强思想意识和现代观念教育等。三是大力提高妇女地位，加强妇女权益保护，女性劳动力市场参与率得到改善。沙特开放了更多的工作岗位给女性，并破除男性监护权，允许女性单独进入公共场所、申请护照和外出旅行、取得驾照和驾驶汽车等。沙特妇女在地方选举中拥有投票权和参选权，就业比例从 2017 年的 17% 升至 2023 年的 35%，女性担任中、高级行政职务的比例从 28.6% 增加到 39%，提前完成"2030 愿景"中的目标 [1]。

8.1.3 科技发展

1. 重金投入之下科技创新水平有所提升

从科技发展举措来看，一是加强研发投入力度。2022 年 7 月，沙特启动了国家研究、开展和创新（RDI）计划和优先事项倡议，到 2040 年，RDI 计划的

---

[1] 数据来源：*Vision 2030 Annual Report 2023*。

资金投入将增加到 GDP 的 2.5% 左右，重点关注健康保健、可持续发展环境、能源和工业领导地位以及未来经济发展。沙特统计总局发布的《2022 年研发统计报告》显示，2022 年，沙特的研发支出升至 192 亿沙特里亚尔（约合 51 亿美元），同比增长 32.7%[1]。二是鼓励创新创业，培育科技创新生态系统。一方面建设科技园区 / 项目，在阿卜杜勒阿齐兹国王科技城设立云计算经济特区，打造数字和技术产业园区 LAB7，建设 NEOM 未来城项目等；另一方面积极支持创业企业和提供创新基金，如设立阿卜杜拉国王科技大学（KAUST）创新基金，向初创型高科技企业提供融资、实验室和原型设备等多方面的支持。

从科技发展成效来看，沙特的科技创新水平显著提高。2022 年，沙特专利申请达到 5,837 项，比 2021 年增长 46.7%；有 104 家投资机构对沙特的初创企业进行了投资，比 2021 年增加了 30%；在《2024 年全球创新指数报告》中，沙特排名由 2020 年的第 66 位上升到 2024 年的第 47 位，特别是在市场成熟度，包括商业融资和投资等方面排名靠前。但从投入产出比来看，沙特投入和产出不相匹配，投入性指标排第 36 位，但产出指标仅位列第 66 位。

2. 人才培养和创新能力基础薄弱

在 IMD《2024 年全球数字竞争力排名》中，沙特排名第 27 位，较前一年上升了 3 位，各项评价维度和指标中，沙特在人才和科学投入程度等维度上得分都较低，特别是在科学和数学等领域的高等教育、科技岗位就业和机器人研发应用、高科技出口以及个人隐私法律保护等指标上。沙特最大的科研中心阿卜杜勒阿齐兹国王科技城大部分科研成果都是与国外研究机构合作完成，独立完成的项目较少。

为此，沙特一是构建更完善、更高效的 RDI 计划治理框架。第 1 层由 RDI 计划最高委员会监督政策制定和方向，并为公共 RDI 计划支出设定资金上限。第 2 层由 2021 年成立的研究、发展与创新局（RDIA）负责管理和分配资金，协调政府部门间的活动。第 3 层由大学、国家实验室、孵化器和加速器等科技

---

[1] 数据来源：中华人民共和国商务部。

参与者、私人投资者和非政府组织具体推动研发创新。二是加强教育机构在RDI 计划生态系统里的作用。一方面，进行教育系统改革和课程设计，识别创新人才，培养创新能力，着力提高青年人数字编程能力，鼓励通过政府和大众平台进行创新和创造，力争到 2030 年实现每 100 名沙特人中有一名程序员的计划目标。另一方面，沙特实施人才能力发展计划等举措，大学、技术和职业学校以及培训机构等均可通过与华为、波音和爱立信等研发能力强的跨国公司建立合作伙伴关系，为沙特培养具备科技创新能力的人才。

8.2 信息通信业发展现状及趋势

8.2.1 基础通信行业——移动通信

1. 移动通信市场较为成熟，用户价值较高

沙特移动通信市场用户渗透率较高，连接规模大。如表 8.2 所示，截至2023 年，沙特移动通信独立用户渗透率达到 81.2%，高于 72.8% 的全球平均水平；独立用户数超过 3,000 万人；移动连接规模达到 6,287 万户。预计到 2028年底，受到物联网用户快速增长的推动，沙特的移动连接规模将达到 7,703 万户，其中物联网用户复合年均增长率可达 12.9%。

表 8.2　沙特移动通信市场指标及对比情况 [1]

项目	2021 年	2022 年	2023 年	2024 年（E）	2025 年（E）	2026 年（E）	2027 年（E）	2028 年（E）
独立用户渗透率	80.7%	81.1%	81.2%	81.4%	81.5%	81.6%	81.7%	81.7%
独立用户数 /1000 人	28,996	29,512	30,011	30,495	30,967	31,421	31,852	32,247
移动连接规模 /1000 户	53,550	58,933	62,873	66,499	69,860	72,781	75,143	77,035
ARPU/ 美元	18.66	17.91	17.25	16.71	16.21	15.81	15.54	15.39
全球 ARPU/ 美元	6.28	6.18	6.08	5.97	5.88	5.82	5.79	5.78

[1]　数据来源：Omdia。

ARPU 呈现下降趋势但仍保持较高水平，移动连接规模和移动通信市场服务收入稳步增长。沙特移动通信 ARPU 位居世界前列，是全球平均水平的 2 倍多。根据 Omdia 的估计，2023 年，沙特移动通信 ARPU 约为 17.25 美元，高于英国、法国、新加坡等传统发达国家。随着物联网连接的增长以及移动通信市场竞争的加剧，近年来沙特 ARPU 呈现下降趋势。未来几年，ARPU 将维持这一缓慢下降的趋势，但整体仍将在全球范围内处于较高水平。随着移动通信用户数的增长，沙特移动通信市场服务收入也持续增长，据 Omdia 2023 年数据预测，沙特 2023—2028 年将保持年均 2.2% 的复合增长率，到 2028 年移动服务收入将达到 140 亿美元，数据收入将占移动服务收入的 94% 以上。

2. 4G 网络份额已达到峰值，用户从 4G 网络向 5G 网络加速迁移

从技术角度看，如图 8.1 所示，4G 网络在沙特的份额于 2022 年达到峰值，占比达 64.7%，从 2023 年起，4G 用户份额开始下降，到 2024 年，用户份额将被 5G 网络超越，到 2028 年，5G 用户将占移动通信用户总数的 86.1%。从网络建设看，沙特 4G 网络覆盖率已经超过 99%，5G 网络覆盖全国 97 个城市[1]。从网络质量看，2022 年，沙特全国 5G 网络平均网络速率达到 344.4 Mbit/s，是全球 5G 网络

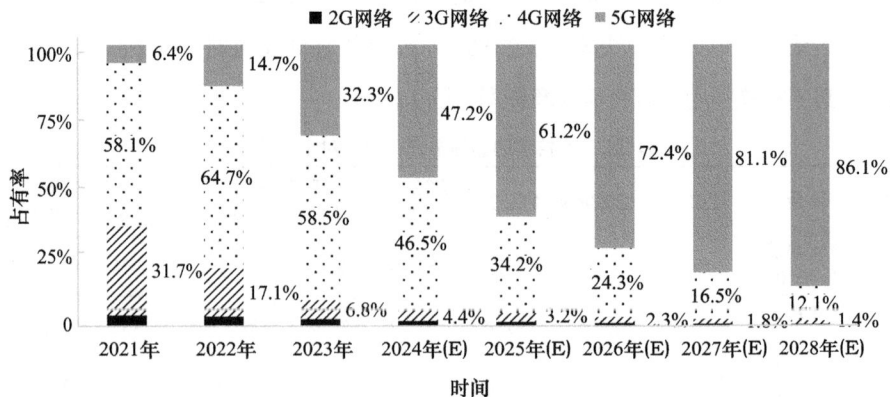

图 8.1　沙特移动通信连接规模按技术分布情况 [2]

---

[1]　数据来源：沙特通信、空间和技术委员会（CST），《2023 年沙特互联网报告》。

[2]　数据来源：Omdia。

平均和峰值速率最快的国家之一，也是 5G 网络视频体验最佳、可用性最好和覆盖率最高的国家之一[1]。2023 年，沙特移动网络下载速率较 2022 年有所提升，达到 214.6 Mbit/s，位居全球前十。

3. 三大运营商主导信息通信市场，国有运营商 STC 地位难以撼动，市场进入门槛较高

沙特信息通信市场由三大运营商主导，分别是本土运营商沙特电信 STC、阿联酋 Etisalat 集团运营的 Mobily，以及科威特运营商 Zain。如表 8.3 所示，STC 是最大的运营商，2023 年，在移动通信市场上拥有约 56.09% 的市场份额，Mobily 和 Zain 分别占据 25.52% 和 19.25%。其中，STC 和 Zain 为跨国运营商，除在沙特外，在科威特、巴林等阿拉伯国家均有布局。

STC 第一大运营商的市场地位稳固，业务发展、业绩表现等方面全面领先。STC 是中东北非最大的电信运营商，其大股东是沙特 PIF，因此 STC 被视作沙特运营商中具有国资背景的运营商，是政府大力扶持的对象，也是最积极践行沙特"2030 愿景"的运营商。2023 年，STC 营收达到约 131 亿美元，远超其他两家运营商。

表 8.3　沙特三大运营商近 3 年主要业绩表现 [2]（业务收入单位：100 万美元）

运营商	项目	2021 年	2022 年	2023 年
STC	移动业务收入	12,119	13,007	13,125
	移动通信市场份额	53.56%	55.22%	56.09%
Mobily	移动业务收入	3,956	4,178	4,470
	移动通信市场份额	27.99%	26.31%	25.52%
Zain	移动业务收入	2,107	2,358	2,530
	移动通信市场份额	19.46%	20.13%	19.25%

---

[1]　数据来源：Opensignal、沙特 CST，《2023 年沙特互联网报告》。

[2]　数据来源：GSMA。

4. 未来市场格局将向 6：2：2 调整，政府主导虚拟运营商市场开放，成为外资运营商切入点

STC 于 2019 年率先在中东国家推出 5G 服务，通过抢占 5G 先机，不断提升市场份额，到 2023 年，STC 的市场份额已达到 56% 左右。Zain 则通过坚定的 5G 战略投资和建设，抢占了部分 Mobily 的市场份额，到 2022 年，Zain 的市场份额保持在 20% 左右。Mobily 市场份额有所下滑，至 25% 左右，未来沙特移动通信市场格局预计向 6：2：2 的方向调整变化。

政府积极引入外资虚拟运营商，推动电信业开放和竞争。2020 年，为开放电信业，推动业内竞争，沙特政府向 Virgin、Etihad Jawraa 和 Lebara 颁发了移动虚拟运营商（MVNO）许可证。2022 年，沙特政府又允许 Future Networks Communications 及 Integrated Telecom Mobile Company 两家公司提供 MNVO 服务。虚拟运营商的加入，一定程度上加剧了市场竞争，推动 ARPU 持续下滑。但从整体市场格局来看，三大主导运营商市场份额保持稳定，虚拟运营商份额十分微弱，几乎可以忽略不计。

8.2.2　基础通信行业——固定通信

1. 固定宽带高速发展，宽带 ARPU 有所下降但仍领跑全球

截至 2023 年，沙特固定宽带订阅数达到 406 万户，固定宽带服务收入达到 57.6 亿美元。伴随着固定宽带订阅数的稳步增长，服务收入也逐年增长，如表 8.4 所示。Omdia 预测，2023—2028 年，沙特固定宽带订阅数将从 406 万户增长到 485 万户，复合年均增长率达 3.6%；固定宽带服务收入将从 57.6 亿美元增长到 64.3 亿美元，复合年均增长率为 2.2%。中东地区国家的宽带网络 ARPU 一直处于全球领先水平，2019 年以来，随着宽带网络的快速建设、普及率的提高，沙特的宽带网络使用成本快速下降。2023 年，沙特固定宽带 ARPU 高达 119.75 美元，较 2022 年下降了 1.9%，较 2021 年下降了 10.6%，到 2028 年预计将降至 112.26 美元，但仍将是全球平均水平的 6 倍以上。

表 8.4　沙特固定宽带市场指标及对比情况 [1]

项目	2022 年	2023 年	2024 年（E）	2025 年（E）	2026 年（E）	2027 年（E）	2028 年（E）
总订阅数 /1000 户	3,961	4,060	4,212	4,372	4,536	4,698	4,853
服务收入 /100 万美元	5,728	5,763	5,886	6,048	6,203	6,336	6,433
ARPU/ 美元	122.06	119.75	118.60	117.42	116.05	114.37	112.26
全球 ARPU/ 美元	18.99	18.92	18.79	18.74	18.72	18.74	18.77

2. 宽带网络建设加速推进，宽带网络水平快速提升

沙特"2030 愿景"的关键举措之一是宽带 100% 覆盖，为此沙特持续加速推进宽带网络建设。覆盖率方面，2022 年，沙特高速互联网服务已覆盖全国 2.1 万村落，光纤网络覆盖 370 万户家庭 [2]。普及率方面，如表 8.5 所示，2023 年，固定宽带渗透率达到 68.2%，预计到 2028 年，沙特固定宽带渗透率将达到 74.3%。网络技术方面，光纤技术是目前和未来宽带的主流技术，5G FWA 等 FWA 技术蓬勃发展。预计 2023—2028 年，光纤渗透率将从 49.8% 提升至 58.6%，FWA 渗透率将从 3.1% 提升至 7.0%。海缆建设方面，沙特利用地理位置优势，打造亚欧非互联互通关键节点，2023 年世界最长海缆项目 2Africa 已成功登陆沙特的吉达和延布，未来 3 年还将有多条正在建设或计划建设的海缆在沙特登陆。

表 8.5　沙特固定宽带市场渗透率、光纤订阅和服务收入等情况 [3]

类别	2022 年	2023 年	2024 年（E）	2025 年（E）	2026 年（E）	2027 年（E）	2028 年（E）
固定宽带渗透率	67.8%	68.2%	69.4%	70.8%	72.1%	73.3%	74.3%
FWA 渗透率	2.9%	3.1%	3.6%	4.3%	5.2%	6.1%	7.0%
光纤订阅数占比	71.9%	73.0%	74.6%	76.0%	77.1%	78.1%	78.9%
光纤渗透率	48.8%	49.8%	51.8%	53.7%	55.6%	57.2%	58.6%
光纤服务收入占比	73.4%	74.1%	75.0%	75.8%	76.3%	76.5%	76.7%

---

[1] 数据来源：Omdia。

[2] 数据来源：中华人民共和国商务部驻吉达总领事馆经济商务处。

[3] 数据来源：根据 Omdia 数据计算得出，光纤订阅数占比为光纤订阅数 / 固定宽带总订阅数，光纤服务收入占比为光纤服务收入 / 固定宽带服务收入。

3. STC 主导固定通信市场，Mobily 用户快速增长

沙特固定通信市场共有 6 家服务提供商，包括 STC、Mobily、Zain、ITC、Dawiyat Integrated 和 Etihad Atheeb Telecom。但整体市场主要由第一大运营商 STC 主导，2024 年一季度 STC 的市场份额约为 51.6%。Mobily 是第二大固定宽带服务提供商，市场份额约为 20.7%，Mobily 还拥有沙特国家光纤网络（SNFN）约 66% 的股份，其他服务提供商的市场份额总计约 27.6%[1]。

8.2.3 数字经济

1. 重视数字基础设施投资建设，数字经济发展水平快速提升，但 ICT 产业比重较低，仍有较大发展空间

数字基础设施是沙特数字经济发展的重要战略支撑，运营商成为数字经济发展的主要力量。早在 2016 年，沙特就发布了"2030 愿景"和"国家转型计划"，提出加快实施数字基础设施项目，并不遗余力地投资数字基础设施建设。截至 2022 年，沙特对于数字基础设施的投资高达 248 亿美元[2]。运营商是数字基础设施的主要建设者，因此具有国家背景的第一大运营商 STC，在沙特数字经济发展中扮演了重要的主导角色。2021 年，STC 投资 10 亿沙特里亚尔在利亚德、吉达、麦地那三地启动第一阶段大型数据中心建设，预计第二阶段将再启动 4 个数据中心建设。

沙特是中东地区数字经济的引领者，市场仍具有较大增长空间。随着沙特"2030 愿景"的深入推进，数字化基础设施水平的提升，沙特数字竞争力大幅提升。在欧洲数字竞争力中心发布的《2021 年数字崛起者报告》中，沙特在 G20 国家中排名第 2 位，数字竞争力提升的幅度仅次于我国。在 IMD《2024 年全球数字竞争力排名》中，沙特大幅提升至第 27 位。沙特 ICT 市场规模达 410.7 亿美元，是中东北非地区增幅最大和增速最快的国家，但其 ICT 产业规模仅约占 GDP 的 4.1%，与领先国家相比仍有较大差距，以我国为例，我国 2022

---

[1] 数据来源：Omdia。

[2] 资料来源：中华人民共和国商务部驻吉达总领事馆经济商务处。

年 ICT 产业占 GDP 比重约为 7.4%[1]。根据沙特国家转型计划中的目标设定，到 2030 年，其数字经济占 GDP 的比重应达到 19.2%，可见沙特市场具备较大增长潜力。

2. 政府服务数字化程度高，数字政府引领数字化转型

数字政府是沙特数字化转型成果最为显著的部门。沙特在"2030 愿景"中提出"国家转型计划"，支持数字创业，投资数字技术，开展数字教育和培训。该计划的 2022 年度报告显示，沙特政府服务中 97%，即约 6000 项的服务已经实现电子化。在世界银行的"2022 年全球政府科技成熟度指数"中，沙特在中东地区排名第 1 位，全球排名第 3 位。在联合国《2024 年电子政务调查》报告中，沙特的"电子政务发展指数"（EGDI）全球排名自 2022 年的第 31 位上升至第 6 位，取得了有史以来的最好成绩。

专门机构有效促进数字政府建设进程。2021 年，沙特内政部宣布成立数字政府管理局（DGA），致力于提升政府部门的数字化水平，加速推动沙特成为领先的数字经济国家。DGA 着力推动国家电子政务战略落地，构建包括平台、网站、服务在内的电子政务网络；促进政府部门之间，政府与民众、企业之间的数字化互动，在保障安全的基础上，提供公开透明、高效的综合服务网络；加速政府采购在数字化转型过程中与国家标准接轨；通过大数据和云端技术提升公共服务效率。

3. 数字经济向第三产业渗透力较强，电商市场发展前景良好，电子支付快速普及，电子竞技产业商机显现

疫情期间，沙特电商市场快速发展。沙特电商市场早期配送、支付、退换货等多个环节较为薄弱，市场基础不佳。2019 年，沙特成立电子商务委员会，联合沙特中央银行等机构启动多项支持电子商务发展的行动项目，并首次针对电子商务立法。"2030 愿景"将电商行业列为重点扶持的对象之一。随着政府加大投入，电商行业逐渐规范化。2020 年以来，沙特主流电商平台的平均销售

---

[1] 数据来源：中华人民共和国商务部驻吉达总领事馆经济商务处。

额增长 200%，平均订单价值和 APP 安装量分别增长 50% 和 400%，居民对电商消费依赖度大幅提高。同时，直播、网红经济等模式也日益成为沙特互联网消费中的主流。沙特是全球第 29 大电子商务市场，预计到 2024 年，收入将达到 141.6 亿美元，到 2028 年，市场规模将达 208 亿美元，复合年均增长率达 10.1%[1]。

跨境电商在沙特电商市场中占据过半份额。2021 年，沙特跨境电商占电商总收入的 59%，尽管随着当地企业和合资企业的发展，以及在线购物接受度的持续提高，沙特本土电商的好感度将上升，跨境电商比例或将下降，预计到 2026 年可能降至 49%，但仍然占据主要地位。其中，在有意愿增加消费支出的消费者中，选择我国电商平台的比例达 46%，仅次于沙特本土电商平台。沙特消费者选择跨境平台的原因主要有更低的价格（72%）、更广泛的选择（47%）、便利性（35%）和品牌多样性（31%）[2]。

电子支付的迅速普及推动了电商市场的发展和沙特数字化转型。在"2030愿景"框架之下，沙特中央银行致力于加速支付方式的数字化转型，计划到 2025 年将电子支付份额提升到 70%，并提升政府和私营部门的协同效应，推动支付系统数字化。截至 2023 年，沙特多数经济活动中电子支付的使用比重均超过现金支付，电子支付份额在零售业达到了 70%[3]，超过了沙特"2030愿景"中金融部门设定的 60% 的目标。值得一提的是，沙特运营商 STC 和 Zain 都开展了电子支付业务，STC 拥有数字支付平台 STC Pay 且拥有数字银行的牌照，Zain 的金融科技平台 Tamam 拥有小额数字信贷牌照。

沙特重金投入电子竞技及游戏产业，为中国游戏厂商出海带来发展机遇。2022 年，沙特王储亲自公布了游戏和电竞国家战略，计划投入约 380 亿美元，在 2030 年将沙特打造成全球游戏和电竞行业的中心，目标是吸引 250 家游戏公司和工作室在沙特驻点，创造 39,000 个工作机会。根据 Snapchat 发布的《2022

---

[1] 数据来源：国际调研机构 eCommerceDB。

[2] 数据来源：Kearney and Mukatafa, *The Impact Of Cross Border E-commerce In KSA*。

[3] 数据来源：沙特中央银行。

中东手游白皮书》，沙特约有手游玩家 2,420 万，占总人口比重接近七成，有超 60% 的手游用户具有付费意愿，高净值的"氪金玩家"较多，手游 ARPU 达到 270 美元，高居全球首位。我国游戏厂商在沙特已深耕多年，占据沙特游戏市场约 41% 的份额，在沙特 App Store 的 TOP 10 游戏下载榜里，我国游戏公司占据 8 席。沙特对游戏和电竞重视程度的上升，为我国游戏厂商出海带来了全新的契机。

4. 沙特渴望复制我国在数字经济领域的成功经验，中国企业有望广泛参与沙特数字经济建设

沙特数字经济发展计划鼓励国际合作，尤其重视与中国企业的合作。2021 年，沙特宣布了总价值近 40 亿沙特里亚尔（约合 10.7 亿美元）的数字经济发展计划，是中东北非地区规模最大的数字经济项目。该计划鼓励投资，并希望在创新、技术和数字化转型领域吸引国际伙伴，建立合作关系，推动"2030 愿景"目标的实现。沙特希望在数字经济、人工智能、智慧解决方案等领域与中国企业展开合作。华为、阿里云等企业通过与 STC 等沙特企业的合作，深度参与了沙特 5G 服务、宽带部署、云计算、数字媒体等项目，推进了沙特的数字化转型。中国电信国际公司与第一大运营商 STC 签署合作协议，共同运营物联网项目。

华为被沙特视为重点 ICT 合作伙伴，其在沙特的业务不断扩大，并预计在沙特设立中东总部。华为的企业 ICT 解决方案已服务于沙特 14 个政府部委，沙特政府已与华为就云计算、高科技综合体、人工智能签署协议，华为将帮助沙特新未来城构建 5G 网络、骨干传输网络、数据中心、云和 AI 平台，共同打造全球领先的数字城市，促进数字经济发展。华为还计划在沙特建设数据中心，联合开发阿拉伯语人工智能技术，推动沙特的人工智能发展。华为与 STC、Zain 等都构建了战略伙伴关系，是沙特 4G、5G 网络建设的主要力量。此外，华为发起人才生态战略"沙特人才赋能计划倡议"（STEP），为沙特培育数字化转型所需的 ICT 人才，通过年度 CSR 旗舰活动"未来种子"项目、ICT 技能大赛、未来领导者实习生计划与华为 ICT 学院四大子项目，培养沙特优秀 ICT 人才。

阿里云加快沙特市场拓展步伐，通过合作和投资深度参与云计算及人工智能市场。合作方面，阿里云已与沙特达成多项合作，与数据和人工智能管理局签署协议，开发多个领域的数字和人工智能解决方案，包括安全和安保、移动、城市规划、能源、教育、健康等；与沙特旅游局合作，提供云计算平台和技术，协助其提升游客的数字化体验等。投资方面，阿里云与 STC、易达资本成立云计算合资公司，注册资本约 2.4 亿美元，并在 5 年内投资 5 亿美金。阿里云已在沙特首都利雅得启用两座数据中心，数据中心由合资公司负责运营，产品覆盖单行计算、存储、数据库等。合资公司技术产品的安全与服务可靠性获得沙特 CST/NCA 最高 Class C 认证，在沙特市场拥有最高的服务权限。阿里巴巴集团旗下的 eWTP 与沙特 PIF 合作，投资 15 亿沙特里亚尔（约合 4 亿美元）支持沙特新技术企业，推动沙特数字业务发展。

8.2.4 信息通信及数字经济发展政策

1. 沙特电信业整体监管较为宽松，围绕国家转型计划出台多项政策鼓励市场竞争

外资准入方面，沙特对电信及电信增值服务的外商投资设立了持股比例限制，外商比例不得高于 60%，沙特三大运营商中的 Mobily 和 Zain 都属于外资控股。沙特数字基础设施建设等方面的政策，对华为等中国设备商较为友好，同时，沙特在 5G 网络及光纤网络建设中采购大量华为设备，并与华为等中国厂商进行了深度合作。数据监管方面，2023 年 9 月，沙特数据和人工智能管理局颁布了《个人数据保护法》（PDPL）的修正案，对一些条款进行了修订，使得沙特整体在数据监管和隐私保护上与欧盟通用数据保护条例等更加趋同，对商业数据的国际传输更加友好。但在数据中心、物联网等方面，沙特要求服务提供商将数据存储在沙特本地，并需要向通信、空间和技术委员会（CST）提供所有数据和信息。反垄断方面，沙特积极引入虚拟运营商推动市场竞争，市场份额超过 40% 的运营商会被认定为具有市场支配地位，STC 由此受到额外的监管，例如需要公布参考报价等。共建共享方面，2020 年，沙特所有宽带运营

商签署开放接入协议，共享光纤网络，用户可以自由切换到不同的运营商网络上，以鼓励运营商的竞争。沙特更新了其电信许可制度，允许电力、水和铁路等公共事业公司向其他个人许可证持有者提供其多余的电信基础设施（例如光纤、塔和管道），以推动基础设施和通信服务的共建共享。

2．始终将提高频谱可用性和频谱效率作为优先事项

规划方面，2020 年 3 月，沙特政府发布了《2020—2025 年国家频谱战略》，该战略与政府的"2030 愿景"计划相契合，重点是释放频谱资源，提高频谱使用效率，以满足 5G 和物联网等下一代无线通信的需求。2021 年 9 月，CST 公布了其频谱交易法规，该条例旨在以市场为导向的方式进行频谱管理，并采用新机制，通过频率重用来有效利用频谱，包括引入了全部和部分频谱转让，通过频谱共享模式提升频谱效率等。频谱分配方面，沙特在全球范围内分配给移动电信服务的频谱数量在 G20 国家中排名第 2 位。CST 为 5G 通信倾斜了更多的频谱资源，涵盖了 450 MHz、600 MHz、700 MHz、2100 MHz 及 3800 MHz，确保运营商拥有必要的频谱资源，从而推动 5G 服务在全国范围内商用。同时 CST 还为在物联网、车联网、企业专网等应用领域分配频段开展了意见征询。

3．监管机构高度活跃，数字经济监管权限逐渐集中

CST 监管权限扩大，由电信监管机构转型成为数字监管机构。沙特数字经济的主要监管部门包括通信和技术委员会（CITC，CST 的前身）、通信和信息技术部（MCIT），其他相关监管机构还包括数据和人工智能管理局（SDAIA）、国家数字认证中心（NCDC）、国家数字化转型部门（NDTU）等，在"2030 愿景"框架之下，各部门近年来出台的各类政策涉及数字经济领域的方方面面。其中，MCIT 主要负责部门层级的技术、电信政策及发展计划。CITC 的职责包括实施 MCIT 批准的 ICT 行业政策和计划；鼓励对电信服务和基础设施的投资；制定国家频谱计划，由 MCIT 批准，并向 MCIT 提出频率使用费用；监督电信行业的竞争和定价；鼓励网络和服务现代化等。2022 年，CITC 更名为 CST，负责统领天、地、空网络信息技术的监管，监管权限扩展到电信之外的技术及数字的众多领域。

4.《数字经济政策》保障政策持续连贯，明确开放市场的政策导向

为了创造更加良好的数字经济发展环境，2020 年底，CST 发布了《数字经济政策》，明确了政策目标，为政府机构制定数字经济相关法律法规确定了指导原则，并陆续发布了系列政策法规，如表 8.6 所示。

表 8.6　2022 年 CST 发布的数字经济领域的部分政策法规

时间	政策法规	监管内容
2022 年 4 月	《网络中立条例草案》（第 7 版）	保护用户自由访问和分发信息的权利，无论使用的终端设备或信息的来源 / 目的地，要求服务提供者平等对待所有互联网接入服务流量
2022 年 7 月	《数字内容平台竞争条例草案》	规范沙特数字内容平台之间的竞争
2022 年 8 月	《数据中心法规草案》	对在沙特提供数据中心服务的实体规定最低服务标准，并对因其疏忽造成的任何损失追究责任
2022 年 8 月	《ICT 和邮政部门网络安全运营条例》	设立了 ICT-CSIRT，负责促进整个 ICT 和邮政部门的网络安全
2022 年 12 月	《云计算监管框架》（第 3 版）	明确了云服务提供商和云服务用户（即云客户）的权利和义务

《数字经济政策》为沙特构建开放的数字经济市场定下基调。开放是《数字经济政策》七大原则之一，致力于拥抱开放市场、创造竞争环境，推动数字经济发展和数字投资。在基础设施领域，鼓励公共部门和私营部门之间建立战略伙伴关系，促进数字基础设施的投资和发展。在数字领域，鼓励在遵守国家隐私法规的情况下，收集、有效使用和共享开放数据。在创新领域，鼓励为本国和国际技术公司建立测试平台，推动数据和技术创新。

8.3　信息通信市场机会表现

8.3.1　总体表现

沙特市场属于"战略驱动型"市场，如图 8.2 所示。中国信息通信企业可因势而动，顺应政策导向，跟随国家发展战略，积极进入目标市场。

沙特是全球石油储量第二的国家，在石油输出国组织（OPEC）中具有较强

影响力，对中东石油生产拥有极大话语权，沙特市场对于中东北非市场具有带动和示范作用。当前，沙特政治和经济稳定，地处亚洲、欧洲和非洲的连接中心，是亚欧非重要的交通枢纽，也是唯一拥有红海和波斯湾海岸线的国家。同时，沙特掌握了欧洲到印度洋的必经之地和全球重要的石油贸易通道，是"丝绸之路经济带"和"21 世纪海上丝绸之路"的重要交汇点。沙特"2030 愿景"与"一带一路"倡议高度契合，推动中沙战略对接，有助于强化我国在阿拉伯联盟和海湾阿拉伯国家合作委员会中的影响力，中国信息通信企业通过积极拓展沙特市场，能够辐射阿拉伯国家及中东北非其他国家市场，提升中东北非数字经济行业影响力。

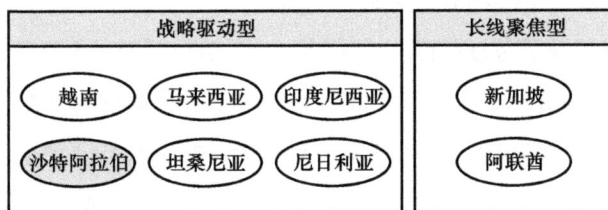

图 8.2　沙特信息通信市场机会类型

8.3.2　具体分析

特征一：中沙两国关系日渐亲密，两国经济互补性强，合作领域向纵深发展，合作水平不断提升

　　经贸方面，根据沙特统计局数据，2018 年以来，我国始终是沙特最大的进口和出口贸易国，沙特也连续多年保持我国在西亚地区最大贸易伙伴国的地位。我国与沙特经济结构呈现较强的互补性，经贸合作潜力巨大，合作的重点领域将从能源逐步扩展到制造、信息技术、金融、文化教育等多个领域。**文化方面**，中沙文化交流稳步推进，联合考古、中文教育、沙特中国文化周、中沙书法交流文化展等活动的陆续开展，推动双方加强文化对话与互鉴。2022 年，沙特教育部计划在 746 所学校增设中文课程，"中文热"持续升温。

特征二：经济环境开放程度有限，市场进入门槛较高

经贸环境方面，近年来沙特采取了一系列积极的举措来放宽投资环境、吸引外资，同时沙特还放宽了对公司商业活动、公司解散或破产的限制，促进民营公司发展。但由于沙特王室和政府机构把控了沙特的主要行业，并拥有百余家大型企业和投融资机构，沙特在招商准入和投融资政策等方面存在变动风险和隐性门槛。**监管环境方面**，沙特2020年颁布的《外商投资法》修正案缩小限制、禁止外商投资的范围，外商投资门槛降低，鼓励外商投资的行业包括ICT产业、运输物流、医疗卫生、生命科学等。但对通信、保险、房地产等特定领域的外商投资，沙特设立了最低资本投入要求和持股比例限制，本土企业最低持股比例为40%。

特征三：基础设施普及率高，市场竞争格局稳定

市场规模和发展潜力方面，2023年，沙特GDP规模排全球第20位，非石油经济对GDP的贡献率首次超过50%，经济多元化发展初见成效。沙特人口基数相对较大，人口规模为3,217万人，人口结构年轻化，人口年龄中位数为29岁，未来人口将继续增长。沙特是中东北非地区ICT市场增速和增量最高的国家，电信市场增速位居G20国家前列，快速增长的经济和坚定经济转型的决心，将推动沙特ICT市场价值持续增长。**市场成熟度方面**，得益于对基础设施的巨额投入，沙特数字基础设施覆盖率快速提升，移动和固定通信普及率较高，信息通信市场未来增量空间有限，将主要来自于新增人口的红利以及5G、物联网新技术的应用和发展，数字经济的主要发展动力将来自于AI、云等新兴前沿技术。**市场竞争方面**，沙特电信市场主要由STC、Mobily、Zain三家运营商主导，第一大运营商STC市场份额超过50%，市场格局稳定，进入门槛较高。

8.4 信息通信市场机遇拓展总结

8.4.1 国际化拓展机会与风险

通过对沙特信息通信市场机会与风险情况判断，如表8.7所示，整体上认为沙特信息通信市场机会大于风险，是值得重点考虑的拓展目标。

宏观环境层面，中沙合作正在从经贸向更广泛的领域拓展。沙特"2030 愿景"和"向东看"战略与"一带一路"倡议高度契合，双方优势互补，操作性强。沙特的战略位置、资源禀赋、市场潜力、经济发展都蕴藏着巨大的发展机遇，同时，沙特看重中国企业的技术和效率，渴望吸引中国投资，中沙双方可以实现"双向奔赴"。

行业发展层面，我国的数字经济发展能力和经验为中国企业拓展沙特信息通信市场提供了有力的技术支撑。沙特数字经济市场具有巨大潜力，ICT 市场为中东最大规模，信息基础设施普及率快速提升，信息消费仍有较大增长空间。发展信息通信产业是沙特实现"2030 愿景"的重要途径和手段，沙特重视与我国的科技合作，对复制我国在数字经济方面的成功经验具有强烈的合作意愿，华为、阿里巴巴等中国企业已经深度参与了沙特 5G、数据中心、数字化转型等关键领域的建设，在技术开放、产品应用和人才培养等领域积极助力沙特 ICT 产业发展。

表 8.7　沙特信息通信市场机会与风险情况判断

机会	风险
● 中沙两国关系日益紧密，高层交往频繁。 ● 王室内部政局整体稳定，改革开放政策及配套措施完善。 ● 人口基数较大，保持增长，呈现年轻化。 ● 营商环境明显改善，投资吸引力明显提升。 ● 数字经济领域优势互补，合作意愿强烈。 ● 信息通信领域是外资政策重点鼓励的行业。 ● 信息基础设施普及率较高，在宽带网络建设和数字化转型等领域有较大的市场空间。 ● 运营商是沙特数字经济建设的领军企业，在合作方面具有较大优势	● 国际原油价格给经济和财政带来高度不确定性。 ● 以美国为首的西方国家的干涉与遏制。 ● 复杂和具有冲突性的宗教文化背景导致海湾国家地缘政治局势不稳定。 ● 外资政策向长期化、本土化经营倾斜，对于信息通信业本土股权占比要求不低于40%。 ● 高端数字技术人才短缺、科技创新能力不足。 ● 电信市场竞争格局稳定，进入门槛高

8.4.2　综合建议

综上，需要对沙特信息通信市场保持积极关注，寻求合作与拓展机会，提出如下建议。

一是深化我国与沙特数字政策的沟通与协调，完善多层次合作机制。首先，在宏观战略层面，加强对接机制。依托频繁的高层交往，将双方的数字经济规划进行对接，将数字经济合作纳入现有的双边合作机制，搭建数字经济合作框架，如建立中沙数字经济合作论坛、中沙数字经济联合倡议等。其次，在中观产业层面，加强互动合作。强化产业协作，形成互动互联的数字经济产业联合体、共同体，实现利益共享，释放数字经济能量，如构建中沙数字经济产业联盟，企业合作联盟、数字产业园区等。再次，在微观企业层面，加强技术产品认同和人才培养。一方面在金融科技、智慧城市、大数据、物联网等领域全面对接，围绕重点领域，加强中沙数字技术标准的互通互认，加强标准化、技术规范与相关规则的制定。另一方面，在沙特本土开展数字经济人才培养项目，促进中沙数字技术人员的联合培养和协作交流。

二是抓住沙特国家转型和改革开放的红利期，将沙特市场业务拓展做实做大。首先，依托网络建设能力、研发标准优势，积极参与沙特海缆建设、数据中心等数字基础设施领域建设，利用沙特战略地位优势，实现中东板块布局，完善自身全球网络体系，丰富全球网络资源。其次，以智慧城市、车联网、物联网、人工智能、云计算等为切入点，积极与沙特相关政府机构、运营商、数字化企业开展合作，贡献 DICT 创新解决方案，利用沙特"未来城 NEOM"等大型项目机遇，打造标杆项目，锻造更适合沙特的国际化产品和能力，构建本土化资源能力和合作伙伴体系。再次，随着到沙特"掘金"的中国企业数量和规模的提升，围绕在沙特的中国企业，加快挖掘客户需求，探索市场机会，提升产品服务价值。

三是关注市场复杂度和特殊性，做好市场风险的识别与应对。中东地区地缘政治影响因素多样，经济结构性矛盾、制度障碍、社会效率等因素都可能导致沙特经济面临挑战，放缓转型进程。因此应当认识到沙特市场环境的复杂性和特殊性，做好市场调研；加强与当地企业的合作，规避部分风险、降低商业成本、尽快融入当地市场；有针对性地建立内部预警机制，制定应对各类风险的预案。

第 **9** 章

坦桑尼亚国别研究及机遇拓展

国家基本信息			
加入共建"一带一路"时间：2018 年 9 月			
经济环境			
GDP 规模 / 亿美元	706.43	全球 GDP 规模排名	74
人均 GDP/ 美元	1,080.79	人均私人消费 / 美元	591.26
社会环境			
人口规模 /100 万人	67.44	人口年龄中位数 / 岁	17.24
基尼系数	–	居民通电率	45.8%（2022 年）
科技环境			
电信业务总量 / 亿美元	14.72	数字经济占 GDP 比重	低于30%（2022 年）
4G 网络渗透率	29.51%	固定宽带渗透率	0.5%

9.1 国家概况

9.1.1 经济环境

1. 经济增长保持相对稳定，经济发展水平在撒哈拉以南非洲地区保持领先

经济增长方面，如图 9.1 所示，坦桑尼亚 GDP 增长率在 2013—2019 年保持在 5% ～ 7%，疫情期间有所下降，其后仍保持了 2% 的增速。该国经济从 2021 年开始复苏，2023 年，GDP 增长率为 5.2%，经济规模达到约 706.43 亿美元。通胀水平方面，2018—2021 年，坦桑尼亚总体通胀率保持稳定，维持在 3.5% 左右，2022 年通胀率达到 4.4%，为近年最高，2023 年降至 3.8%[1]。对外贸易方面，2022/23 财年，坦桑尼亚对外贸易总额为 294.1 亿美元，其中出口额 128 亿美元，进口额 166.1 亿美元 [2]，进口增长及外汇波动导致贸易逆差有所扩大。坦桑尼亚前三大出口目的地为印度、南非共和国和阿联酋，前三大进口来源地为中国、印度和阿联酋。债务风险方面，根据世界银行的数据，坦桑尼亚债务风险较低，公共债务占 GDP 比重近年来控制在 31% 左右，远低于 55% 的基准承受能力。尽管国际局势对坦桑尼亚偿还外债的能力有一定负面影响，但整体来看坦桑尼亚外债风险趋于下行，且有空间来吸收外部冲击。

图 9.1　坦桑尼亚 2013—2023 年 GDP 增速 [3]

---

[1] 数据来源：世界银行。

[2] 数据来源：坦桑尼亚中央银行。

[3] 同 [1]。

2. 坦桑尼亚经济发展仍面临诸多挑战，需要进一步加大经济改革力度

坦桑尼亚 2021 年被世界银行列入中等收入国家，2023 年人均 GDP 达到 1,080.79 美元。但与此同时，坦桑尼亚仍是联合国认定的世界上最不发达的国家之一，这表明坦桑尼亚实际经济社会发展仍面临着许多矛盾和困难。减贫方面，坦桑尼亚近年来致力于脱贫工作，2023 年，坦桑尼亚国际贫困率下降到 44.9%，但仍有近半数人口生活在贫困之中 [1]。坦桑尼亚经济增长对于减少贫困的影响几乎为零，增长主要集中在雇用贫困人口较少的现代行业，农业部门雇用了大部分的贫困人口，但对 GDP 的贡献仅为 25%，需要进一步提升生产力促进经济结构转型。出口方面，坦桑尼亚出口额占 GPD 比重从 2012 年的 22.4% 降至 2020 年的 13.5%，生产力增长缓慢、高贸易成本和关税壁垒是主要原因，需要通过政策手段吸引投资、降低贸易成本等来增强出口竞争力。近年来情况有所好转，2023 年出口额占 GPD 比重达到 17.8%[2]。

3. 营商便利度低，营商环境改革进展缓慢

坦桑尼亚营商便利度较低。世界银行发布的《2020 年营商环境报告》中，坦桑尼亚的营商便利度在全球 190 个经济体中排名第 141 位，相较于其 GDP 全球第 74 位的排名，营商便利度明显落后，甚至低于卢旺达（第 38 位）、肯尼亚（第 56 位）和乌干达（第 116 位）等东非邻国。如表 9.1 所示，坦桑尼亚政府税务、劳工、海关等机构执行力较弱，且各项费用普遍偏高。其中，跨境贸易时间、费用成本高企等因素很大程度制约外企进入坦桑尼亚。

近年来坦桑尼亚加快了改善营商环境的步伐，但仍有许多问题短期内难以解决。商业监管措施改革方面，坦桑尼亚启动了商业便利化和投资草案咨询程序，修改了金融法，拟设立税务纠纷解决办公室和税务监察员等。但坦桑尼亚仍面临许多沉疴顽疾，难以有效激发私营部门活力，如政府拖延增值税退税和拖欠供应商付款等。政府部门需持续推动政府职能精简，加快审批程序。世界

---

[1] 数据来源: 世界银行。

[2] 同 [1]。

银行《2024 年营商环境成熟度》报告显示，坦桑尼亚营商环境在统计的全球 50 个经济体中平均分排名第 29 位。

表 9.1　坦桑尼亚营商便利度分项指标情况 [1]

指标	2020 年全球排名	说明
跨境贸易	182	费用方面：坦桑尼亚出口货物所耗费用 1,175 美元，为撒哈拉以南非洲（603 美元）的 1.9 倍，为中国（256 美元）的 4.6 倍；坦桑尼亚进口货物所耗费用 1,350 美元，为撒哈拉以南非洲（691 美元）的 2 倍，为中国（241 美元）的 5.6 倍。 时间方面：坦桑尼亚出口货物所耗时间 96 小时，与撒哈拉以南非洲（97.1 小时）基本一致，为中国（21 小时）的 4.6 倍；坦桑尼亚进口货物所耗时间 402 小时，为撒哈拉以南非洲（126 小时）的 3.2 倍，为中国（36 小时）的 11.2 倍
纳税	165	次数方面：坦桑尼亚平均纳税次数 59 次，为撒哈拉以南非洲（36.6 次）的 1.6 倍，为中国（7 次）的 8.4 倍。 时间方面：坦桑尼亚纳税时间为 207 小时，略低于撒哈拉以南非洲（281 小时），为中国（138 小时）的 1.5 倍
开办企业	162	成本方面：坦桑尼亚开办企业成本占人均收入百分比为 40.6%，为撒哈拉以南非洲（36.3%）的 1.1 倍，为中国（1.1%）的 36.9 倍。 时间方面：坦桑尼亚开办企业耗时 29.5 天，略高于撒哈拉以南非洲（21.5 天），为中国（9 天）的 3 倍
办理施工许可证	149	时间方面：坦桑尼亚办理施工许可证耗时 184 天，为撒哈拉以南非洲（145 天）的 1.3 倍，为中国（111 天）的 1.7 倍
登记财产	146	时间方面：坦桑尼亚登记财产耗时为 67 天，为撒哈拉以南非洲（52 天）的 1.3 倍，为中国（9 天）的 7.4 倍
办理破产	116	时间方面：坦桑尼亚办理破产耗时为 3 年，略高于撒哈拉以南非洲（2.9 年），为中国（1.7 年）的 1.8 倍
保护少数投资者	105	信息披露（分数越低，信息披露越少）：坦桑尼亚 2.0 分，撒哈拉以南非洲 5.5 分，中国 10 分
获得电力	85	供电可靠性和电费指数透明度（0～8 分，分数越低，可靠性与透明度越低）：坦桑尼亚 5 分，撒哈拉以南非洲 1.6 分，中国 7 分

---

[1]　数据来源：世界银行，《2020 年营商环境报告》。

续表

指标	2020 年全球排名	说明
执行合同	71	司法程序质量指数（0～18 分，分数越低，质量越差）：坦桑尼亚 6 分，撒哈拉以南非洲 6.9 分，中国为 16.5 分
获得信贷	67	合法权利力度指数（0～12 分，得分越高说明担保和破产法制定得越利于信贷的获得）：坦桑尼亚 5 分，撒哈拉以南非洲 5.1 分，中国 4 分

9.1.2 社会发展

1. 人口规模大、增速快，人口结构高度年轻化

2023 年，坦桑尼亚人口约 6,744 万人，人口数量在非洲国家中居第 5 位，其中男性 3,334 万人，女性 3,410 万人。人口保持快速增长，2013—2022 年人口增长率均保持在 3% 及以上，2023 年小幅下降至 2.9%。城市化水平持续提升，2023 年城市人口增速为 4.9%，城镇人口占比达到 37.4%。坦桑尼亚人口年龄结构年轻，15 岁以下人口占比达到 43.1%[1]。

2. 劳动力供给充足且成本较低，高素质及专业领域人才缺口较大

坦桑尼亚劳动力人口充足，2023 年劳动力总人口为 3,121.91 万人，但普遍为低学历、低技术人员。普通工人月薪约为 32.5 万先令（约合 1,000 元）。专业人才缺口较大，特别是在信息通信、医疗、卫生、建筑等行业。坦桑尼亚政府为优先保证本国人员就业，对外来人员工作签证发放控制非常严格，且签证费用较高、办理周期较长。通常一家外资公司只允许雇用 5 名外籍专家，工作签证有限期为两年，到期需重新办理[2]。

3. 卫生健康和教育形势不容乐观，受教育程度低是生产力发展的主要制约因素

坦桑尼亚的卫生健康和教育支出不足，导致儿童发育迟缓，国民受教育程度较低。一方面，坦桑尼亚的卫生健康水平较低，人均卫生支出仅为 45 美元，

---

[1] 数据来源：世界银行。

[2] 数据来源：中华人民共和国商务部，《对外投资合作国别（地区）指南：坦桑尼亚》。

远低于世界卫生组织建议的 86 美元，2021 年，坦桑尼亚儿童发育迟缓水平升高至30%左右，意味着太多儿童可能无法取得良好的学习成绩[1]。另一方面，坦桑尼亚政府 2023 年的教育支出占 GDP 的比重为 3.3%，教育支出占政府开支的比重为 13.7%，均低于中低收入国家平均水平。虽然坦桑尼亚小学入学率不断提升，达到 93.1%，但事实上，坦桑尼亚学习成果不足且质量不断下降，中等和高等教育的入学率较低，截至 2022 年，25 岁以上人口中完成初中教育的占比仅为 15.1%[2]，缺乏推动现代化工业和经济的知识和技能。

9.1.3 科技发展

1. 科技发展水平落后，科技发展严重依赖国外引进

WIPO 公布的《2024 年全球创新指数》报告对 133 个经济体的创新表现进行排名，坦桑尼亚位列第 120 位，较前一年下降了 7 位，低于其全球 GDP 排名。其中人力投入、研究成果、基础设施、知识技术产出和创造性产出等指标全面落后，均在 110 名以后。坦桑尼亚工业生产技术水平较低，生产资料和日用品均依赖进口，仪器、机械设备、金属制品、交通运输工具等常年依赖进口。政府鼓励外国政府提供科学技术援助，IMF 在非洲的第一个技术援助中心——东非技援中心就设在坦桑尼亚。

2. 政府致力于营造有利于科技创新的环境

坦桑尼亚政府制定系列政策和措施，将科技创新与生产和市场需求相结合，鼓励重点行业的研究和发展。如在农业领域支持生物技术研究和应用的发展，在能源领域鼓励本国人参与石油和天然气运营投资、能力建设和技能发展，在数字经济领域完善法律框架和产业政策。政府鼓励初创企业的成长和发展，针对融资渠道、政策环境、基础设施和技术鸿沟等问题，采取措施创造适合初创企业经营和发展的环境。

---

[1] 数据来源：联合国开发计划署。

[2] 数据来源：世界银行。

9.2　信息通信业发展现状及趋势

整体来看，坦桑尼亚信息通信业落后，电信运营商竞争格局相对稳定。移动通信市场渗透率超过五成、市场成熟度较低，远落后于全球平均水平。当前和未来几年内，3G 和 4G 技术占据主导地位，5G 建设缓慢推进。固定宽带服务受限于基础设施建设，成本居高不下，光纤部署进度较慢。短期内，坦桑尼亚宽带市场很大程度需要依靠 FWA 技术降低建设成本，扩大宽带服务范围。数字经济在坦桑尼亚还处于起步阶段，移动支付渗透率约五成，社交媒体渗透率不足一成。现阶段该国的目标是聚焦扩大网络覆盖范围，让更多人融入数字经济。受制于数字基础设施建设情况，坦桑尼亚政企数字化程度较低，政府为提供高质量互联网服务，改善提供数字公共服务的能力，促进工业化和数字经济发展，制定了"数字坦桑尼亚"计划（Digital Tanzania Programme），分 2020—2024 年、2025—2029 年两个阶段推进，并出台配套政策。在政策的带动下，坦桑尼亚信息通信市场将进一步发展。

9.2.1　基础通信行业——移动通信

1. 移动通信市场成熟度低，发展潜力较大

坦桑尼亚移动用户渗透率、ARPU 仍有很大提升空间。如表 9.2 所示，截至 2023 年，坦桑尼亚移动通信独立用户渗透率为 53.6%，略低于非洲 54.4% 的平均水平，远低于全球 72.8% 的平均水平，独立用户数 3,612.3 万人，移动连接规模为 7,009.1 万户。坦桑尼亚移动 ARPU 为 1.77 美元，不足非洲平均水平的六成，不足全球平均水平的三成。

表 9.2　坦桑尼亚移动通信市场指标及对比情况 [1]

项目	2022 年	2023 年	2024 年（E）	2025 年（E）	2026 年（E）	2027 年（E）	2028 年（E）
独立用户渗透率	52.5%	53.6%	54.6%	55.7%	56.7%	57.8%	58.9%

---

[1]　数据来源：Omdia。

续表

项目	2022 年	2023 年	2024 年（E）	2025 年（E）	2026 年（E）	2027 年（E）	2028 年（E）
独立用户数/1000 人	34,388	36,123	37,912	39,758	41,665	43,641	45,689
移动连接规模/1000 户	60,261	70,091	78,259	84,643	89,754	94,193	98,286
移动服务收入/100 万美元	1,211	1,382	1,557	1,734	1,914	2,090	2,267
ARPU/ 美元	1.77	1.77	1.75	1.77	1.83	1.89	1.96
非洲 ARPU/ 美元	2.91	3.04	3.11	3.15	3.17	3.17	3.18
全球 ARPU/ 美元	6.18	6.08	5.97	5.88	5.82	5.79	5.78

随着经济复苏以及对数据和数字服务需求的增加，2023 年，坦桑尼亚的移动数据和数字服务业务的订阅量稳健增长，移动服务收入同比增长 14.1%，远高于当年 GDP 的增长。预计到 2028 年，移动订阅量和移动服务收入将较 2023 年分别增长 40% 和 64%。

预计到 2028 年，坦桑尼亚移动通信市场仍以 3G 和 4G 技术为主，5G 手机价格高昂制约用户发展。Omdia 预测，坦桑尼亚 4G 用户数将从 2023 年的 1,990.3 万户增加到 2028 年的 6,059.4 万户。到 2028 年，3G 和 4G 移动用户渗透率将达到 82.1%。坦桑尼亚的移动服务提供商 Vodacom Tanzania，已经在 2022 年三季度开始 5G 网络部署，以推动订阅和收入增长。但低价 5G 智能手机的缺乏抑制 5G 服务订阅，预计到 2028 年，5G 移动用户数仅能达到 822.2 万户，渗透率仅为 8.4%。

2. 政府加速推动移动技术发展，助力坦桑尼亚数字化转型

频谱方面，坦桑尼亚通信管理局（TCRA）于 2022 年 10 月将 700 MHz、2,300 MHz、2,600 MHz 和 3,500 MHz 频谱发给 Vodacom Tanzania、Airtel Tanzania、Tigo Tanzania 和 Halotel Tanzania 四家电信运营商。投资方面，坦桑尼亚政府加

快扩大移动服务覆盖范围，2023 年，在世界银行的支持下，政府与移动网络运营商合作开展了"数字坦桑尼亚"计划，旨在到 2025 年实现移动宽带 80% 的普及率。该项目预计耗资约 2,653 亿先令（约合 1.12 亿美元），移动运营商将负责在服务不足的地区部署总共 758 个移动通信信号塔。网络建设方面，坦桑尼亚的移动运营商持续扩大 3G 和 4G 网络覆盖范围，截至 2024 年 9 月，3G 和 4G 网络覆盖率分别达到 90.1% 和 84.9%。5G 技术的引入也取得了长足的进步，覆盖范围扩大到 18% 的人口，有望实现更快的速度和更好的连接。

3. 移动通信市场竞争充分，三大运营商占据主导地位

坦桑尼亚市场上存在 5 家运营商，其中 3 家的市场份额均超过了 25%，且彼此之间的差距不大，一定程度上说明市场已经经过了充分的竞争。

市场份额方面，如表 9.3 所示，2019—2023 年坦桑尼亚移动通信市场份额较为稳定，且份额越来越接近，呈现三家鼎立局面，Vodacom Tanzania、Airtel Tanzania、Tigo Tanzania 三大运营商合计份额超过 80%。Vodacom Tanzania 份额为 28.1%，该运营商于 2022 年 9 月率先推进 5G 网络商用，并于 11 月推出 5G FWA 业务，发展家庭和企业用户。同年 10 月，Airtel Tanzania、Tigo Tanzania 通过拍卖方式获得频谱后，也逐步推进 5G 网络商用。

表 9.3 坦桑尼亚移动通信市场份额 [1]

运营商	2019 年	2020 年	2021 年	2022 年	2023 年
Vodacom Tanzania	32.8%	29.9%	28.7%	27.9%	28.1%
Airtel Tanzania	26.7%	27.2%	27.5%	28.5%	28.1%
Tigo Tanzania	26.5%	25.8%	25.0%	27.3%	28.9%
Halotel Tanzania	9.9%	13.7%	13.7%	14.1%	12.9%
TTCL	1.7%	1.8%	3.3%	2.4%	2.3%

业绩表现方面，Vodacom Tanzania 处于市场领先位置，服务收入、ARPU 表现相对最优，资本性支出（CAPEX）也明显高于其他运营商。如表 9.4 所示，

---

[1] 数据来源：GSMA。

从 2023 年业绩来看，Vodacom Tanzania 服务收入达到 4.93 亿美元，ARPU 达到 2.1 美元，并呈现逐年增长的趋势，用户价值不断提升。Tigo Tanzania 和 Airtel Tanzania 的服务收入分别位列第 2、3 位，ARPU 较低且提升效果不明显，收入增长主要来源于用户数量的增长。Halotel Tanzania 和 TTCL 服务收入与 CAPEX 较少，属于最后梯队。

表 9.4 坦桑尼亚主流运营商 2021—2023 年主要业绩表现 [1]

运营商	类别	2021 年	2022 年	2023 年
Vodacom Tanzania	服务收入 /100 万美元	363	410	493
	ARPU/ 美元	1.9	2.0	2.1
	CAPEX/100 万美元	47	59	79
Airtel Tanzania	服务收入 /100 万美元	220	256	295
	ARPU/ 美元	1.3	1.4	1.4
	CAPEX/100 万美元	23	40	46
Tigo Tanzania	服务收入 /100 万美元	302	317	344
	ARPU/ 美元	1.8	1.7	1.6
	CAPEX/100 万美元	35	50	50
Halotel Tanzania	服务收入 /100 万美元	83	113	126
	ARPU/ 美元	1.0	1.3	1.3
	CAPEX/100 万美元	7	7	7
TTCL	服务收入 /100 万美元	25	34	32
	ARPU/ 美元	1.6	1.7	1.7
	CAPEX/100 万美元	3	5	5

9.2.2 基础通信行业——固定通信

1. 固定宽带市场发展极为落后，高使用成本阻碍发展

如表 9.5 所示，2023 年，坦桑尼亚固定宽带订阅数约为 7 万户，固定宽带渗透率仅为 0.5%，低于非洲 13% 的平均渗透率。

---

[1] 数据来源：Omdia。

表 9.5　坦桑尼亚固定宽带市场订阅数、服务收入及 ARPU 等情况 [1]

项目	2021 年	2022 年	2023 年	2024 年（E）	2025 年（E）	2026 年（E）	2027 年（E）	2028 年（E）
总订阅数/1000 户	41	72	70	74	81	89	99	111
服务收入/100 万美元	14	15	16	16	17	19	21	23
固定宽带渗透率	0.3%	0.6%	0.5%	0.5%	0.6%	0.6%	0.7%	0.7%
ARPU/美元	29.41	22.18	18.48	18.35	18.30	18.23	18.15	18.08
非洲 ARPU/美元	9.67	9.14	9.07	9.03	8.98	8.94	8.91	8.88
全球 ARPU/美元	19.00	18.99	18.92	18.79	18.74	18.72	18.74	18.77

2023 年，坦桑尼亚固定宽带 ARPU 约为 18.48 美元，远高于非洲的 9.07 美元，几乎与全球 18.92 美元的平均水平持平。如表 9.6 所示，以坦桑尼亚最大固网运营商 TTCL 的光纤产品价格为例，基础费用 22 美元 / 月起步，尊享版百兆宽带价格高达 80 美元 / 月，并且宽带套餐中并未包含数字内容等增值服务。

表 9.6　TTCL 光纤宽带产品资费情况 [2]

套餐名称	下载速率 /（Mbit/s）	上传速率 /（Mbit/s）	每月含税价格 / 美元
基础版	20	10	22
标准版	40	20	40
超级版	60	30	60
尊享版	100	50	80
流媒体尊享版	50	100	80

2. 光纤宽带逐步成为主导技术，FWA 用户规模快速提升

坦桑尼亚固定宽带用户规模尚小，近年难有大规模提升。Omdia 预计，到 2028 年，固定宽带渗透率仅能提升至 0.7%，订阅用户规模约 23 万户。自 2022 年起，光纤宽带渗透率逐渐提高，取代 DSL 成为坦桑尼亚固定宽带的主导技术，用户占比超过 60%，2023—2028 年用户规模复合年均增长率为 10.8%。

[1] 数据来源：Omdia。
[2] 数据来源：TTCL 官网。

近年来，由于光纤基础设施部署的速度相对较慢，消费者对超高速宽带应用的需求不断增长，坦桑尼亚或将依靠 FWA 技术扩大宽带服务范围。预计到2028 年，FWA 用户占比将从 2023 年的 11.9% 提升至 22.9%，突破 2.5 万户，复合年均增长率高达 25%，用户渗透率将提升至 0.2%。2022 年 9 月，Vodacom Tanzania 率先推出 5G 业务后，成为坦桑尼亚领先的 FWA 5G 提供商。

3. 固定宽带市场格局呈现垄断

坦桑尼亚固网市场由 TTCL 主导，TTCL 全称为 Tanzania Telecommunications Company Limited，其前身是坦桑尼亚邮电公司，政府拥有其 100% 的股权，是坦桑尼亚具有垄断地位的国有固网运营商，2022 年的市场份额超过 90%。

9.2.3 数字经济

1. 消费者市场方面，移动支付在非洲地区处于领先地位

坦桑尼亚移动支付系统的普及和使用率较高，运营商是推动移动支付发展的主力，市场集中度较高。2021 年底，移动支付交易额占 GDP 的比重已达66%[1]。2019—2023 年，坦桑尼亚移动支付交易量从 30 亿笔增长至 53 亿笔，复合年均增长率约 19%，截至 2023 年，移动支付用户达到 5,290 万户，用户渗透率达 78%。自 2008 年 Vodacom Tanzania 发起 M-Pesa 支付业务以来，坦桑尼亚移动支付经历了 15 年的发展，移动支付成为坦桑尼亚日常交易和经济活动中不可或缺的一部分。Vodacom Tanzania 凭借超过千万的庞大用户基础，以 38% 的市场份额占据主导地位，其次是 Tigo Tanzania 和 Airtel Tanzania，市场份额分别为 31% 和 8%[2]。

2. 政企市场方面，数字化发展处于初级阶段，中坦数字经济合作空间巨大

坦桑尼亚政府数字化程度较低。联合国《2024 年电子政务调查》报告显示，在联合国 193 个会员国中，坦桑尼亚综合排名第 153 位，未排进非洲前十。其主要原因是电信基础设施指标尤为落后，体现在个人互联网使用率低，固定宽

---

[1] 数据来源：中华人民共和国驻坦桑尼亚联合共和国大使馆经济商务处。

[2] 数据来源：坦桑尼亚通信管理局。

带家庭渗透率低，政府线上服务指标、人力资本指数均低于全球平均水平。

9.2.4 信息通信及数字经济发展政策

如表 9.7 所示，坦桑尼亚政府推出一系列信息通信及数字经济领域的措施来刺激国家数字生态的发展。2021 年，坦桑尼亚政府制订并发布"数字坦桑尼亚"计划，旨在为政府和公民提供高质量互联网服务，并改善政府提供数字公共服务的能力，促进工业化和数字经济发展。该计划分两个主要实施阶段，每个阶段为期 5 年，第一阶段执行期为 2020—2024 年，第二阶段为 2025—2029 年，执行机构包括坦桑尼亚总统府公务管理和良政事务部，新闻、通信和信息技术部，工程部和交通部等。"数字坦桑尼亚"计划有 3 个主要组成部分。

第一，数字生态系统。旨在加强 ICT 基础设施建设和产业发展，通过有效利用信息通信技术，为坦桑尼亚经济社会发展创建有利的数字环境和生态。重点将放在：ICT 政策、监管和财政改革与实施、数字青年发展和 ICT 产业发展等。

第二，数字连接。旨在缩小数字连接和服务接入方面的差距；进一步降低互联网接入成本，确保所有坦桑尼亚人均有机会接入全球网络；确保所有政府机构从高性能互联网服务中受益。重点将放在：政府互联网建设、农村宽带促进发展等。

第三，数字平台和服务。旨在加速数字驱动的经济和社会发展，促进创新、创造就业、提升政府服务水平和运作效率。重点将放在：数字服务和生产力平台、数字素养和能力建设、发展数字经济等。

表 9.7 坦桑尼亚信息通信及数字经济领域主要举措 [1]

措施	发布时间	目的与主要内容
移动网络建设	2023 年 5 月	坦桑尼亚总统萨米娅·苏卢胡·哈桑见证了农村电信项目协议的签署，该项目旨在为 850 万以前未联网的个人提供通信服务。电信运营商与政府合作实施该项目，政府提供 40% 的资金支持，移动网络运营商承担剩余的 60%
《个人数据保护法》	2022 年 11 月	法案于 2022 年 9 月首次提交议会，并在同年 11 月获得议会通过，自 2023 年 5 月 1 日起开始生效

[1] 资料来源：根据公开资料汇总整理。

续表

措施	发布时间	目的与主要内容
"数字坦桑工程"	2022年3月	时任坦桑尼亚新闻、通信和信息技术部部长恩纳乌耶表示，政府拟投入1.5亿美元打造"数字坦桑工程"，加快推动坦桑尼亚数字经济建设。该蓝图计划从以下方面展开。 ● 审查、完善法律框架和产业政策，起草数据保护法案，营造良好制度环境； ● 开展能力建设，目标培养500名数字经济领域技术专家； ● 建设国家数据中心，将现有200多个政府网站整合为单一政务服务平台。 为刺激数字经济领域投资，坦桑尼亚政府推出若干鼓励措施，如简化网络信息发布审查程序（仅时事及社会新闻需事前审批），网络媒体服务许可年费从10万先令降至5万先令等

9.3 信息通信市场机会表现

9.3.1 总体表现

坦桑尼亚市场属于"战略驱动型"市场，如图9.2所示。信息通信企业需充分调研营商环境，在评估发展环境基础上，进行中长期市场布局。

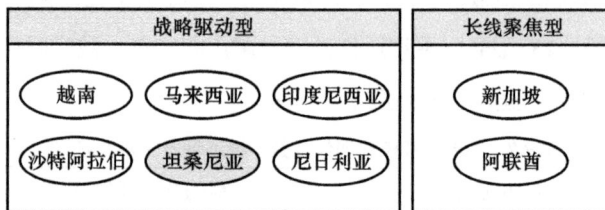

图 9.2 坦桑尼亚信息通信市场机会类型

坦桑尼亚作为东非第二大人口国、第三大经济体，政局稳定，人口体量较大，经济快速发展，移动互联网经济规模初步形成，已成为东非最受青睐的投资目的地之一。2022年，坦桑尼亚与我国升级为全面战略合作伙伴关系。接下来几年，两国合作将进一步增强。坦桑尼亚4G及5G网络渗透率较低，固定宽带市场发展落后。客观来看，移动通信、固定通信、数字经济等信息通信领域存在快速发展建设需求，值得长期关注。

9.3.2 具体分析

特征一：坦桑尼亚是人口大国，政局稳定，经济发展较快，处于数字基础设施建设阶段，前景较为乐观

坦桑尼亚被联合国列入最不发达国家类别，经济保持快速稳定发展，2023年实际 GDP 增速为 5.1%，预计 2024 年、2025 年经济增速将达到 5.4%、6%[1]。坦桑尼亚数字基础设施建设落后，信息通信市场成熟度低。数据显示，2023年，该国电信业务总量约 15 亿美元，4G 网络渗透率不足 30%，固定宽带渗透率不足 1%。人口红利丰厚，市场潜力巨大。2023 年，该国人口约 6,744 万人，是东非仅次于埃塞俄比亚的人口大国，人口结构高度年轻化，人口增长率约为 3%。

特征二：坦桑尼亚与我国升级为全面战略合作伙伴关系，各领域合作成果丰硕

2022 年 11 月，坦桑尼亚与我国升级为全面战略合作伙伴关系，双方将提高经贸合作水平，深化高质量共建"一带一路"。贸易方面，双方将充分利用中坦经贸混委会等机制，进一步扩大双边贸易规模。"一带一路"合作方面，双方愿积极推动坦赞铁路升级改造。我国将鼓励更多中国企业赴坦桑尼亚投资，参与铁路、公路、港口、航空、电力、信息通信等基础设施建设。坦桑尼亚将进一步改善营商环境，为中国企业在坦桑尼亚经营提供便利。

特征三：坦桑尼亚交通、电力基础设施建设相对落后，限制 DICT 企业拓展市场

坦桑尼亚交通和电力基础设施落后，极大限制了外资的拓展意愿。2021 年，中国国际贸易促进委员会报告显示，由于资金投入不足，坦桑尼亚公路的建设、养护状况普遍欠佳：主干公路状况较好，路面铺装率达 76.8%；省公路的路面

---

[1] 数据来源：IMF，《2024 年 10 月世界经济展望》。

铺装率仅为 7.2%；县、市政公路和支线公路的路面铺装率低至 1%。坦桑尼亚电力供应严重不足，截至 2022 年，坦桑尼亚居民通电率仅为 45.8%[1]，落后的电力供应极大影响网络部署和网络服务质量。

9.4　信息通信市场机遇拓展总结

9.4.1　国际化拓展机会与风险

通过多方面综合判断，长期来看，认为坦桑尼亚信息通信市场机会大于风险，是值得重点考虑的拓展目标，如表 9.8 所示。

宏观环境层面，坦桑尼亚是我国对非洲开展产能合作的 3 个试点国家之一，2022 年底，两国提升为全面战略合作伙伴关系，有其综合优势。坦桑尼亚政府一再强调打造良好投资环境，以便吸引企业投资信息通信技术项目，降低用户使用信息通信技术的成本，但营商环境、基础设施落后等一系列负面因素确实存在。要准确把握坦桑尼亚发展现状及特点，有效利用各类具体政策。

行业发展层面，坦桑尼亚政府重视基础设施建设，"数字坦桑尼亚"计划强调生态系统建设，促进 ICT 产业发展；鼓励进一步降低互联网接入成本，加快政府互联网建设、农村宽带建设；搭建数字服务和生产力平台，提升政府服务水平和运作效率。客观上看，坦桑尼亚在互联网建设、政企信息化领域，存在较大商机。

竞争能力层面，坦桑尼亚移动通信市场主要由 4 家外资运营商 Tigo（卢森堡）、Vodacom（南非共和国）、Airtel（印度）和 Halotel（越南）主导，竞争相对不激烈。固定宽带市场，由国有企业 TTCL 牢牢把控，缓慢发展。数字经济方面，主要参与者为国外互联网公司、泛非洲电信运营商，竞争程度相对较小。

---

[1]　数据来源：世界银行。

表 9.8   坦桑尼亚信息通信市场机会与风险情况判断

机会	风险
● 政局整体稳定。 ● 人口数量大且年轻化,扫盲率高。 ● 劳动力规模大、成本低。 ● 政府重视信息基础设施建设。 ● 信息通信领域允许外资进入,市场相对开放。 ● 信息通信业客观上存在快速发展建设需求,包括移动通信、固定通信、数字经济等相关领域	● 营商环境全球排名第141位,营商环境相对较差。 ● 坦桑尼亚工会活跃,常通过与企业谈判等形式帮助员工争取提高薪资,存在工人罢工风险。 ● 教育程度低、技术型劳动力缺乏。 ● 道路、电力等公共基础设施严重不足(绝大多数外资企业可能需自备电力供应设施)。 ● 竞争格局较稳定,几个主要运营商已扎根多年,具有竞争优势。 ● 先令汇率波动较大,抗风险能力较弱

9.4.2   综合建议

综上,需要对坦桑尼亚信息通信市场保持积极关注,寻求合作与拓展机会,提出如下建议。

一是积极参与共建项目,深入推进"一带一路"共建合作。借两国提升为全面战略合作伙伴关系的契机,积极参与建设项目,融入"数字坦桑尼亚"计划建设过程,同时,进一步观察坦桑尼亚政府政策的延续性,推进高质量共建"一带一路"。

二是充分了解坦桑尼亚政府近年内通信基础设施投资预算规模、投资节奏。坦桑尼亚电信业务总量小,单用户付费能力有限,导致规模体量小,电信运营商主要依靠政府补贴完善网络覆盖。因此,要密切跟踪坦桑尼亚政府后续改革措施、通信领域投资力度,以及关注各国援助基金动向。要全面调查了解坦桑尼亚经济发展现状及基础设施、交通、能源供应等各方面情况,对在坦桑尼亚投资的成本和收益有全面、客观的认识。

三是把握坦桑尼亚发展阶段和现实情况,采取合作共赢、分步推进的策略。建议在推动通信领域投资过程中,加强与当地企业的深度合作,以规避部分风险、降低商业成本、尽快融入当地市场。建立并培养当地数字化人才队伍,通过系统性培训、师徒制等模式,培养市场运营、技术研发及中高层管理人才。

第 10 章

尼日利亚国别研究及机遇拓展

国家基本信息			
加入共建"一带一路"时间：2018 年 9 月			
经济环境			
GDP 规模 / 亿美元	5,506.48	全球 GDP 规模排名	24
人均 GDP/ 美元	2,460.39	人均私人消费 / 美元	–
社会环境			
人口规模 /100 万人	223.80	人口年龄中位数 / 岁	17.75
基尼系数	–	居民通电率	60.5%（2022 年）
科技环境			
电信业务总量 / 亿美元	83.76	数字经济占 GDP 比重	低于 30%（2022 年）
4G 网络渗透率	22.24%	固定宽带渗透率	6%

10.1 国家概况

10.1.1 经济环境

1. 非洲第一大经济体，通货膨胀、债务危机等问题导致经济前景存在较大不确定性

尼日利亚是非洲第一大经济体，过去几年来经济发展较为稳定。如表 10.1 所示，2021 年起，尼日利亚经济实现疫情后恢复性增长。2021—2023 年，尼日利亚 GDP 增速分别为 3.4%、3.1%、2.7%，人均 GDP 增速分别为 1.1%、0.7%、0.3%，农业、贸易、信息通信及金融保险等非石油领域推动了经济复苏，对 GDP 的贡献率分别达到 92.7%、94.3%、94.6%。

表 10.1　2018—2023 年尼日利亚经济增长情况 [1]

年份	GDP 增速	人均 GDP 增速
2018 年	1.9%	−0.7%
2019 年	2.2%	−0.4%
2020 年	−1.9%	−4.3%
2021 年	3.4%	1.1%
2022 年	3.1%	0.7%
2023 年	2.7%	0.3%

通货膨胀、债务危机等问题致使尼日利亚未来发展存在较大不确定性。如图 10.1 所示，2023 年 1 月起，尼日利亚的通货膨胀率始终保持在 20% 以上，且一路走高，2024 年 5 月飙升至 33.95%，达到历史高位。食品价格是推动通胀上涨的主要原因，此外，尼日利亚的债务规模不断扩大，截至 2023 年，公共债务存量为 97.34 万亿奈拉，预计到 2024 年底政府债务将继续增加。IMF 预测，2024 年尼日利亚实际 GDP 增速将保持在 2.9%，与 2023 年基本持平 [2]。

---

[1]　数据来源：尼日利亚国家统计局。

[2]　数据来源：IMF，《2024 年 10 月世界经济展望》。

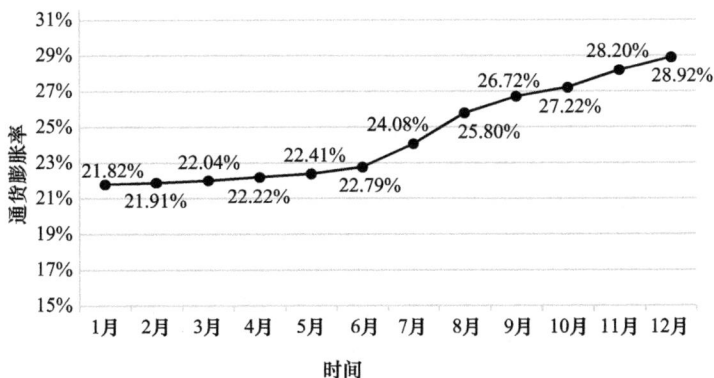

图 10.1　2023 年 1—12 月尼日利亚通货膨胀率变化情况 [1]

2. 信息通信业成为经济增长新动能，在摆脱经济衰退方面发挥了关键作用

产业贡献率方面，信息通信业逐渐成为尼日利亚经济增长新动能。尼日利亚通信委员会表示，过去十多年来，信息通信业对尼日利亚 GDP 贡献率一直超过 10%。2023 年，信息通信业产值的实际增长率达到 7.91%，GDP 贡献率达 14% 以上，较往年进一步提升，如图 10.2 所示。近两年，信息通信业对于尼日利亚的 GDP 贡献率一直保持在较可观的水平。

产业鼓励政策方面，通信基础设施类和技术研发类属于政策倾斜产业。为改变过于依赖原材料出口的低层次产业格局，尼日利亚政府一是将本国竞争力弱的 69 个行业确定为优先发展的先锋行业。通信和基础设施行业均属于先锋行业范畴，投资相关行业可获得 5 年免税待遇。二是鼓励外资企业引进技术并带动本国技术升级，在境内开展研发以及建立长期研发项目的外资企业将在税收、补贴上享受优惠。尼日利亚国家统计局数据显示，2022 年，尼日利亚信息通信业吸引外资 4.57 亿美元，5G 部署和 4G 扩展的增加使得外资对信息通信业的投资增加了 325.12%，2021 年和 2023 年信息通信业吸引外资分别为 1.07 亿美元和 1.35 亿美元。

---

[1]　数据来源：尼日利亚国家统计局。

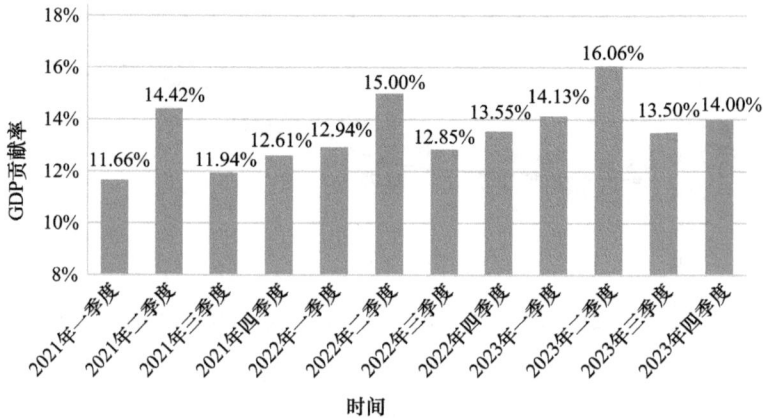

图 10.2　2021—2023 年各季度信息通信业对尼日利亚 GDP 贡献率 [1]

3. 尼日利亚十分重视招商引资，政府政策支持已初显成效，数字经济获得国际组织的资金支持

作为西非经济"领头羊"，尼日利亚十分重视外商投资，并设立了尼日利亚投资促进委员会（NIPC）。引资态度方面，尼日利亚欢迎并重视外来投资。一是并未在准入部门、投资形式、外资持股份额以及外资承包施工领域设置准入障碍。二是国家对外资进入实行统一优惠政策，无双重标准。引资能力方面，即使尼日利亚存在营商基础较差的短板，但政府政策支持已初显成效。尼日利亚政府通过推行企业网上注册审批、公开办理施工许可证、提供信用评级服务、开通电子支付缴税等改革举措，进一步提升本国投资便利度。通过持续加大投入和改革力度，尼日利亚成为近 3 年全球营商便利度排名上升最快的 10 个经济体之一。

当地政府积极为当地数字经济发展营造良好的政治和生态环境，蓬勃发展的数字经济 [2] 也为尼日利亚吸引来了来自欧盟、非洲开发银行等的投资支持。为促进数字和创新产业投资，解决当地年轻劳动人口就业，尼日利亚政府推出

---

[1]　数据来源：尼日利亚通信委员会。

[2]　资料来源：中华人民共和国商务部《对外投资合作国别指南：尼日利亚（2021 版）》数据显示，2019 年，尼日利亚 ICT 行业占 GDP 比重为 13.85%。地区涌现出 Jumia、Kobo 等数字平台，金融科技、电子支付、电子商务等应用迅速推广。

"数字和创新企业投资计划"。该计划最初由法国开发署和伊斯兰开发银行联合资助，2022 年 1 月，非洲开发银行董事会批准一项 1.7 亿美元的贷款，参与投资该计划。2022 年 2 月，欧盟宣布了未来 7 年 1,500 亿欧元的"全球门户欧非一揽子投资计划"，为非洲的数字化转型、可再生能源、生物多样性、农业和粮食生产、气候变化倡议、教育等提供资金。作为计划的一部分，欧盟计划在未来两年通过 1.6 亿欧元的赠款和 6.6 亿欧元的贷款，为尼日利亚数字化转型提供至少 8.2 亿欧元的支持，旨在帮助当地加强安全连接，推动公共服务数字化，支持创业和培养数字技能。

10.1.2　社会发展

1. 非洲人口第一大国，人口结构极为年轻化，同时深受高贫困率困扰

尼日利亚是非洲人口数最多的国家，庞大的人口基数背后蕴藏着巨大的市场潜力。根据 Countrymeters 数据，截至 2023 年，尼日利亚总人口达到 2.26 亿人，约占非洲人口总数的 15.4%。人口结构极为年轻化，年龄中位数为 18 岁，15 岁以下人口约占总人口 40.9%，15 ～ 64 岁人口占比 55.9%。近年来，尼日利亚的出生率和人口自然增长率保持较高水平，出生率相当于我国的 5 倍以上，预计到 2050 年，人口规模将达到 4.1 亿人，仅次于印度、中国和美国。

虽然尼日利亚正处于人口红利期，但是高贫困率和贫富差距问题深深困扰着该国，并为一些安全事件的发生埋下隐患。受新冠疫情影响，尼日利亚贫困率进一步上升，2023 年贫困人口比例约为 40.1%，远高于 2018 年的 30.9%[1]。另外，国家贫富差距较为严重，中产阶级断档现象明显。数据显示，尼日利亚超过一半的劳动人口月收入低于 20 万奈拉（约合 121.8 美元），而月收入超过 60 万奈拉的高收入人群占比仅为 10%[2]。

---

[1]　数据来源：尼日利亚国家统计局。

[2]　数据来源：Intelpoint，《尼日利亚职场报告》。

2. 受恐怖主义和族群冲突等影响，地区安全形势复杂

一是尼日利亚的恐怖主义风险尚未有效清除，威胁企业财产安全。二是族群冲突严重，一旦企业员工被卷入族群冲突，人身安全将受到严重威胁。三是绑架事件频发，边境和海域安全状况堪忧，需高度重视员工人身安全。

10.1.3 科技发展

1. 民众受教育程度有限，高素质及技术型劳动力缺乏

劳动力结构方面，尼日利亚普通劳动力资源丰富，但高素质及技术型劳动力匮乏。2022 年，尼日利亚 15 ～ 64 岁人口达 8,700 万人，劳动力参与率达到 81.3%，就业人口比率为 78.2%[1]。尽管尼日利亚年轻劳动力充沛，但劳动力素质不高。仅有 39.2% 的人拥有高等学历，硕士及以上高等教育的占比仅为 7.8%，这显示出高等教育普及仍有较大的提升空间。尼日利亚各类技术工人、工程师和高级管理人员十分稀缺。同时，由于实行外籍劳务人员配额管理等原因，当地外籍劳务市场规模较小，引入外籍技术人员约束较多。

2. 研发投资支出不足、产出水平不高，科技创新能力落后

《2024 年全球创新指数报告》显示，在统计的全球 133 个经济体中，尼日利亚排名第 113 位；在 38 个中低收入经济体中，尼日利亚排名第 27 位。研发投入方面，2022 年，尼日利亚研发支出占 GDP 的比重仅为 0.3%。据估算，2020—2022 年，尼日利亚各部门机构研发支出总额约为 46.74 亿美元，不足同期 GDP 的 1%。研发支出中仅有约 4.6 亿美元投入公立高等院校，而其中 70% 被用于个人使用和经常性支出，只有少部分用于实际的研究活动。研发产出方面，WIPO 数据显示，2000—2022 年，非洲共计注册 23.4 万件专利，其中尼日利亚注册专利数不足 2,500 件，仅占 1%。同时，在尼日利亚的外国公民较本国公民在专利发明方面贡献度更大，2016 年、2017 年和 2018 年，在尼日利亚的外国公民注册专利数分别占尼日利亚注册专利总数的 80%、60% 和 80%。

---

[1] 数据来源：Intelpoint，《尼日利亚职场报告》。

10.2 信息通信业发展现状及趋势

整体来看，尼日利亚信息通信基础设施建设不足、起步晚、不完善，但同时，数字基础设施发展势头迅猛。移动网络覆盖范围持续扩大，移动互联网用户持续增长；固定宽带覆盖情况较差、发展缓慢；国际海缆资源充足，取得阶段性建设成果；数据本地化进程推动数据中心数量爆炸式增长。该国数字经济发展以金融科技、电子商务等为热点，数字创新企业助推行业快速成长。数字技术开始逐步赋能传统产业，对基础设施建设和信息通信技术提出较大需求。当地政府也通过加强顶层设计、推出系列政策支持行业发展，但政策实施成效有待长期观察。

10.2.1 基础通信行业——移动通信

1. 网络建设步伐加快，覆盖水平和网络性能得到改善

近年来，尼日利亚移动通信建设不断完善。一方面，资本开支投入持续加大，网络覆盖范围加速扩张。截至 2022 年底，3G 网络人口覆盖率达到 99%，4G 网络人口覆盖率达到 79.1%[1]，如图 10.3 所示。5G 网络方面，尼日利亚电信监管机构在 2021 年进行频谱拍卖，MTN 和 Mafab Communications 两家运营商在 2022 年推出 5G 服务，并进一步推进 5G 基站建设。另一方面，随着网络逐步升级，网络性能得到提升。一年内，移动网络下载速率从 16.5 Mbit/s 提升至 22.2 Mbit/s，如图 10.4 所示。但是，与全球移动网络下载速率水平仍有一定差距，与阿联酋、挪威、韩国等下载速率在 100 Mbit/s 以上的领先国家相距甚远。

---

[1] 数据来源：尼日利亚通信委员会。

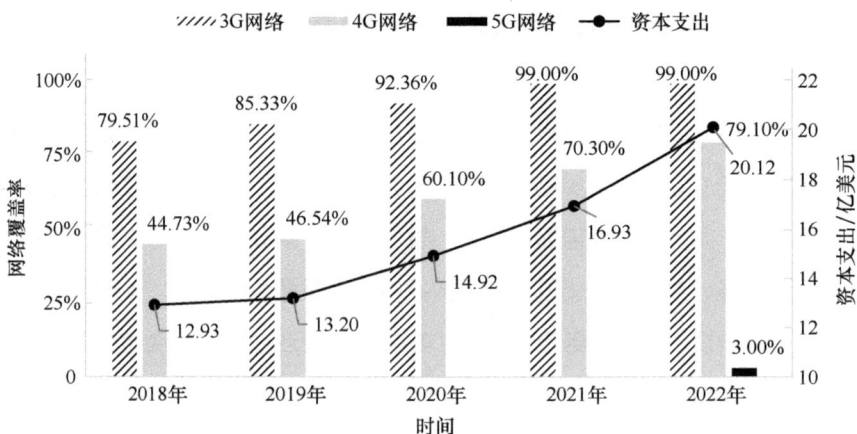

图 10.3　尼日利亚 3G、4G、5G 网络覆盖率及资本支出 [1]

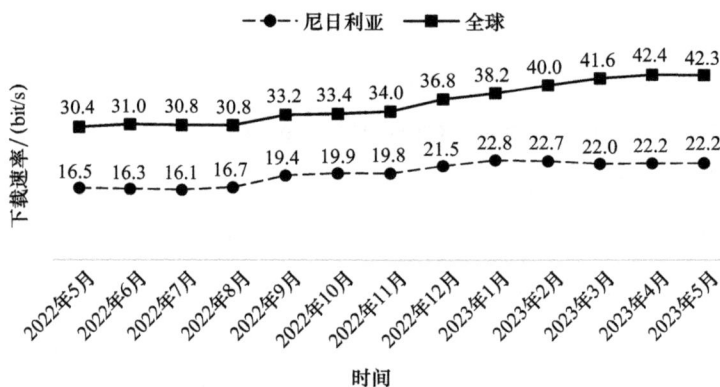

图 10.4　尼日利亚及全球移动网络下载速率 [2]

2. 移动连接渗透不足，用户规模增长空间广阔

尼日利亚的移动网络覆盖水平稳步提升，但网络使用程度仍较低。从整体渗透情况来看，2023 年，尼日利亚移动通信独立用户渗透率仅为 49.2%，不足总人口的一半，独立用户数为 1.1 亿人，移动连接规模为 2.16 亿户，如表 10.2 所示。由于尼日利亚电信运营商较多、话费贵、跨运营资费更贵，而 SIM 卡办理较为低廉，所以很多用户会同时使用多张 SIM 卡。Omdia 预测，2028 年，尼

---

[1]　数据来源：GSMA。

[2]　数据来源：Speedtest，数据均为中位数。

日利亚移动通信独立用户数将达到 1.37 亿人，较 2023 年新增 2,668 万人，发展前景广阔。

表 10.2　尼日利亚移动通信市场指标及对比情况 [1]

项目	2020 年	2021 年	2022 年	2023 年	2024 年（E）	2025 年（E）	2026 年（E）	2027 年（E）	2028 年（E）
独立用户渗透率	45.6%	46.8%	48.1%	49.2%	50.3%	51.4%	52.4%	53.5%	54.5%
独立用户数/1000 人	94,978	99,972	105,028	110,141	115,305	120,515	125,828	131,276	136,825
移动连接规模/1000 户	199,912	194,418	208,859	215,786	225,792	237,182	249,692	263,041	276,915
ARPU/ 美元	1.37	1.53	1.72	1.85	1.96	2.04	2.09	2.12	2.13
非洲ARPU/ 美元	2.65	2.77	2.91	3.04	3.11	3.15	3.17	3.17	3.18

3．移动连接以 3G 网络为主，用户网络升级将推动 ARPU 和服务收入增长

从网络连接数占比来看，尼日利亚 2023 年移动连接仍以 3G 网络为主，未来 2G 网络将逐步被淘汰，4G 网络连接数占比将稳步提升，如图 10.5 所示。

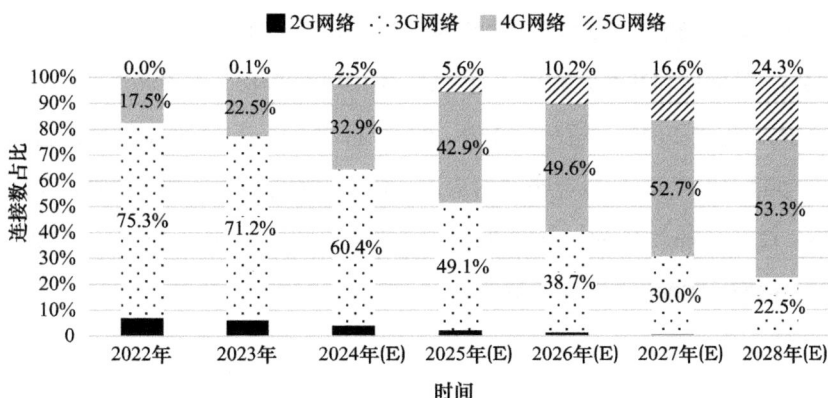

图 10.5　2022—2028 年尼日利亚移动网络连接数占比及预测 [1]

---

[1]　数据来源：Omdia。

由于移动网络技术较为落后，尼日利亚移动通信 ARPU 低于非洲平均水平。随着用户规模增长和网络升级，ARPU 提升，移动通信服务收入快速增长。Omdia 数据显示，2023 年，尼日利亚移动通信服务收入为 29.8 亿美元，预计之后 5 年的复合年均增长率将达到 8%，是高速增长的潜力市场，如图 10.6 所示。

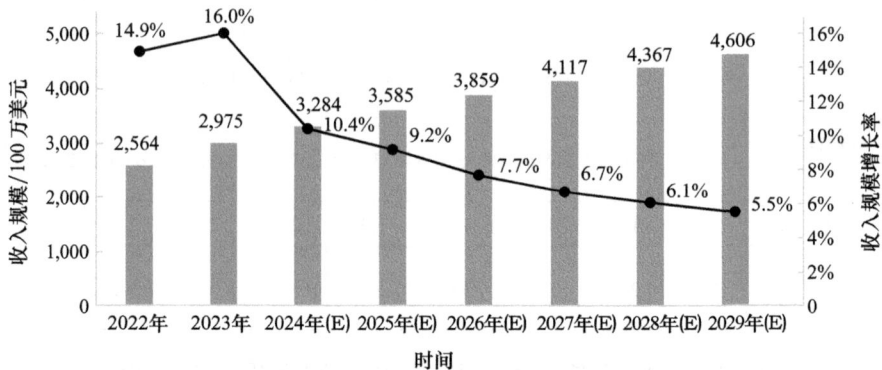

图 10.6 尼日利亚移动通信市场服务收入及增长情况 [1]

4. 主要有 4 家电信运营商，竞争格局稳定，通信服务质量仍待提升

尼日利亚主要有 4 家电信运营商，分别为 MTN、Globacom、Airtel、9Mobile；竞争格局较为稳定。2024 年一季度移动通信市场份额中 [2]，MTN 市场份额为 37.35%，是尼日利亚最大的移动运营商；Airtel 和 Globacom 市场份额接近，分别为 28.93% 和 28.4%，位列第 2 位、第 3 位；9Mobile 以 5.32% 的份额位列第 4 位，如图 10.7 所示。以上市场份额近几年较为稳定，对比参考 2020 年 2 月，MTN、Globacom、Airtel、9Mobile，市场份额分别为 37.3%、28.1%、27.2% 和 7.4%，各家运营商份额基本无变化。

---

[1] 数据来源：Omdia。

[2] 尼日利亚广泛采用 GSM 网络（语音通话市场 99% 以上采用 GSM 技术），因此采用 GSM 市场代表尼日利亚电信市场情况。"市场份额"是根据电信服务订阅用户数统计划分，非"收入"概念。

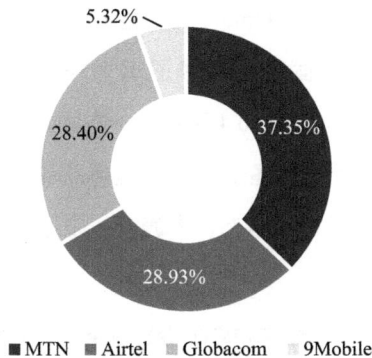

5.32%

28.40%

37.35%

28.93%

■ MTN　■ Airtel　■ Globacom　■ 9Mobile

图 10.7　2024 年一季度尼日利亚移动通信市场份额情况 [1]

由于经济贫穷、电力不足、基站部署受限等多方原因，尼日利亚通信服务
质量仍待提升。用户通常需要同时使用两家以上运营商的 SIM 卡才能保证自己
能够连上网络，且信号较不稳定，断线、不在服务区等问题时有发生。甚至在
不少农村地区，每当人们需要打电话时，都必须爬到树上去寻找通信网络。如
表 10.3 所示，4 家运营商中，MTN 各项服务指标均达标且相对最佳，服务质量
最为稳定可靠。随着信息通信及数字经济的加速发展，预计未来尼日利亚电信
运营商之间将重点围绕网络覆盖率、服务价格、数字化体验等方面展开竞争。

表 10.3　2023 年 1—12 月尼日利亚各运营商服务质量表现 [2]

类别	MTN	Globacom	Airtel	9Mobile
呼叫成功率（CSSR）	99.6%	98.7%	96.7%	99.3%
掉话率（DCR）	0.19%	0.51%	0.30%	0.37%
独立专用控制信道拥塞（SDDCH）	0.10%	0.11%	0.05%	0.27%
流量控制信道拥塞率（TCCH）	0.14%	0.40%	0.10%	0.37%

10.2.2　基础通信行业——固定通信

1. 经济发展和基础设施落后，固定宽带普及严重不足

在过去 20 年中，尼日利亚对固定线路设施的投资相对较少，该国"最后一

[1]　数据来源：Omdia。

[2]　数据来源：尼日利亚通信委员会，取每月数值后进行"平均值"计算得出。

公里"连接主要依靠移动网络。Omdia 数据显示，截至 2023 年，尼日利亚固定宽带订阅数为 240.7 万户，固定宽带渗透率为 6%，其中，光纤渗透率仅为 0.1%，光纤覆盖率非常低，如表 10.4 所示。一方面，由于尼日利亚经济发展落后，家用网络需求较低。另一方面，尼日利亚道路和电力建设极不完善，居民通电率仅为 60.5%，电力不足是常态，未通路、未通电的农村等落后地区难以进行网络基础设施部署。

表 10.4　尼日利亚固定宽带市场订阅数、服务收入及 ARPU 等情况 [1]

项目	2022 年	2023 年	2024 年（E）	2025 年（E）	2026 年（E）	2027 年（E）	2028 年（E）	2029 年（E）
总订阅数 /1000 户	1,897	2,407	2,701	2,995	3,298	3,601	3,906	4,198
固定宽带渗透率	4.9%	6.0%	6.5%	7.0%	7.5%	8.0%	8.4%	8.8%
服务收入 /100 万美元	108	119	131	143	156	170	185	201
ARPU/ 美元	5.54	4.62	4.26	4.18	4.13	4.10	4.10	4.12

2. FWA 是尼日利亚主要的固定宽带接入技术，极具增长潜力

由于部署成本更低、速度更快，FWA 被用于替代电缆和光纤宽带，连接尚未提供宽带服务地区的家庭和企业。Omdia 数据显示，截至 2023 年，尼日利亚 FWA 订阅数为 47.3 万户，服务收入为 1.1 亿美元，在固定宽带服务收入中占比达到 91.8%。根据预测，到 2028 年，FWA 订阅数将达到 2023 年 3 倍以上，达到 179.9 万户，对应的服务收入将以 8.3% 的复合年均增长率增长，是尼日利亚固定通信领域主要的增量市场，如表 10.5 所示。

表 10.5　尼日利亚 FWA 市场订阅数、渗透率及服务收入情况 [2]

项目	2022 年	2023 年	2024 年（E）	2025 年（E）	2026 年（E）	2027 年（E）	2028 年（E）
订阅数 /1000 户	50	473	688	926	1,201	1,507	1,799
渗透率	0.1%	1.2%	1.7%	2.2%	2.7%	3.3%	3.9%

---

[1]　数据来源：Omdia。

[2]　同 [1]。

续表

项目	2022 年	2023 年	2024 年 （E）	2025 年 （E）	2026 年 （E）	2027 年 （E）	2028 年 （E）
服务收入 /100 万美元	102	110	120	130	141	152	163

3. 国际互联互通水平不断提升，但境内海缆利用率较低，陆缆成为关键瓶颈

非洲海缆建设持续稳步开展，基本可以实现国际互联互通和全球范围内的信息共享。2018—2022 年，非洲内部新增 6 条、在建 / 拟建 6 条海缆，进一步加强非洲东部、西部、东南部等次区域内部连通性；非洲—拉丁美洲方向新增 SAIL 和 SACS 海缆，完善了南大西洋区域海缆网络；欧洲—非洲方向在建 / 拟建 2 条海缆，用于满足该方向增长的国际带宽需求[1]。截至 2023 年，尼日利亚拥有 8 条国际海缆，其中，全球最长的海缆 2Africa 于 2023 年 11 月在尼日利亚登陆。交付后的总容量超过当前非洲全部海缆总容量，其系统核心部分的设计容量高达 180 Tbit/s。2Africa 覆盖非洲、欧洲和亚洲的 33 个国家，总长度超过 45,000 千米，为非洲提供连接亚洲和欧洲的低成本、高质量信息传输通道，助力非洲数字经济发展。

然而，当前现实是非洲大陆固定宽带普及率及网络速率远低于全球平均水平，国际带宽体量较小。尽管国际海缆建设对非洲而言仍旧是一项重要任务，但对于大部分非洲国家而言，进一步提高其互联网渗透率的关键瓶颈已由海缆转为陆缆。尤其对已直连至国际海缆系统的沿海和岛屿国家而言，陆缆是为其内陆地区提供高速率和高性能网络服务的重要保证。对于尼日利亚来说，由于主干光纤薄弱和"最后一公里"部署远不到位，海缆被公认为供过于求，仅利用了不到 10% 的容量，利用率较低。

---

[1] 数据来源：中国信通院。

10.2.3 数字经济

1. 数字经济快速崛起，数据本土化进程引发数据中心爆炸式增长

尼日利亚是西非地区的数字经济中心，是非洲最大数字经济体，形成以拉各斯为核心的产业聚集区。近几年，尼日利亚成功跨越 PC 互联网时代，进入移动互联网时代，信息通信业对尼日利亚经济增长的贡献呈上升趋势，逐渐成为国民经济的重要来源。

受数字化、先进技术、大型电信运营商、互联网普及和政府举措等因素驱动，尼日利亚数据中心市场成为非洲增长最快的市场之一。Arizton 报告显示，2023 年，尼日利亚数据中心投资有所增长，占非洲项目总数的 27% 以上，数据中心市场规模为 2.5 亿美元，预计到 2029 年将达到 6.46 亿美元，在预测期内将以 17.14% 的复合年均增长率增长。一方面，尼日利亚 90% 以上的数据仍然托管在国外，由欧洲的数据中心提供支持。数据本土化进程对数字基础设施和互联互通提出了更高的要求。另一方面，金融、教育、零售、制造等行业"上云"助推数据中心市场增长。当地和全球服务提供商将投资新建数据中心，加大对尼日利亚布局力度。Arizton 数据显示，截至 2024 年 10 月，尼日利亚现有 16 个数据中心，并有 15 个在建数据中心。即将建成的数据中心容量将超过300 MW，几乎是该国现有容量的 5 倍。

2. 数字创新企业迅速成长，"数字 +"模式蓬勃发展

在大量国际资本深度参与和部分本土投资的推动下，尼日利亚数字创新企业迅速成长。已诞生的一批独角兽企业，正在成为尼日利亚乃至非洲数字经济的"生力军"。"数字 +"模式为多种形态的经济发展带来更多机遇，其中，金融科技、电子商务等领域是获得资金支持的热门赛道，相关产业呈现蓬勃发展态势。

金融科技领域，快速增长的手机渗透率为金融科技尤其是移动支付创造巨大发展空间。尼日利亚成为非洲最大的金融科技市场，也是拥有金融科技初创公司数量最多的国家之一。从融资规模来看，2019—2023 年上半年，尼日利

亚获得了非洲金融科技初创企业筹集的近一半投资[1]。数字支付金额和数量快速增长。根据尼日利亚银行间结算系统（NIBSS）的数据，尼日利亚的电子支付交易金额在 2023 年创下历史新高，同比增长 55%，达到 600 万亿奈拉。电子支付交易量也从 2022 年的 51 亿笔，增长 240% 至 173.4 亿笔。2024 年上半年，该国电子支付交易额进一步提升，从 2023 年同期的 303.60 万亿奈拉跃升至 566.39 万亿奈拉，增幅达 86.44%。

电子商务领域，尼日利亚是非洲电商企业、网购用户的首要集中国家，电商市场增长迅速。根据 Statista 数据，截至 2023 年，尼日利亚电商渗透率已达 45.3%。预计到 2027 年，该国电商市场规模将达到 117.07 亿美元，用户数量预计突破 1.4 亿户。非洲本土第一大电商 Jumia 诞生于尼日利亚，已赴美首次公开募股（IPO），累计融资达 7.7 亿美元，其业务已拓展到 10 多个非洲国家，月均访问量超过 3,500 万人次，位居非洲电商平台榜首。

3. 数字化水平受限于经济发展，技术赋能传统产业尚处于初始阶段

中国信通院数据显示，收入水平越低的国家三次产业数字化转型的程度越低，如图 10.8 所示。发展中国家的数字化经济发展尚不成熟，技术力量较弱，信息化建设起步晚，大部分企业仍处于信息化 1.0 和 2.0 阶段，尚未触及深度数字化应用[2]。

与发达国家相比，尼日利亚数字技术在产业中的采用率仍然相对较低，工业 4.0、数字农业、智慧城市、电子政务等发展缓慢，均处于起步阶段。以电子政务为例，根据联合国《2024 年电子政务调查》报告，尼日利亚"电子政务发展指数"（EGDI）得分仅为 0.48，在联合国 193 个会员国中排名第 144 位。尼日利亚最大的挑战是网络互联互通和基础设施建设，这些方面的进展将推动产业更广泛地接受数字化技术。与发达市场相比，尼日利亚具有后发优势，不受历史遗留问题影响，在接受变革方面有更大发展空间。2023 年以来，尼日利亚在人工智能领域的参与度显著提升，2023 年 6 月，尼日利亚总统博拉·提努布

---

[1]　数据来源：RegTech Africa and Agpaytech。

[2]　资料来源：中国信通院。

批准了《2023 年尼日利亚数据保护法》；2023 年 8 月，尼日利亚政府颁布法令将人工智能纳入小学教学大纲；2023 年 10 月，政府向 45 家以人工智能为重点的初创企业和研究人员提供约 20 万美元的财政补助。

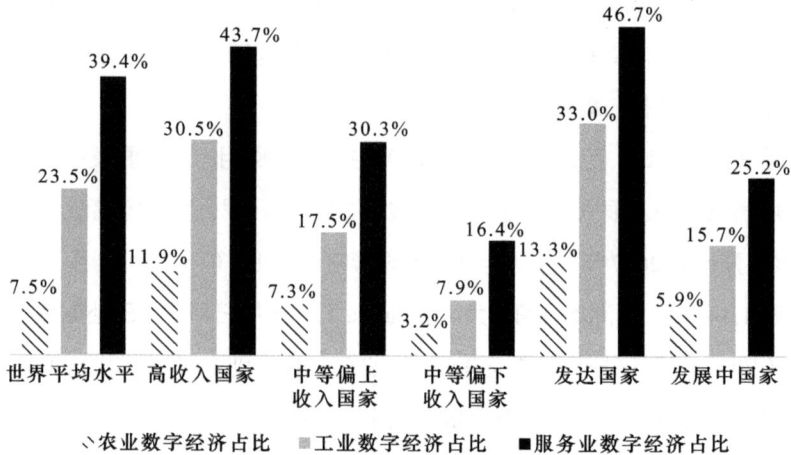

图 10.8　全球及不同组别国家三次产业数字经济占比

10.2.4　信息通信及数字经济发展政策

1. 政府连续出台国家宽带计划，改善网络基础设施

2013 年，尼日利亚政府发布《2013—2018 年国家宽带计划》，目标是通过系列举措，推动宽带普及率从 6% 提高到 30%。但在目标制定时，尼日利亚通信委员会片面地将"移动宽带普及率"等同于"宽带普及率"。截至 2018 年 12 月，该国移动宽带渗透率达到31.5%[1]，在某种程度上实现了其预期目标。但是，尼日利亚的"固定宽带渗透率"还处在非常低的水平，按照国际惯例并不能说已经全面实现宽带普及率达到 30%。

2020 年，尼日利亚政府推出了新的《2020—2025 年国家宽带计划》，将相关电信基础设施认定为国家关键基础设施，以支持数字经济发展，进一步改善和赋能传统经济。新计划目标是将宽带普及率从 2018 年的 30% 大幅提高到

---

[1]　数据来源：尼日利亚通信委员会。

2025 年的 70%。且这"70%"目标的实现需同时满足两个条件：一是每 GB 数据价格不超过 390 奈拉（约合 1.1 美元），低于中等收入的 2% 或最低工资的 1%；二是宽带连接速率至少达到 10 Mbit/s。新计划还准备在 2025 年前为 90% 的人口提供 4G/5G 服务。此外，在 2023 年之前以 25～50 美元的价格推动智能手机的本土组装，并在无服务和服务不足的地方（特别是在农村）推动数字扫盲。

2. 将数字化视为经济弯道超车的重要手段，制定一系列相关政策推动数字经济发展

2019 年 10 月，尼日利亚通信部更名为通信和数字经济部，旨在进一步加大力度推进数字经济。11 月，尼日利亚政府启动了《国家数字经济政策和战略（2020—2030）》，旨在重新定位尼日利亚经济，充分利用数字技术带来的各种机遇。该政策为 ICT 行业明确了主要活动方向，巩固现有成就，并强调了应重点关注的新领域，以实现真正的数字经济。政策包括 8 个支柱，涵盖了发展法规、数字素养和技能提升、硬基础设施、服务基础设施、数字服务发展和提升、软基础设施、数字社会和新兴技术，以及本土发展。根据该政策，尼日利亚计划在 4 年内实现 70% 的宽带普及率，并在 10 年内实现 95% 的数字识字率。这一政策的实施将推动尼日利亚迈向数字化社会，并为经济发展创造更多机会。

2021 年 12 月，尼日利亚政府启动《2021—2025 年国家发展计划》，明确对数字经济发展做出规划，制定了一系列 2025 年数字经济发展目标，包括到 2025 年，将数字经济对 GDP 贡献率从 10.7% 提高到 12.5%，以及改进电子政务、提高数字素养、改进数字基础设施、改进数字金融服务、鼓励数字创新创业、增强数字技能等方面。为了实现该目标，尼日利亚预计将在 2021—2025 年间投入 1,500 亿奈拉公共资金用于重大项目，并引入 10 亿美元的私募股权投资以及 400 亿美元的私人资本投资以促进数字基础设施建设。

2022 年 6 月，时任尼日利亚总统布哈里宣布成立数字经济和电子政府总统委员会，提出提升政府开发、应用和部署数字技术的能力，提高政府效率和透明度，增强尼日利亚营商便利性。

10.3 信息通信市场机会表现

10.3.1 总体表现

尼日利亚市场属于"战略驱动型"市场，如图 10.9 所示。中国信息通信企业可以跟随国家发展战略，因势而动进入目标市场。

图 10.9 尼日利亚信息通信市场机会类型

尼日利亚地处非洲中心地带，经济总量位居非洲首位，人口数量非洲第一，也是西非国家经济共同体总部所在地，对西非其他国家及全非洲具有很强的辐射力，对在非洲深化共建"一带一路"具有重要意义。我国与 52 个非洲国家及非盟委员会签署"一带一路"合作文件。"一带一路"框架为中尼两国开展经贸合作提供便利的条件和广阔的市场，将推动中非合作取得更大进展。

10.3.2 具体分析

特征一：中尼两国经贸合作成果颇丰，为中国企业海外拓展提供了经验借鉴

经贸方面，尼日利亚是我国在非洲的第一大工程承包国、第二大出口国、第三大贸易伙伴和主要投资目的地，我国是尼日利亚的最大进口来源地。2023 年，中尼双边贸易额 225.6 亿美元，同比下降 3.2%（人民币计价同比增长 2.2%），其中我国出口额 201.8 亿美元，同比下降 7.1%；进口额 23.8 亿美元，同比增长 49.3%。截至 2023 年，中国企业在尼日利亚累计签订承包工程合同额 1,626.8 亿美元，承包企业有中土公司、中地海外、华为、中兴通讯等 20 余家，主要涉及铁路、公路、房屋建设、电站、水利、通信、打井等领域 [1]。近年来，中国科技企业积极开展同尼日利亚通信技术合作，推动尼日利亚数字经济和移动支付发展，中国新能源、新材料企业助力尼日利亚产业升级，双边经贸关系和经济技术合作务实发展，成果显著。

特征二：尼日利亚的国家治理环境、经济自由度和基础设施水平相对较为落后，外商在尼日利亚的投资具有较大阻力

治理环境方面，执政党在区域政治、宗教冲突和族群矛盾等方面面临多重考验，并且廉政状况不佳，执法力度不强，地区安全形势复杂严峻。**经济自由度方面**，尼日利亚营商环境便利度在全球较为落后。例如，在金融自由度方面，尼日利亚外汇管制措施严格，该国央行对外汇流动实施严格的监控和审批程序。并且，尼日利亚融资困难，受限于落后的金融市场，尼日利亚对外来投资者提供的融资和贷款支持有限。**基础设施水平方面**，尼日利亚交通和电力基础设施落后，已经严重制约经济和社会发展。电力短缺成为阻碍企业开展业务的主要原因之一。

特征三：尼日利亚拥有 2 亿多人口，且网络渗透不足，基础信息通信市场具备发展潜力，数字经济市场增长空间广阔

市场规模方面，2023 年，尼日利亚人口规模位列世界第 6 位，GDP 规模位列世界第 24 位，人口规模和经济总量均位于非洲首位。人口基数有望形成庞大的用户基础，带来市场增量空间。**市场成熟度方面**，尼日利亚在 4G 网络人口渗透率方面相对不足，在固定宽带人口覆盖率方面极为落后，境内海缆利用率较低，整体信息通信市场仍处于发展阶段。**市场潜力方面**，尼日利亚移动连接增速水平较高，巨大的人口红利将使其成为非洲地区未来最大的移动互联网增量市场。但是，由于尼日利亚经济前景不确定性较大，以及其固定宽带基础设施建设水平不足，未来固定通信市场发展潜力受限。**市场竞争方面**，尼日利亚主要有 4 家电信运营商，竞争格局稳定，电信市场集中程度整体偏低。

---

[1] 数据来源：中华人民共和国外交部。

10.4 信息通信市场机遇拓展总结

10.4.1 国际化拓展机会与风险

总结以上尼日利亚信息通信市场机会与风险，如表 10.6 所示，通过多方面综合判断，整体上认为尼日利亚国家信息通信市场机会大于风险，是值得考虑的拓展目标。

宏观环境层面，尼日利亚政局基本稳定，经济总量和人口数量均位居非洲首位，也是西非国家经济共同体总部所在地，对西非其他国家及全非洲具有很强的辐射力。中尼双边关系长期友好，战略伙伴关系持续深化。近年来，尼日利亚成为中非共建"一带一路"的重要伙伴，两国经贸合作不断取得新进展。中国信息通信企业可以顺应国家战略进入尼日利亚市场，从而进一步向西非国家拓展。

行业发展层面，尼日利亚信息通信市场发展相对滞后，信息通信基础设施仍较为落后，网络渗透水平不足、使用程度低，这也意味着尼日利亚市场仍拥有庞大的人口红利和市场拓展机会。尼日利亚政府将数字化视为促进经济增长的重要来源，制定并实施一系列相关举措推动基础通信和数字经济发展。中国信息通信企业可以紧抓市场红利，一方面输出 5G 网络及 FWA 建设和运营相关经验；另一方面，分别瞄准 C 端和 B 端客户的数字化使用需求，积极进行海外拓展。

竞争能力层面，尼日利亚 4 家电信运营商扎根多年、竞争格局相对稳定。由于经济落后、电力不足、基站部署受限等多方原因，网络基础设施部署成本较高。中国信息通信企业可以采取与当地运营商合作、跟随中国企业出海等合作模式拓展尼日利亚市场。

表 10.6　尼日利亚信息通信市场机会与风险情况判断

机会	风险
● 政局整体稳定，政策延续性较好。 ● 经济整体稳定，改革稳步推进。 ● 中尼关系长期友好，有合作基础。 ● 人口数量大且年轻化（近2.2亿人，年龄中位数18岁）。 ● 营商环境近几年明显提升。 ● 劳动力规模大、成本低。 ● 政府重视信息通信业及数字经济，属于政策倾斜产业。 ● 信息通信领域欢迎外资和私人资本，市场开放程度较高。 ● 信息通信业处于高速增长期。 ● 信息通信业客观上存在快速发展建设需求，包括移动通信、固定通信、数字经济等相关领域	● 奈拉货币的长期贬值趋势。 ● 当地严格的外汇管理政策，可能提高外资企业经营成本。 ● 各级政府征收的高额税费及各种费用。 ● 因廉政状况不佳可能增加经营成本。 ● 员工人身安全风险（绑架等）。 ● 教育程度低、技术型劳动力缺乏。 ● 道路、电力等公共基础设施严重不足造成阻碍（绝大多数外资企业需自备电力供应设施）。 ● 竞争格局较稳定，几个主要运营商已扎根多年、形成竞争优势。 ● 政府对信息通信业加强政策监管

10.4.2　综合建议

综上，需要对尼日利亚信息通信市场保持积极关注，寻求合作与拓展机会，提出如下建议。

一是可考虑与能源行业优秀的中国企业协同出海，将我国先进的能源解决方案输出到尼日利亚，解决当地电力供应不足、严重制约信息通信业务开展的问题。

二是通过输出影音、游戏等非洲用户更青睐的娱乐类应用，以及普及智能手机、随身 Wi-Fi 等硬件终端，助力移动互联网加速渗透，寻求适应当地的商业模式，抓住当地快速增长的移动互联网红利期。

三是避开高成本、高风险的网络部署，整合现有资源，以"固网基础设施共享""解决最后一公里问题"等为切入点寻找固网业务突破口，降低建造和维护成本。

四是将我国成熟的新型基础设施建设经验输出到尼日利亚，在数据中心、云计算、物联网等我国优势领域，寻求更多合作与拓展机会。

"机会指数" 的研究对象与研究方法

1. 研究对象选择

截至 2024 年 12 月，我国已同 155 个国家签署共建"一带一路"合作文件，涉及国家跨越 6 个大洲、覆盖全球国家总数的 78.7%[1]。本研究基于双层漏斗模型，如图 A.1 所示，对"一带一路"共建国家进行筛选，聚焦与我国经贸往来较为密切、适合中国企业"走出去"的规模较大的国家作为研究对象。研究对象筛选有两项基本原则，一是筛选出同我国双边货物贸易总额为前 95% 的国家[2]；二是剔除"一带一路"倡议提出以来，中国企业在当地没有大规模投资（1 亿美元以上）动作的国家。最终确定 55 个研究对象，如表 A.1 所示。

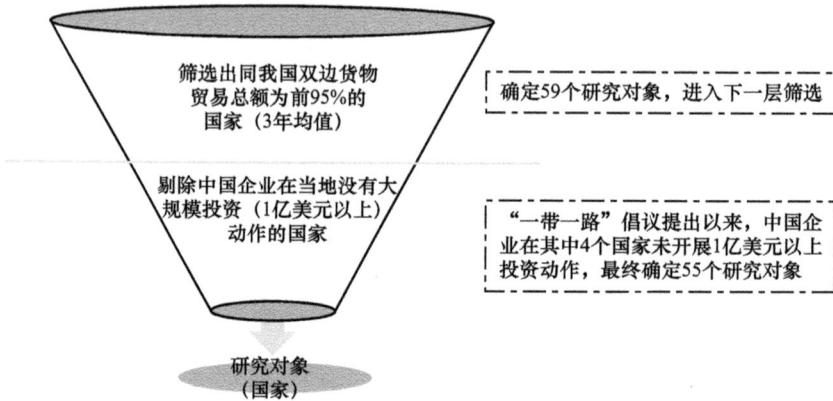

图 A.1　"一带一路"共建国家研究对象筛选双层漏斗模型

表 A.1　"一带一路"共建国家研究对象列表

地区	国家
亚洲	越南、马来西亚、泰国、印度尼西亚、新加坡、沙特阿拉伯、阿联酋、伊拉克、土耳其、阿曼、哈萨克斯坦、巴基斯坦、孟加拉国、缅甸、科威特、伊朗、卡塔尔、柬埔寨、蒙古国、土库曼斯坦、乌兹别克斯坦、吉尔吉斯斯坦、斯里兰卡
欧洲	俄罗斯、意大利、波兰、乌克兰、匈牙利、奥地利、斯洛伐克、希腊、罗马尼亚、葡萄牙、斯洛文尼亚

---

[1]　全球共有 197 个主权国家，包括 193 个联合国会员国、2 个联合国观察员国（梵蒂冈、巴勒斯坦）和 2 个未加入联合国的国家（纽埃、库克群岛）。

[2]　数据来源：国家统计局，双边货物贸易规模取 2019—2021 年的均值。

续表

地区	国家
非洲	南非共和国、安哥拉、尼日利亚、埃及、刚果（金）、加纳、阿尔及利亚、肯尼亚、摩洛哥、刚果（布）、坦桑尼亚、赞比亚、几内亚、利比里亚
南美洲	智利、秘鲁、阿根廷、厄瓜多尔、乌拉圭
大洋洲	新西兰
北美洲	巴拿马

2. 指标体系构建

本研究从"交流密切度、发展环境、拓展潜力"3 个维度入手，构建 3 类子指数，综合评价"一带一路"共建国家信息通信市场机会指数。其中，"交流密切度"子指数系统评价目标国家与我国人文、地理及经贸往来的密切程度；"发展环境"子指数综合评价目标国家治理、经济和社会发展水平；"拓展潜力"子指数客观评价目标国家信息通信市场发展潜力。

指标体系设计遵循几项原则。一是系统性原则，全面、系统地反映"一带一路"共建重点国家信息通信市场拓展潜力，指标设置尽可能独立、互补、全面。二是可比性原则，指标设定尽量采用国际通用或行业惯例的定义、统计口径、计算方法等，具有较强的普适性和公认度，具有一定的客观性和权威性。三是典型性原则，考虑企业高质量和可持续发展情况的指标，突出国际业务发展的关键竞争要素。四是可靠性原则，指标信息数据的采集渠道可靠、可得，具备可操作性，计算方法标准规范。

本研究在交流密切度、发展环境、拓展潜力 3 类子指数下，筛选出 11 项二级指标，30 项三级指标，以实现对机会指数与 3 类子指数的诠释与表征。

3. 研究方法说明

本研究采用归一法对指标进行标准化处理，基于熵值法确定一级、二级和三级指标权重，如表 A.2 所示，并计算综合得分及排名。

数据标准化处理方面，由于各项指标的计量单位以及方向不统一，因此先采用归一法对数据进行标准化，解决各项不同质指标值的同质化问题。

指标权重赋值方面，本研究基于熵值法确定一级、二级和三级各项指标信息熵,如图 A.3 所示,进而确定各级指标权重。指标离散程度越大,则信息熵越小,被赋予的权重越大,对综合评价的影响越大。即指标的"不确定性"越强,所占权重越大。为确保结果的科学性和有效性,本成果在基于熵值法得出指标权重后,进一步采用 AHP 层次分析法对指标权重的计算结果进行二次校验。具体步骤如下。

(1)确定各维度目标市场机会指数影响因素的比重;

(2)确定各维度评价指标的信息熵;

(3)确定各维度评价指标的信息效用值;

(4)确定各维度评价指标的权重;

(5)引入 AHP 层次分析法对熵值法输出的权重进行二次校验,确保结果科学有效;

(6)客观构建"一带一路"共建国家信息通信市场机会指数,并计算得分。

表 A.2 "一带一路"共建国家信息通信市场机会指数指标体系及各级指标权重
(基于熵值法计算各项指标权重)

一级指标(子指数)	二级指标	三级指标
交流密切度 (38.13%)	人文因素(20.75%)	文化距离(100%)
	地理因素(17.01%)	地理距离(100%)
	经贸往来(62.24%)	与中国进出口总额(65.91%)
		中国企业大规模投资项目金额(34.09%)
发展环境 (18.98%)	治理环境(29.25%)	政治稳定性(17.37%)
		政府服务质量(25.32%)
		市场监管质量(19.87%)
		廉政状况(37.44%)
	经贸环境(18.83%)	投资自由度(29.61%)
		金融自由度(39.75%)
		商业自由度(30.64%)
	监管环境(26.75%)	ICT 领域外商参与限制(79.62%)
		ICT 领域国家促进政策(20.38%)
	基础设施(25.17%)	居民通电率(27.87%)
		交通绩效指数(72.13%)

续表

一级指标（子指数）	二级指标	三级指标
拓展潜力 （42.89%）	市场规模（34.41%）	人口规模（25.39%）
		GDP 规模（22.44%）
		人均 GDP（24.17%）
		电信业务总量（20.24%）
		计算机、通信类服务进口占比（7.76%）
	市场成熟度（50.73%）	至少 4G 移动网络的人口覆盖率（83.90%）
		固网宽带人口覆盖率（12.80%）
		国际海缆数量（3.30%）
	市场潜力（10.96%）	移动连接数年增长率预测（10.37%）
		固网订阅年增长率（38.10%）
		人口规模年增长率预测（14.49%）
		GDP 年增长率预测（16.23%）
		人均 GDP 年增长率预测（20.81%）
	市场竞争（3.90%）	市场集中度（40.80%）
		龙头企业市场占有率（移动）（59.20%）

表 A.3 基于熵值法计算的各项指标信息熵

一级指标（子指数）	二级指标	三级指标
交流密切度 （0.945）	人文因素（0.969）	文化距离（1）
	地理因素（0.978）	地理距离（1）
	经贸往来（0.956）	与中国进出口总额（0.793）
		中国企业大规模投资项目金额（0.893）
发展环境 （0.972）	治理环境（0.958）	政治稳定性（0.976）
		政府服务质量（0.966）
		市场监管质量（0.973）
		廉政状况（0.949）
	经贸环境（0.973）	投资自由度（0.98）
		金融自由度（0.973）
		商业自由度（0.979）
	监管环境（0.961）	ICT 领域外商参与限制（0.921）
		ICT 领域国家促进政策（0.98）
	基础设施（0.964）	居民通电率（0.983）
		交通绩效指数（0.957）

续表

一级指标（子指数）	二级指标	三级指标
拓展潜力（0.939）	市场规模（0.93）	人口规模（0.837）
		GDP 规模（0.856）
		人均 GDP（0.844）
		电信业务总量（0.87）
		计算机、通信类服务进口占比（0.95）
	市场成熟度（0.898）	至少 4G 移动网络的人口覆盖率（0.785）
		固网宽带人口覆盖率（0.967）
		国际海缆数量（0.992）
	市场潜力（0.978）	移动连接数年增长率预测（0.978）
		固网订阅年增长率（0.92）
		人口规模年增长率预测（0.969）
		GDP 年增长率预测（0.966）
		人均 GDP 年增长率预测（0.956）
	市场竞争（0.992）	市场集中度（0.993）
		龙头企业市场占有率（移动）（0.99）

数据来源与指标释义

1. 数据来源

"交流密切度"的三级指标数据主要来源于 Hofstede 文化维度理论、CEPII 数据库、国家统计局、美国企业研究所与美国传统基金会等；"发展环境"的三级指标数据主要来源于世界银行 WDI 数据库、美国传统基金会、国际电信联盟（ITU）等；"拓展潜力"的三级指标数据主要来源于世界银行 WDI 数据库、国际货币基金组织（IMF）、TeleGeography、国际电信联盟（ITU）、全球移动通信系统协会（GSMA）等，如表 B.1 所示。

表 B.1 各子指数三级指标数据来源列表

三级指标	数据来源
文化距离	Hofstede 文化维度理论
地理距离	CEPII 数据库
与中国进出口总额	国家统计局
中国企业大规模投资项目金额	美国企业研究所与美国传统基金会
政治稳定性	世界银行 WDI 数据库
政府服务质量	世界银行 WDI 数据库
市场监管质量	世界银行 WDI 数据库
廉政状况	世界银行 WDI 数据库
投资自由度	美国传统基金会
金融自由度	美国传统基金会
商业自由度	美国传统基金会
ICT 领域外商参与限制	ITU
ICT 领域国家促进政策	ITU
居民通电率	世界银行 WDI 数据库
交通绩效指数	世界银行 WDI 数据库
人口规模	世界银行 WDI 数据库
GDP 规模	世界银行 WDI 数据库
人均 GDP	世界银行 WDI 数据库
电信业务总量	ITU
计算机、通信类服务进口占比	世界银行 WDI 数据库

三级指标	数据来源
至少 4G 移动网络的人口覆盖率	ITU
固定宽带人口覆盖率	ITU
国际海缆数量	TeleGeography
移动连接数年增长率预测	GSMA
固网订阅年增长率	ITU
人口规模年增长率预测	IMF
GDP 年增长率预测	IMF
人均 GDP 年增长率预测	IMF
市场集中度	GSMA
龙头企业市场占有率（移动）	GSMA

2. 指标释义

（1）**文化距离**：使用 Hofstede 文化维度理论的 6 个维度文化距离加和，测度中国与目标国的文化差异的大小。

（2）**地理距离**：使用 CEPII 数据库中的地理距离（加权距离方法）指标，测度中国与目标国的地理距离的远近。

（3）**与中国进出口总额**：中国同目标国 2019—2021 年货物进出口总额的均值绝对值。

（4）**中国企业大规模投资项目金额**：指"一带一路"倡议提出至今，中国企业在目标国单个投资或建设项目金额达 1 亿美元以上的项目金额总计。

（5）**政治稳定性**：衡量一个国家政治体系的稳定程度以及应对暴力和恐怖主义的缺乏程度。该指标基于世界银行 WDI 数据库中的 Political Stability and Absence of Violence/Terrorism 评估，综合考虑了政府的有效性、政府与公民之间的信任关系、政府的权力转移方式以及社会冲突和暴力的存在程度等因素。

（6）**政府服务质量**：衡量一个国家政府机构提供服务的效率和能力。该指标基于世界银行 WDI 数据库中的 Government Effectiveness 评估，考察政府机构在制定政策、实施法规、提供公共服务和管理资源等方面的效果和表现。

（7）**市场监管质量**：衡量一个国家市场监管机构在规范经济活动和维护市场公平竞争的能力和效果。该指标基于世界银行 WDI 数据库中的 Regulatory Quality 评估，考察市场监管机构在制定和执行法规、监管措施、监管机制以及打击腐败等方面的表现。

（8）**廉政状况**：衡量一个国家在打击腐败行为方面的能力和效果。该指标基于世界银行 WDI 数据库中的 Corruption Control 评估，考察政府机构和反腐败机构在预防和打击腐败方面的表现。

（9）**投资自由度**：衡量一个国家的开放或促进程度。使用 The Heritage Foundation-Investment Freedom 指标，它评估了国家或地区的法律、法规和政策环境对投资的限制程度以及投资者在该国的权益保护情况。

（10）**金融自由度**：衡量一个国家金融体系的自由度和开放程度。使用 The Heritage Foundation-Financial Freedom 指标，它考察了国家金融市场的开放程度、金融机构的独立性、金融监管的透明度以及金融交易的自由度等因素。

（11）**商业自由度**：衡量一个国家商业环境的自由度和开放程度。使用 The Heritage Foundation-Business Freedom 指标，它考察了国家的市场开放程度、企业的自由度、商业法规的透明度和可预测性等因素。

（12）**ICT 领域外商参与限制**：反映一个国家对于外国企业或个人在 ICT 领域参与或拥有所有权的限制程度。使用 ITU 的 Restriction to foreign participation or ownership in the ICT sector 指标。根据该指标，对于存在外商参与限制或所有权限制的国家，给予 0 分；对于不存在外商参与限制或所有权限制的国家，给予 1 分。

（13）**ICT 领域国家促进政策**：衡量一个国家在制定和实施数字发展战略以及建立合作性监管框架方面的发展程度。由 ITU 的 Digital development strategies/Governance, Collaborative regulation 两项指标合成。根据该指标，对于存在国家层面促进政策的国家，给予 1 分；对于不存在国家层面促进政策的国家，给予 0 分，计分累和。

（14）**居民通电率**：反映一个国家的居民在电力供应方面的普及程度。它通过衡量居民中能够获得电力供应的人口比例来评估该国或地区的电力普及水平。使用世界银行 WDI 数据库中的 Access to electricity（% of population）指标。

（15）**交通绩效指数**：反映一个国家交通运输系统的整体表现和效率。它综合考虑了物流基础设施的发展水平、物流质量和物流便利度等多个方面的因素，用于衡量国家运输和物流领域的综合能力以及效率水平。使用世界银行 WDI 数据库中的 Logistics performance index: Overall 指标。根据一系列评估指标，如物流基础设施、物流质量和物流便利度等，对一个国家的交通运输绩效进行综合评估。数值范围从 1（低）到 5（高），数值越高表示交通绩效越好。

（16）**人口规模**：衡量一个国家人口的数量。使用世界银行 WDI 数据库中的 Population, total 指标。

（17）**GDP 规模**：衡量一个国家经济规模的指标。它代表了该地区在特定时间内所生产的总价值，包括消费、投资、政府支出和净出口等方面的经济活动。使用世界银行 WDI 数据库中的 GDP (constant 2015 US$) 指标。该指标衡量了一个国家的 GDP 规模，使用 2015 年不变价美元进行调整。

（18）**人均 GDP**：表示一个国家在特定时间内的经济总量与居民人口数量的平均关系。人均 GDP 反映了一个国家的经济状况、生活水平和相对富裕程度。使用世界银行 WDI 数据库中的 GDP per capita (constant 2015 US$) 指标。该指标表示一个国家的 GDP 在 2015 年不变价美元下，平均分配给每个居民的金额。

（19）**电信业务总量**：包括所有电信服务（如固定电话、移动电话、宽带互联网等）所产生的总收入。电信业务总量反映了一个国家电信市场的规模、活力和贡献。使用 ITU 的 Revenue from all telecommunication services 指标。

（20）**计算机、通信类服务进口占比**：衡量了一个国家对计算机、通信类服务的进口依赖程度。它表示计算机、通信类服务进口额在商业服务进口总额中的比例。使用世界银行 WDI 数据库中的 Computer, communications and other services（% of commercial service imports）指标。该指标表示计算机、通信类服务进口额占商业服务进口总额的比例。

（21）**至少 4G 移动网络的人口覆盖率**：衡量了一个国家移动通信基础设

施发展程度。它表示在该地区或国家中，能够使用至少 4G 移动网络服务的人口占总人口的比例。使用 ITU 的 Population covered by at least a 4G mobile network 指标。该指标表示在一个国家内，可以获得至少 4G 移动网络覆盖的人口比例。

（22）**固定宽带人口覆盖率**：衡量了一个国家固定宽带网络普及程度。它表示在该国家中，每 100 名居民中订阅固定宽带互联网服务的居民数量。使用 ITU 的 Fixed broadband subscriptions per 100 inhabitants 指标。该指标表示每 100 名居民中拥有固定宽带订阅的比例。

（23）**国际海缆数量**：国际海缆数量是指一个国家拥有的连接不同国家和地区之间的海缆的数量。使用 Submarine Cable Map 数据得到目标国现存的国际海缆的数量。

（24）**移动连接数年增长率预测**：移动连接数是指移动通信网络中的活跃用户数，包括移动电话用户和移动宽带用户。移动连接数年增长率预测利用 GSMA 数据对 2022—2030 年移动连接数量的复合年均增长率进行预测。

（25）**固网订阅年增长率**：固网订阅是指用户通过固定线路（如光纤、DSL、有线电视等）接入互联网的服务。固网订阅年增长率指在特定年份内固网订阅数量的年度增长率。使用 ITU 的 2021 年增长率中 Total fixed broadband subscriptions 指标。

（26）**人口规模年增长率预测**：人口规模年增长率预测是对人口发展趋势的预测，可以提供人口增长速度和趋势的信息。使用 IMF《世界经济展望》中提供的人口数据，预测 2022—2027 年的复合年均增长率。

（27）**GDP 年增长率预测**：GDP 年增长率预测是对一个国家未来几年中经济增长的预测，可以提供经济增长速度和趋势的信息。使用 IMF《世界经济展望》2022—2027 年的复合年均增长率。该指标表示预测未来几年中，GDP 以恒定价格计算的复合年均增长率。

（28）**人均 GDP 年增长率预测**：人均 GDP 年增长率预测是对一个国家未来几年中人均 GDP 增长的预测。它反映了在预测时间范围内，人均 GDP 以恒定价格计算的复合年均增长率。使用 IMF《世界经济展望》2022—2027 年的复合年均增长率。该指标表示预测未来几年中，人均 GDP 以恒定价格计算的复合年均增长率。

（29）**市场集中度**：市场集中度是用于衡量特定市场中参与者的市场份额分布情况以及市场竞争程度的指标。它通过对市场份额进行加权计算，反映了市场上各参与者的相对规模和权重。使用 GSMA 发布的 HHI 进行评价。

（30）**龙头企业市场占有率（移动）**：龙头企业通常是在特定市场中占据最大市场份额、最高市场价值和较强竞争力的企业。龙头企业市场占有率（移动）是衡量某国移动通信市场中龙头企业相对地位的指标。它表示龙头企业所占据的市场份额与整个市场的移动连接规模之间的比例关系。使用 GSMA 数据测算。